Maria
Toda de Deus e tão humana

Compêndio de Mariologia

Afonso Murad

Maria
Toda de Deus e tão humana

Compêndio de Mariologia

Paulinas

Dados Internacionais de Catalogação na Publicação (CIP)
(Câmara Brasileira do Livro, SP, Brasil)

Murad, Afonso Tadeu
   Maria, toda de Deus e tão humana : Compêndio de mariologia / Afonso Tadeu Murad. – São Paulo : Paulinas, 2012. – (Coleção peregrina na fé)

   ISBN 978-85-356-3136-4

   1. Maria, Virgem, Santa - Doutrina bíblica   2. Maria, Virgem, Santa - Teologia   I. Título.   II. Série.

   12-04382   CDD-232.91

Índice para catálogo sistemático:
   1. Maria, Mãe de Jesus : Teologia dogmática cristã   232.91

1ª edição – 2012
11ª reimpressão – 2024

Paulinas Editora

Direção-geral: *Bernadete Boff*
Conselho editorial: *Dr. Afonso M. L. Soares*
Dr. Antonio Francisco Lelo
Me. Luzia M. de Oliveira Sena
Dra. Maria Alexandre de Oliveira
Dr. Matthias Grenzer
Dra. Vera Ivanise Bombonatto
Editora responsável: *Vera Ivanise Bombonatto*
Copidesque: *Cirano Dias Pelin*
Coordenação de revisão: *Marina Mendonça*
Revisão: *Sandra Sinzato*
Assistente de arte: *Ana Karina Rogrigues Caetano*
Gerente de produção: *Felício Calegaro Neto*
Projeto gráfico: *Wilson Teodoro Garcia*

Nenhuma parte desta obra poderá ser reproduzida ou transmitida por qualquer forma e/ou quaisquer meios (eletrônico ou mecânico, incluindo fotocópia e gravação) ou arquivada em qualquer sistema ou banco de dados sem permissão escrita da Editora. Direitos reservados.

Cadastre-se e receba nossas informações
paulinas.com.br
Telemarketing e SAC: 0800-7010081

Paulinas
Rua Dona Inácia Uchoa, 62
04110-020 – São Paulo – SP (Brasil)
📞 (11) 2125-3500
✉ editora@paulinas.com.br

© Pia Sociedade Filhas de São Paulo – São Paulo, 2012

Sumário

Prefácio 9

1. Refletir sobre Maria hoje: marialogia 13
I. Perguntas que vêm da vida 13
II. Breve história da marialogia 17
   1. Panorama do caminho percorrido 17
   2. Linhas básicas da mariologia no Vaticano II 20
III. Estudar e elaborar marialogia 23
   1. Conceito e etapas 23
   2. Fontes 24
   3. Exigências e tarefas 27

2. A Mãe de Jesus: Maria em Marcos e Mateus 35
I. Maria de Nazaré e os Evangelhos 35
II. Maria no Evangelho de Marcos 38
   1. Quem faz parte da nova família de Jesus (Mc 3,31-35) 38
   2. Santo de casa não faz milagre (Mc 6,1-6) 40
   3. As mulheres no sepulcro (Mc 15,40s.47; 16,1s) 41
III. Maria em Mateus 42
   1. Concepção virginal e união com o filho 43
   2. Maria na vida pública de Jesus 46

3. A perfeita discípula: Maria em Lucas (I) 53
I. Maria, a discípula do Senhor 53
   1. Maria acolhe a proposta de Deus (Lc 1,26-38) 54
   2. Maria medita a Palavra no coração (Lc 2,19.51) 56
   3. Maria dá bons frutos (Lc 1,42-45) 59
II. Maria, a peregrina na fé 61

4. Louvor e profetismo: Maria em Lucas (II) 69
I. Maria proclama a justiça recriadora de Deus 69
   1. Pobreza e justiça em Lucas 69
   2. Maria, a mulher pobre de Nazaré 70
   3. Perfil psicoespiritual de Maria 72

II. A profetiza da nova humanidade (Lc 1,50-53) 76

   1. Dispersa os soberbos de coração (Lc 1,51) 79

   2. Derruba do trono os poderosos e eleva os humildes (Lc 1,52) 79

   3. Enche de bens os famintos, despede os ricos de mãos vazias (Lc 1,53) 80

III. Maria e o Espírito Santo 82

5. Em Caná e junto à cruz: Maria no quarto Evangelho 89

I. A originalidade do quarto Evangelho 89

II. Maria em Caná: o vinho novo (Jo 2,1-11) 91

   1. O cenário, os personagens, o clamor 91

   2. A atitude e a transformação 92

III. Junto à cruz: a discípula-mãe da comunidade (Jo 19,25-27) 96

   1. Maria na "hora" de Jesus 96

   2. A nova missão de Mãe da comunidade 98

   3. Uma cena, muitas interpretações 99

6. Maria no Apocalipse e em outros escritos bíblicos 105

I. Maria no Apocalipse 105

   1. A visão e o gênero literário do Apocalipse 106

   2. Análise de Apocalipse 12 107

II. Outros textos bíblicos sobre Maria? 111

   1. Textos da Escritura judaica 111

   2. Maria nos escritos paulinos 114

7. Maria: Bíblia, Tradição e dogma 117

I. Fato e interpretação 118

   1. Gestos e palavras na revelação bíblica 118

   2. Cânon das Escrituras e novas interpretações 119

II. Bíblia e Tradição na vida da comunidade 120

   1. Tradição: por que e para quê? 120

   2. A interpretação e o contexto 122

III. Maria na fé cristã católica 123

   1. Bíblia + Tradição na mariologia 123

   2. Critérios para ampliar o sentido dos textos bíblicos 124

IV. Por que dogmas? 125

   1. Uma imagem para entender os dogmas 126

   2. Os dogmas na história 127

   3. Os dogmas mariais 129

8. Maria, mãe e virgem 135

  I. O dogma de "Maria, Mãe de Deus" 135

    1. Base bíblica e origem do dogma 135

    2. Sentido teológico do dogma da Theotókos 139

    3. Sentido antropológico da maternidade de Maria 140

    4. Maria, Mãe de Jesus de Nazaré 141

    5. O dogma no diálogo ecumênico 144

  II. Maria Virgem 150

    1. A concepção virginal 152

    2. A opção celibatária de Maria 154

    3. A virgindade no parto 156

    4. Sentido atual do dogma da virgindade de Maria 157

9. Imaculada Conceição 161

  I. Uma longa história 162

    1. Horizonte bíblico 162

    2. O caminho até o dogma 163

  II. O que significa "Imaculada Conceição" 165

    1. A visão que herdamos 165

    2. Ampliando a compreensão sobre "Pecado Original" 167

    3. Beleza e ambiguidade do ser humano 169

    4. Imaculada Conceição: a inteireza de Maria de Nazaré 173

    5. Metáforas sobre Maria Imaculada 175

10. O dogma da Assunção 181

  I. O dogma de Assunção 181

    1. Um pouco de história 181

    2. A Assunção à luz da escatologia 184

    3. Lição existencial do dogma 190

    4. Resumindo os dogmas 192

    5. Outros dogmas marianos? 192

11. Maria na devoção e na liturgia 199

  I. Por que rezar a Maria? 200

    1. O sentido da oração 200

    2. Oração e culto 202

    3. Maria na comunhão dos santos 203

II. Maria na devoção e na liturgia...207

   1. Maria e as "Nossas Senhoras".....................................207

   2. Devoção: continuidade e renovação.............................209

   3. Maria na liturgia...211

   4. Critérios para avaliar e renovar a piedade mariana......212

   5. A devoção do rosário..214

   6. Sugestões para a pastoral...218

12. As aparições de Maria: conhecer e discernir..........225

I. Aparições: ponto de vista teológico.............................226

   1. A Revelação...226

   2. A Graça e as graças..228

   3. Revelações particulares ou privadas............................229

II. Aparições: ponto de vista pastoral.............................231

   1. Crescimento do vidente..232

   2. Animação espiritual..232

   3. Operatividade pastoral...233

   4. Aprofundamento da doutrina cristã.............................233

III. Aparições marianas: olhar multidisciplinar................234

IV. Critérios de discernimento das aparições...................239

   1. Honestidade do vidente e de seu grupo........................241

   2. Equilíbrio psicológico..242

   3. Qualidade das mensagens...243

   4. Frutos da experiência aparicionista.............................244

V. Reconhecimento oficial de uma visão-aparição............245

VI. Algumas questões abertas..247

Oração conclusiva..255

Bibliografia geral..257

Sobre o autor...261

Prefácio

Caro(a) leitor(a)

Apresento-lhe, com contentamento, a nova edição revista e ampliada deste livro sobre Maria, a mãe de Jesus. Meu intento é partilhar de forma clara, simples e sintética os principais elementos da marialogia contemporânea, nos seus três grandes blocos: Maria na Bíblia, nos dogmas e no culto cristão.

Conto-lhe, brevemente, a história da obra. Na passagem do milênio, a CNBB convidou-me para escrever um texto pastoral sobre a mãe de Jesus. Elaborei, então, o livrinho *Com Maria rumo ao novo milênio*. Anos depois, recebi o convite de uma editora espanhola, com ênfase em catequese, para escrever uma obra de mariologia na coleção "Livros Básicos de Teologia". Publicou-se, então, na Espanha, no México e no Brasil, *Maria, toda de Deus e tão humana*, que teve quatro edições no nosso País.

Continuei a lecionar Mariologia (em Belo Horizonte, São Paulo e Taubaté), fiz palestras e conferências, participei de simpósios e congressos para distintos públicos, li autores recentes, conheci mais textos patrísticos sobre Maria, participei na elaboração de um EAD (Educação a distância) sobre a Mãe de Jesus e senti, então, a necessidade de fazer uma nova obra, apoiando-me no que já havia produzido. Procurei responder às perguntas que captei de meus alunos, colegas teólogos(as), agentes de pastoral e líderes de comunidade. Acompanhei pela internet os sites marianos dos últimos anos e as publicações de movimentos aparicionistas. Tudo isso me motivou a escrever o livro que você tem nas mãos, em outro formato e com muita coisa nova. Há muitos elementos originais e outros que foram mantidos das edições anteriores de *Maria, toda de Deus e tão humana*.

A primeira novidade consiste na interface das linguagens. Além do conteúdo do livro, você tem acesso a outros textos, músicas e clipes, podendo manifestar sua opinião e deixando perguntas, no nosso blog: <www.maenossa.blogspot.com>. Também encontrará no *YouTube* uma série de vídeos intitulada "Trem da mariologia", em linguagem pastoral, em estreita ligação com os assuntos desenvolvidos no livro.

Ao final de cada capítulo, foram acrescentados "textos complementares" de teólogos(as), de pastoralistas e do magistério recente da Igreja, de forma a estimular a busca de novos conhecimentos. Atualizou-se a bibliografia. Criaram-se capítulos novos. Ampliaram-se outros. Veja as novidades e os elementos comuns desta obra em relação à anterior.

- **Prefácio:** Completamente novo.

- **Capítulo 1:** *Refletir sobre Maria hoje.* Atualizamos várias questões teológico-pastorais. Acrescentamos as "linhas básicas da mariologia do Vaticano II" e fizemos uma reflexão original sobre "as fontes da mariologia" e "o uso do pensamento dedutivo na mariologia".

- **Capítulo 2:** *Maria em Marcos e Mateus.* Como em quase todos os capítulos de mariologia bíblica, mantivemos o núcleo da edição anterior do livro. Aperfeiçoamos a linguagem. Acrescentamos elucidativos textos complementares sobre os Apócrifos Marianos, a instituição familiar no tempo de Jesus e uma interpretação original de "Quem são a minha mãe e os meus irmãos".

- **Capítulo 3:** *Maria em Lucas (I). A perfeita discípula*; **Capítulo 4:** *Maria em Lucas (II). Louvor e profetismo.* Aqui reside o núcleo da mariologia bíblica. Para facilitar a leitura e assimilação, a visão sobre Maria no evangelista Lucas foi dividida em dois capítulos. Apresentamos textos complementares para ampliar a reflexão.

- **Capítulo 5:** *Maria em João: Caná e Cruz*; **Capítulo 6:** *Maria no Apocalipse e em outros escritos bíblicos.* Tais capítulos também tiveram poucas modificações. A novidade consiste nos "textos complementares" de vários(as) mariólogos(as).

- **Capítulo 7:** *Maria, da Bíblia ao dogma.* Este capítulo foi bastante modificado. Suprimiram-se vários parágrafos. Fundiu-se com parte do capítulo anterior, que versava sobre Hermenêutica bíblica. Conferiu-se, assim, maior unidade na apresentação do tema.

- **Capítulo 8:** *Maria, Mãe e Virgem.* O texto foi atualizado e ampliado, com a ajuda de literatura recente. Acrescentamos várias informações acerca do tema da Virgindade de Maria.

- **Capítulo 9:** *Imaculada Conceição.* Além de fornecer mais informações sobre o caminho de maturação do dogma, ampliou-se a reflexão sobre a Imaculada, à luz da Antropologia Teológica. Os textos complementares possibilitam a compreensão plural sobre o tema.

- **Capítulo 10:** *Assunção.* Por causa dos significativos acréscimos de caráter bíblico, histórico e teológico-dogmático, separamos o tema da Assunção num novo capítulo. Mostram-se com mais clareza os liames do tema com a escatologia cristã. Analisam-se textos de apócrifos assuncionistas. Por fim, aborda-se um tema atual, que tem suscitado muitas perguntas: as tentativas de novos dogmas marianos.

- **Capítulo 11:** *Maria na devoção e na liturgia.* Este capítulo é fundamental para compreender a legitimidade do culto a Maria, na comunhão dos Santos, mantendo a crença na única mediação de Jesus. Além de aperfeiçoar o texto existente, a nova versão acrescenta os critérios de renovação para a piedade mariana, de Paulo VI, e um texto de João Paulo II sobre a oração do rosário. Encerra-se com uma ladainha mariana em perspectiva contemporânea.

- **Capítulo 12:** *As aparições de Maria.* Capítulo todo original, apresenta o fenômeno em sua complexidade e fornece elementos teológico-pastorais para análise e discernimento das presumidas aparições atuais.

- **Oração conclusiva:** A reflexão teológica acerca de Maria encerra-se com a reverência ao mistério de Deus nesta mulher tão especial. Conclui-se o livro com uma oração de ação de graças a Deus, por Maria, que já estava na obra anterior.

- **Bibliografia geral:** Atualizamos as obras de marialogia e dividimo-las em grandes temas, para ajudar o estudante a encontrar o que procura nos distintos blocos da marialogia.

Visite o nosso blog: <www.maenossa.blogspot.com>. Envie seu depoimento pessoal sobre a leitura do livro para: <murad4@hotmail.com>.

Que Maria, nossa "Boa Mãe" e irmã na fé, nos acompanhe neste fascinante caminho de seguir Jesus e anunciar seu Evangelho.

Afonso Murad

1
Refletir sobre Maria hoje: marialogia

Iniciar a leitura de um bom livro é como ser levado para outro tempo ou para um espaço diverso daquele que estamos acostumados. Mesmo que o assunto seja conhecido, o(a) leitor(a) recebe um colírio nos olhos. Adquirem-se novas informações, apura-se a percepção, amplia-se o horizonte, suscitam-se perguntas que moverão a mente e o coração para encontrar respostas e elaborar novas perguntas. Quando se lê um livro de teologia, descobre-se que o conhecimento sobre a revelação de Deus presta-se não somente para que saibamos mais, mas principalmente para que sejamos melhores: homens e mulheres mais lúcidos, conscientes, bondosos, integrados, como seguidores de Jesus.

Este capítulo visa a introduzi-lo(a) no vasto campo da mariologia. Inicia-se com alguns casos reais, que levantam questões existenciais, pastorais e teológicas acerca de Maria, a mãe de Jesus. A seguir, descortina os principais momentos da reflexão sobre Maria, no correr dos dois milênios de Cristianismo. Então, apresenta o conceito de marialogia (ou mariologia), suas fontes, exigências e tarefas, como uma teologia contextualizada na Igreja e no mundo atual.

I. Perguntas que vêm da vida

Júlia, jovem religiosa, foi morar na periferia de uma grande cidade no Brasil. Visitava as famílias e participava-as dos movimentos sociais e das pastorais do bairro. Fazia parte de um grupo de mulheres que se reunia para rezar o terço. Ela introduziu a leitura de textos do Evangelho e refletia com as mulheres, em estilo de círculo bíblico. Dizia que Maria era uma mulher do povo, simples como elas, mãe e membro do povo de Deus. Uma pessoa corajosa, decidida, com consciência social, que lutou junto com Jesus em defesa dos pobres, os preferidos no Reino de Deus.

Certo dia, Júlia foi visitar Dona Mariana, que estava com um filho doente. Enquanto lavava a roupa, Dona Mariana lhe disse: "Irmã, eu gosto muito de que você participe do terço com a gente. Eu aprendi muita coisa com você sobre a Mãe de Jesus. Mas às vezes eu prefiro a minha Maria". Júlia não compreendeu. Então Dona Mariana explicou:

A sua Maria é parecida demais com a gente. Nos momentos mais difíceis, ela não me ajuda a aguentar a minha vida tão dura. Quando os meninos estão doentes, o marido chega bêbado em casa, ou falta dinheiro até para pagar a água e a luz, eu rezo para Nossa Senhora, a minha mãezinha do céu. Então, eu sinto uma força imensa. É como se ela me carregasse no colo.

Júlia voltou para casa pensativa. Como ajudar as mulheres da comunidade, tão devotas de Nossa Senhora, a conhecer Maria de Nazaré? Como mostrar que a "Maria do Céu" é a mesma "Maria de Nazaré"?

Aqui está o grande desafio da marialogia (ou mariologia) contemporânea: redescobrir a dimensão humana e existencial de Maria e articular com sua condição atual de glorificada junto de Deus. Esses aspectos parecem em conflito ou estão meramente justapostos. Vejamos outro caso real, relatado por uma agente de pastoral.

Clarice, uma mulher em situação de prostituição, vivia no baixo meretrício, próximo ao centro da cidade. Tinha uma filha de quatro anos, a razão de sua vida, pela qual sobrevivia e batalhava. Uma noite, o pai da criança foi a seu barraco e raptou-lhe a filha. Clarice chorou demais e comentou com suas companheiras que a vida estava se acabando sem a menina. Nesses dias, a Pastoral da Mulher organizou nos becos uma novena a Nossa Senhora Aparecida. Enquanto a estátua de Nossa Senhora Aparecida estava num altar florido, Clarice se aproximou, em prantos. Ajoelhou-se respeitosamente e, sussurrando, pediu que Maria lhe trouxesse a filha de volta. Na semana seguinte, a menina estava com ela. As outras mulheres interpretaram que aquilo tinha sido um milagre de Nossa Senhora.

Tempos depois, as Irmãs que animavam a pastoral dessas mulheres estavam organizando a casa que as acolheria durante o dia. Na sala de atendimento, alguém colocou uma pequena imagem de Nossa Senhora Aparecida. Uma das mulheres prostitutas pediu à coordenadora: "Irmã, por favor, tire esta imagem da santa daí. Eu tenho vergonha de falar da minha vida perto dela". Então, depois de escutar também outras mulheres, a religiosa substituiu a imagem de Maria por uma de Santa Maria Madalena.

Esses fatos revelam a complexidade da figura de Maria no Catolicismo. De um lado, ela está muito próxima, pois ouve os clamores dos seus filhos e vem-lhes em auxílio. De outro, está distante enquanto referência humana. Maria é vista como "santa demais" para ser tomada como figura inspiradora para homens e mulheres que vivem uma existência normal. Como "a santa", parece

14

alguém que não passou por dificuldades humanas. Perdeu-se a trilha da peregrinação espiritual de Maria, do caminho que ela fez na fé, na esperança e no amor.

A figura de Maria é um elemento característico do Cristianismo católico e ortodoxo, em contraposição às Igrejas protestantes. Ela aparece no imaginário popular especialmente como *a santa poderosa* e bondosa que intercede por nós, a *mãe divina*. A proximidade de Maria em relação ao fiel não se explica pela sua semelhança conosco, mas sim pela sua capacidade de, enquanto alguém da esfera do divino, vir em auxílio de seus filhos. A grande parte das manifestações devocionais marianas gira em torno da oração de súplica, da fé como entrega confiante nas mãos da "Mãe de Deus", do pedido de socorro, em situações extremas de necessidade e angústia. E isso causa uma dificuldade para dialogar com quem descobriu o perfil humano de Maria.

Quando se pergunta a um católico comum qual a razão da importância de Maria, a resposta predominante é: "porque ela é mãe de Jesus". E ao se pedir sobre suas qualidades, a lista é curta e pouca expressiva: mulher obediente, pura e silenciosa; cuidou de Jesus e sofreu com ele na cruz.

A visão tradicional apresentava Maria como o modelo de simultâneo de mãe e de mulher. Atualmente, esse aspecto é questionado, pelo fato de ter fortalecido o estereótipo de mulher dominada em relação ao homem. Nessa mentalidade, a mulher só se realizaria enquanto mãe, "padecendo no paraíso do lar", ou se optasse pela virgindade consagrada na Vida Religiosa. O lugar da mãe é o espaço privado da casa, cuidando dos filhos e sendo obediente ao marido. Além disso, como pode Maria, mãe e virgem, ser modelo para grande parte das mulheres que são casadas e vivem relações conjugais com seus maridos?

Muitas mulheres de hoje investem em formação acadêmica, entram com competência no mundo do trabalho, ocupam funções públicas, exercem liderança em movimentos sociais e ambientais, assumem seu corpo e sua sexualidade. Enfim, conquistam espaços antes reservados aos homens. Mas nesse intento têm dificuldade em conciliar seu estilo de vida e a própria visão de mulher com o modelo tradicional de Maria, a mulher obediente, caseira e silenciada.

Na pluralidade e diversidade da Igreja Católica, descobriram-se nos últimos anos outras perspectivas de Maria. A Teologia da Libertação, a partir da prática das Comunidades Eclesiais de Base (CEBs) e das Pastorais Populares, valorizou a figura humana de Maria, como sinal da opção preferencial de Deus pelos pobres. Resgatou sua condição de mulher que, oprimida numa sociedade patriarcal, desponta corajosamente como protagonista e mulher profética. Descobriu Maria como educadora e discípula de Cristo, membro ativo da comunidade cristã, que se empenha em realizar a missão de Jesus: anunciar o Reino de Deus e edificar uma nova sociedade, justa, solidária e inclusiva.

A teologia feminista traçou um caminho iluminador para a marialogia. Iniciando seu trabalho com postura muito crítica, ela apontou como o discurso católico sobre Maria fortaleceu a cultura androcêntrica (centrada no homem), tirando a mulher da sua condição de agente histórico e companheira do homem em igual dignidade. No segundo momento, a teologia feminista resgatou a figura de Maria como mulher ativa na história, junto a outras mulheres. A atual "teologia de gênero" considera Maria não mais um modelo para as mulheres, mas sim uma figura inspiradora de todo ser humano.

Na América Latina e no Caribe, o Catolicismo vive forte embate com Igrejas evangélicas originadas do "Protestantismo de missão". Essas Igrejas consideram várias práticas católicas como manifestações do paganismo, as quais devem ser radicalmente banidas da vida de quem se converte e aceita Jesus. O culto a Maria e aos santos seria uma mera continuidade da idolatria, denunciada claramente na Bíblia. Influenciadas também pelo fundamentalismo protestante e pelo Pentecostalismo, surgidos nos Estados Unidos no início do século XX, várias denominações afirmam que Jesus Cristo é de forma exclusiva (e excludente) a única mediação de salvação para toda a humanidade. Os santos não podem realizar nada, pois estão mortos, no sono eterno, à espera da segunda vinda de Cristo.

Em várias partes do mundo, a figura de Maria é colocada a serviço do projeto de restauração católica. Exaltam-se os privilégios de Maria, prega-se que a oração do rosário é obrigatória, utiliza-se o dogma da virgindade para justificar preceitos de moral sexual, divulgam-se pretensas aparições de Maria e suas mensagens como se fossem o quinto evangelho. A enorme devoção a Maria, a adoração ao Santíssimo Sacramento e o culto personalista ao Papa são apregoados como as únicas características do Cristianismo católico. Ora, o estímulo à devoção mariana exagerada e desconectada da pessoa de Jesus Cristo parece uma solução para expandir o Catolicismo nas massas, mas tornar-se-á um problema no futuro. Pois um Cristianismo sem Jesus, distante da Bíblia e adornado com excesso de devoções perde seu foco e com o tempo mostra-se frágil.

O último censo do Brasil e outras pesquisas recentes sinalizaram que lentamente cresce o percentual da população que se declara como "sem crença" ou "indiferente" à questão religiosa. Não se sabe se tal tendência se consolidará nos próximos anos. Mas o fato faz pensar. O recurso indiscriminado a práticas mágicas e milagreiras em várias Igrejas cristãs, sejam católicas, sejam evangélicas, pode levar, a longo prazo, à rejeição ao Cristianismo, à indiferença religiosa ou ao desenvolvimento de uma religiosidade meramente privada e altamente sincrética.

O estudo sobre Maria deve ajudar a conhecer quem é essa mulher que viveu em Nazaré, foi companheira de José e mãe de Jesus, membro da comunidade de seus seguidores e hoje está na comunhão dos santos, perto de Jesus e tão próxima aos seres humanos. A mariologia (ou marialogia), como parte da teologia cristã, visa a ser *Boa-Nova* para homens e mulheres do nosso tempo.

II. Breve história da marialogia

1. Panorama do caminho percorrido

Em largos traços, podemos dizer que o primeiro milênio do Cristianismo gestou uma reflexão sobre *Maria no conjunto da fé cristã e da teologia*. Não havia marialogia como tratado em separado. Nos primeiros séculos, encontram-se homilias sobre Jesus nas quais se faz referência a Maria. A preocupação central da teologia nascente está em Jesus, na sua humanidade e divindade. E justamente das polêmicas cristológicas brotam os dogmas da maternidade e da virgindade de Maria.

Surgem também histórias piedosas de Maria, como o *Protoevangelho de Tiago* (provavelmente do início do século III) e *Vida de Maria*, do Monge Epifânio (século VIII), que facilmente se difundem. Os "Evangelhos apócrifos", que não respeitam a centralidade de Jesus e abusam de narrações mitológicas sem fundo histórico, embora não tenham sido aceitos pela Igreja oficial na época, serviram de base para o crescimento da devoção mariana.

Na Idade Média, presencia-se o crescimento da piedade marial, que culmina com o Tratado da Santíssima Virgem de São Bernardo de Claraval († 1153). Do grande teólogo Santo Tomás de Aquino não há tratado de mariologia, nem na *Suma Teológica*, nem em outros escritos. Na mesma época, no Oriente floresce uma rica iconografia mariana e hinos litúrgicos. O culto vai à frente da teologia. Fala-se de Maria de uma forma mais simbólica do que dogmática. No Ocidente, pinturas e esculturas marianas multiplicam-se a partir do Renascimento, apresentando em Maria traços humanos de beleza ímpar.

A marialogia sistemática surge na Idade Moderna. No século XVI, a Reforma Protestante, ao centrar-se na salvação em Cristo, promove um corte radical na devoção aos santos e, sobretudo, a Maria. Destroem-se imagens e pinturas dos santos e de Maria. Em reação, a Contrarreforma católica retoma com mais vigor a figura de Maria, em contexto polêmico. Fortalece o culto a Maria, separada da pessoa de Jesus. O primeiro tratado mariano é elaborado por Francisco Suarez (1584). Já o termo "mariologia" foi cunhado por Plácido Nígido, em 1602. A partir do final do século XVI, criou-se a marialogia dos "privilégios". Tratava-se de mostrar tudo que Deus concedeu a Maria, que a faz ser melhor do que os outros seres humanos. De acordo com a escolástica, faz-se uso do método dedutivo e do silogismo, acrescidos de argumentos de conveniência. Eles funcionavam assim: *Deus podia; convinha que fizesse; logo, fez*. Por exemplo: Deus, que é todo-poderoso, podia criar uma filha que não fosse manchada pelo Pecado Original. Ora, convinha que ele fizesse isso, em vista da obra redentora de Cristo. Então, Deus concedeu a Maria o privilégio da Imaculada Conceição.

Contra o crescimento da razão moderna, autônoma, antirreligiosa e antieclesiástica, cresce, nos séculos XVIII e XIX, a mariologia devocional, de cunho afetivo, no qual se misturam elementos simbólicos e racionais. Nessa linha, São Luís Maria Grignion de Montfort († 1716), no *Tratado da verdadeira devoção à Santíssima Virgem*, n. 76, afirma que Maria é a rainha do céu e da terra. Citando Anselmo, Bernardo e Boaventura, chega a dizer que "ao poder de Deus tudo é submisso, até a Virgem; ao poder da Virgem tudo é submisso, até Deus". Esta é a tendência dominante: mariologia triunfalista e maximalista, dizendo que para Maria não há limites, nunca é demais exaltá-la. Em latim: *De Maria nunquam satis*. A proclamação dos dogmas da Imaculada Conceição (1854) e da Assunção (1950) aumentaram ainda mais a "euforia mariana". No início da década de 1960 já se preparavam novos dogmas, de Maria medianeira de todas as graças e corredentora.

Essa onda de exagero mariano começou a baixar somente com o advento do Concílio Vaticano II, esse grande momento de revisão e mudança na Igreja. Os movimentos de renovação da Igreja, que culminaram no Concílio, iam em direção contrária à mariologia da época. O movimento bíblico e o estudo da patrística, com a "volta às fontes", pedem maior centralidade na pessoa de Jesus, questionando uma visão de Maria desvinculada da cristologia. O movimento ecumênico valoriza o núcleo comum às Igrejas cristãs, colocando em segundo lugar as devoções. A renovação dogmática inicia uma releitura dos dogmas, a partir da Bíblia e da evolução histórica, e assim desmonta a mariologia armada somente sobre devoções, silogismos e argumentos de conveniência. A mentalidade antropocêntrica, que coloca o ser humano no centro do pensamento, questiona uma Maria endeusada, sem história e sem contexto.

Como fruto de todo esse processo de renovação, o Concílio Vaticano II inseriu Maria no capítulo VIII do documento *Lumen Gentium*. Situou Maria no mistério de Cristo e da Igreja, e não num tratado à parte, como queriam os grupos conservadores.

Na década de 1970, a devoção e a teologia marianas entram numa crise sem precedentes, sobretudo nas regiões de cultura ocidental moderna: Europa, Estados Unidos e Oceania. Chegou-se ao extremo de um "minimalismo mariano". Havia gente que dizia: "Já se falou demais sobre Maria. Agora, é tempo de calar". Com a entrada do pensamento moderno na teologia vêm também as suspeitas sobre a figura de Maria, de natureza psicológica, sociocultural, religiosa e política. A retomada da mariologia acontece em meio a essa crise. A exortação apostólica, de Paulo VI, *Marialis Cultus* ("O culto a Maria"), de 1974, fornece preciosos elementos para a renovação do culto a Maria, na perspectiva do Concílio. Posteriormente, João Paulo II publica a encíclica *A mãe do redentor* (1987), na qual sistematiza vários dados sobre a Mãe de Jesus, na Bíblia e na Tradição eclesial. Por fim, a carta apostólica sobre o Rosário (2002) sugere ampliar essa devoção, ao incluir a recitação/meditação dos mistérios da vida de Jesus.

Atualmente, a reflexão sobre Maria, que chamamos mariologia ou marialogia, expressa a pluridade do mundo e de suas culturas. Há trabalhos bem fundamentados sobre Maria na Bíblia que constituem a base comum sobre o perfil de Maria nas Igrejas cristãs. Desenvolvem-se pesquisas a respeito de Maria no diálogo inter-religioso com o Islamismo, o Judaísmo, as religiões afro-americanas e a religiosidade Pós-Moderna. Somam-se a isso a contribuição da Teologia da Libertação, da teologia feminista e da ecoteologia. Interpretam-se os dogmas marianos com dupla fidelidade à Tradição e à contemporaneidade. Buscam-se paradigmas (modelos de compreensão) para organizar com sentido os dados da Bíblia, do culto e do dogma a respeito de Maria. A renovação carismática destaca a relação de Maria e o Espírito Santo. Cresce a espiritualidade mariana centrada em Jesus e na Trindade, que visa a balizar a peregrinação espiritual de homens e mulheres, com Maria. De outro lado, reaviva-se na Igreja a mariologia de privilégios, o maximalismo mariano, a devoção mariana sem limites. Nesse mar bravio do "conflito de interpretações" o teólogo deve elaborar a marialogia para os nossos dias. Tarefa desafiadora, que deve ser empreendida em espírito de respeito e diálogo. Para evitar relativismos e falta de critérios, é necessário recorrer aos documentos do magistério eclesial, norteadores da marialogia contemporânea, a começar do Vaticano II.

2. Linhas básicas da mariologia no Vaticano II

O capítulo VIII da constituição dogmática *Lumen Gentium*, do Concílio Vaticano II (proclamada em 21.11.1964), constitui *a mais importante* referência do magistério da Igreja Católica a respeito de Maria, a mãe de Jesus. Trata-se de um documento oficial, emanado por um Concílio ecumênico, após longo processo de diálogo, discussão, reflexão, oração, concessões entre as correntes em conflito, até alcançar consenso. Por ser declaração do Magistério extraordinário (todos os bispos do Oriente e do Ocidente, em comunhão com o Papa), que conseguiu conciliar diferentes posições a respeito da mãe de Jesus, no espírito de sensibilidade aos *sinais dos tempos*, deve ser reconhecido como tal e difundido amplamente.

O documento apresenta o seguinte esquema:

1. Introdução (52-54;)
2. A missão de Maria na história da salvação (55-59);
3. Maria e a Igreja (60-65);
4. O culto de Maria na Igreja (66-67);
5. Conclusão: Maria, sinal de esperança para o Povo de Deus peregrino (68-69).

Na introdução, afirma-se que o Concílio não propõe a doutrina completa sobre Maria nem quer dirimir as questões ainda não trazidas à plena luz pelo trabalho dos teólogos (n. 54). Evitam-se títulos exagerados ou controversos. Os padres conciliares reconhecem Maria como "Mãe dos membros (de Cristo)..., porque cooperou com o seu amor para que na Igreja nascessem os fiéis, membros daquela cabeça" (n. 53). Situam Maria na comunhão dos santos, e não de forma isolada. Ela "ocupa depois de Cristo o lugar mais elevado e também o mais próximo de nós" (n. 54).

O capítulo VIII da *Lumen Gentium* também é original pela forma como resgata a contribuição da teologia bíblica, que havia sido dissociada do discurso sobre Maria nos últimos séculos. Em vez dos arroubos da apologética mariana, que usava citações bíblicas de forma alegórica e descontextualizada, simplesmente para ilustrar as conclusões, optou-se por uma visão sistêmica, a partir da história da salvação. Assim, diz-se que no Antigo Testamento Maria é proficamente esboçada como a mulher que vence a serpente, a Virgem mãe do Emanuel, uma dos pobres de Javé e a Filha de Sião (cf. n. 55). Ao trazer à luz os textos dos Evangelhos sobre a Mãe de Jesus, o Concílio traça um perfil dinâmico de Maria. Na Anunciação, Maria não é um instrumento meramente passivo, mas cooperou para a salvação humana com livre fé e obediência (cf. n. 56). A união entre Mãe e Filho na obra da salvação é um processo, que se estende "desde a concepção virginal de Cristo até a sua morte" (n. 57). No ministério público de Jesus, Maria *avançou em peregrinação* de fé, de Caná até a cruz (cf. n. 58). Em Pentecostes e na Assunção, para que mais plenamente estivesse conforme o seu Filho, foi exaltada como Rainha do Universo (cf. n. 59).

Após apresentar traços do perfil bíblico de Maria e sua missão na história da salvação, aborda-se a relação de Maria com Jesus e a Igreja. O Concílio Vaticano II responde com clareza a esta crucial pergunta dogmático-pastoral: se Jesus é o único mediador entre Deus e a humanidade, como compreender, então, a intercessão dos santos e especialmente a de Maria? Conforme o documento conciliar, Cristo é o único mediador. A missão materna de Maria não diminui a mediação única de Cristo, mas mostra a sua potência. Não se origina de uma necessidade interna, mas do dom de Deus. Não impede, mas favorece a união dos fiéis com Cristo (cf. n. 60). Nenhuma criatura jamais pode ser colocada no mesmo plano do Verbo encarnado e redentor. Mas o sacerdócio de Cristo é participado de vários modos pelo Povo de Deus, e a bondade de Deus é difundida nas criaturas. A única mediação do Redentor suscita nas criaturas uma variada *cooperação*, que participa de uma única fonte (cf. n. 62). O concílio reconhece a legitimidade de recorrer à intercessão de Maria, pois trata-se de cooperação na única mediação de Cristo. Não se utiliza a expressão "medianeira", ambígua e com acentos maximalistas.

A colaboração de Maria não está no mesmo plano da missão redentora de Jesus. Situa-se em função dessa missão e dela depende incondicionalmente. O culto a Maria é singular, diferindo e orientando-se para o culto à Trindade (cf. n. 66): *recomenda-se o culto a Maria, evitando tantos os exageros quanto a demasiada estreiteza de espírito. A verdadeira devoção a Maria não consiste num estéril e transitório afeto, nem numa vã credulidade, mas no reconhecimento da figura de Maria e no seguimento de suas virtudes* (cf. n. 67).

No que diz respeito à relação de Maria com a Igreja, o Concílio mostra que ela é membro, símbolo e mãe da Igreja, a partir de sua relação ímpar com Jesus.

Não se trata somente da maternidade biológica. Maria foi mãe, companheira e serva do Senhor, tornando-se assim, para nós, mãe, na ordem da Graça (cf. n. 61). Devido à sua maternidade, à união de missão com Cristo e às suas singulares graças e funções, Maria está também intimamente relacionada com a Igreja (cf. n. 63). Há semelhança entre ambas. Como Maria, a Igreja é mãe e virgem: gera novos filhos pelo batismo, guarda a palavra dada ao Esposo, vive na fé, esperança e caridade (cf. n. 64).

A *Lumen Gentium*, constituição dogmática do Vaticano II sobre a Igreja, encerra-se com uma bela imagem acerca de Maria, sinal para o Povo de Deus peregrino. Distanciando-se do discurso triunfalista dos privilégios marianos, apresenta-se a Mãe de Jesus como figura realizada do cristão e da Igreja. Maria assunta ao céu é "imagem e início da Igreja que se há de consumar no século futuro, assim também, na terra, brilha como sinal de esperança segura e de consolação, para o Povo de Deus ainda peregrinante, até que chegue o dia do Senhor" (n. 68).

Em síntese, o capítulo VIII da *Lumen Gentium*, como palavra do Magistério da Igreja, orienta a mariologia em vários sentidos:

- Apresenta a Mãe de Jesus não de maneira isolada, mas sim em relação de interdependência com Cristo e a comunidade de seus seguidores (a Igreja).

- Traz nova luz para os dogmas marianos e o culto a Maria, a partir de elementos da história da salvação e da teologia bíblica.

- Mostra que é possível e necessário elaborar o discurso mariano de maneira equilibrada, lúcida e contemporânea, que evite a lógica dos privilégios, os silogismos e os argumentos de conveniência.

- Não fecha a marialogia num tratado hermético. Não pretende responder a tudo. Antes, estimula os teólogos a continuar seus estudos, para esclarecer e aprofundar temas em fase de maturação (cf. n. 54). A partir do espírito do Concílio, os mariólogos não são considerados como meros repetidores do Magistério da Igreja. Em comunhão com a Bíblia, a Tradição, o Magistério e os *sinais dos tempos*, eles tem a missão de contribuir para o avanço da teologia mariana na Igreja.

- Articula-se principalmente com textos bíblicos e patrísticos. Não há referências explícitas a tradicionais tratados de devoção a Maria nem a mensagens de videntes.

- Amplia as características do perfil bíblico-teológico de Maria. Nos últimos séculos, esse perfil ficou restrito praticamente a três elementos: o "sim" da Anunciação, a maternidade biológica, a união com o filho no momento da cruz. O Concílio descortina outras características: companheira de Jesus, servidora (cf. n. 61), mulher que avança em peregrinação na fé, de Caná até a cruz (cf. n. 58).

- Põe as bases teológicas necessárias para superar a ambiguidade de títulos marianos, como "medianeira" e "corredentora". Sem meias palavras, reafirma-se o dado bíblico central: "Jesus é o único mediador". Maria e os santos cooperam na missão salvífica de Jesus. Tal cooperação não os eleva ao mesmo nível de Jesus.

- Aponta as múltiplas e complementares formas de relação de Maria com a comunidade dos seguidores de Jesus. Maria é simultaneamente membro, mãe e protótipo da Igreja.

- Alerta sobre os equívocos dos extremos do minimalismo (subtrair a presença de Maria do cotidiano dos católicos) e do maximalismo (devocionismo que se afasta da centralidade de Jesus). Nem toda forma de devoção mariana é aceita pela Igreja. Critica-se o afeto estéril e transitório e a vã credulidade. Valoriza-se a atitude de inspirar-se no perfil bíblico-espiritual de Maria (suas virtudes).

III. Estudar e elaborar marialogia

1. Conceito e etapas

A marialogia é a disciplina teológica que estuda o lugar de Maria no projeto salvífico da Trindade e sua relação com a comunidade eclesial. Enquanto saber teológico, a marialogia é uma reflexão sistemática, crítica e sapiencial que parte da fé e à fé retorna. Respeitando as diferentes correntes de pensamento, pode-se afirmar que a marialogia mais adequada é aquela que ajuda os cristãos a seguir a Jesus com mais empenho e a compreender melhor aquilo em que creem.

Do ponto de vista do contéudo, a marialogia pode ser dividida ao menos em três blocos. O primeiro aborda Maria na Bíblia. Mostra quem é Maria de Nazaré enquanto figura histórica e simbólica da comunidade cristã das origens e reflete sobre seu significado para os dias de hoje. O segundo trata do culto a Maria na Igreja, compreendendo a liturgia e a devoção. O terceiro estuda os quatro dogmas marianos – maternidade divina, virgindade, Imaculada e Assunção – e explica-os em linguagem compreensível. Resumidamente, a mariologia estuda sobre a pessoa de Maria com o tríplice olhar da Bíblia, do culto e do dogma. Procura responder, assim, à pergunta: Qual é o lugar de Maria no projeto salvífico de Deus, iniciado na criação; mediado na vida, morte e ressurreição de Jesus Cristo e continuado pela ação do Espírito Santo na história?

Há, ainda, outras abordagens sobre Maria. Pode-se fazer a leitura histórico-eclesial, que contempla como a comunidade cristã compreendeu sua figura no correr dos tempos. Com a ajuda das ciências da religião, faz-se uma análise das diferentes visões sobre a mãe de Jesus em diversos cenários religiosos e socioculturais, tanto no sincretismo religioso tradicional quanto nas formas fragmentárias da religiosidade Pós-Moderna. É possível também estudar a espiritualidade mariana apresentando Maria como modelo de vida para os cristãos e a Igreja. Ou, ainda, perceber como Maria é vista em diferentes correntes teológicas cristãs atuais, como a teologia das religiões, a teologia da libertação, a teologia de gênero, a teologia indígena e negra etc.

A reflexão teológica sobre Maria compreende etapas interdependentes, como subir uma escada de três degraus. No nível básico situam-se os dados bíblicos sobre a mãe de Jesus. Eles são imprescindíveis para não se construir a marialogia sobre o vazio. Toda reflexão teológica consistente baseia-se na Sagrada Escritura. No segundo degrau estão os dogmas marianos, que condensam grande parte da reflexão eclesial sobre Maria, sem esgotá-la. Por fim, o culto a Maria, compreendendo a devoção e a liturgia. Os três degraus relacionam-se mutuamente e há uma prioridade histórica da Sagrada Escritura sobre o dogma e o culto. Caso contrário, leremos os textos bíblicos sem deixar-nos tocar por eles, e somente confirmaremos o que está proclamado nos dogmas e consolidado na devoção.

2. Fontes

Quais são as fontes às quais recorre o pesquisador de mariologia ou o aluno de teologia quando se dispõe a estudar sobre Maria, a Mãe de Jesus? Podem-se distinguir fontes essenciais, complementares e suplementares.

(a) Fontes essenciais: como o nome indica, são imprescindíveis para o estudo acerca de Maria para alunos e professores da graduação ou especialização em teologia. Compreendem:

- *Sagrada Escritura*, fonte primeira de toda teologia. Além de recorrer diretamente aos textos bíblicos, o pesquisador serve-se do trabalho realizado pelos biblistas, sobretudo aqueles que escrevem sobre os Evangelhos de Lucas e João.

- *Escritos patrísticos.* Há belíssimas referências a Maria nos primeiros séculos, em forma de homilias, hinos, comentários bíblicos e orações. Não basta copiar as citações dos autores. Essas devem ser compreendidas no seu horizonte cultural e eclesial e em relação à totalidade do texto, que normalmente está centrado na pessoa de Jesus. Para auxiliar este estudo, é útil recorrer aos teólogos que comentam textos patrísticos, sejam mariólogos ou não.

- *Documentos do Magistério da Igreja sobre Maria.* Aqui se elencam as principais afirmações sobre a Mãe de Jesus, formuladas em concílios ecumênicos, documentos papais e conclusões das conferências do episcopado latino-americano, sobretudo em Puebla e Aparecida. Esses documentos apresentam as formulações dos dogmas marianos, oferecem elementos para sua interpretação atual e fornecem orientações pastorais para o culto. Os textos mais antigos devem ser analisados à luz do contexto e da linguagem da época, para evitar anacronismos.

- *Textos ecumênicos acerca da Mãe de Jesus.* Tais escritos são fundamentais para compreender o consenso cristão a respeito de Maria, os pontos em comum e as principais diferenças. Ajudam a superar a intolerância religiosa e suscitam respeito recíproco entre as Igrejas cristãs.

- *Dicionários e livros contemporâneos de marialogia/mariologia.* Tais obras sintetizam, organizam e apresentam, com o olhar próprio de cada autor, os conhecimentos sobre Maria na Bíblia, no culto e no dogma. Vários(as) mariólogos(as) estabelecem um diálogo da teologia com a sociedade contemporânea, suas buscas e questionamentos.

(b) Fontes complementares: dependendo do tipo de estudo específico a ser realizado, especialmente em pesquisas de pós-graduação, elas podem ser essenciais.

- *Escritos de teólogos, místicos e missionários no correr dos séculos.* Tais textos contêm elementos preciosos para a reflexão sobre Maria. Não devem ser lidos de forma literal e fora de seu contexto, pois muitos deles estão influenciados pelo maximalismo mariano ou pela visão da época. Trata-se de reinterpretar as intuições desses autores à luz da teologia bíblica e das grandes linhas teológicas do Concílio Vaticano II, especialmente o capítulo VIII da *Lumen Gentium*.

- *Estudos de natureza antropológica e histórico-cultural.* A figura de Maria e sua devoção ficaram impregnadas na cultura ocidental em dois mil anos de Cristianismo. Influenciaram e foram influenciadas pelas diferentes percepções de etnias, subculturas e grupos sociais. No correr dos séculos, a figura cultural de Maria apresentou simultaneamente elementos de resistência à dominação aos poderes opressores e de legitimação desses poderes. Por isso as pesquisas das ciências da religião, da história, da antropologia, da sociologia, da história da arte contribuem para compreender a ambiguidade das manifestações culturais sobre Maria e podem ajudar a purificar a fé cristã. A mariologia serve-se, assim, de várias áreas do conhecimento, acolhe suas conclusões de forma lúcida e crítica e faz uma leitura teológica de seus estudos.

- *Pinturas, esculturas, músicas, poemas e outras obras artísticas.* Há um enorme acervo de produção artística em torno da pessoa de Maria que serve ao mariólogo como matéria-prima para sua reflexão. Esse material utiliza linguagem própria, não conceitual, e traz abordagem rica e diversificada, que permite amplo leque de interpretação. A grande pergunta que orienta o estudo de obras artísticas com temática religiosa é: O que o autor quis comunicar sobre Deus, o ser humano e Maria, que é significativo para nós hoje? Inclui-se aqui também o estudo sobre os ícones orientais, que são mais do que obra artística, pois constituem uma narração espiritual em forma de imagem sobre Jesus e Maria.

- *Manifestações devocionais atuais.* A cultura é produção de significados, algo vivo e dinâmico que transmite valores e visão de mundo. Assim, estudar as manifestações da religiosidade mariana, ou servir-se do resultado das pesquisas de outros, fornece elementos para o discernimento pastoral e a reflexão teológica. As ciências da religião são grandes parceiras nessa tarefa. Convém recordar que os estudos de natureza antropológica, cultural e sociológica sobre Maria não são ainda marialogia. Constituem matéria-prima que deve ainda passar pelo crivo de interpretação da Bíblia e da Tradição eclesial para tornar-se teologia marial.

(c) Fontes suplementares: recebem este nome por tratarem-se de escritos que fornecem informações ou conhecimentos que podem ser úteis para a pastoral e a teologia, mas não são imprescindíveis nem fazem parte do núcleo do ensino da Igreja a respeito de Maria. Não têm força de obrigação. Trata-se de algo que está na esfera devocional e assim deve ser tratado. Por isso não convém tomá-las como fontes essenciais e vinculantes para a fé cristã. São elas:

- Os *Evangelhos apócrifos*, elaborados em grande parte entre os séculos II a VIII. Eles circulavam com a pretensão de serem livros inspirados, mas não foram reconhecidos como tais pela Igreja devido aos exageros e desvios do pensamento teológico. Portanto, é equivocado sustentar que eles fornecem informações fidedignas sobre Jesus e Maria, para completar o que falta nos Evangelhos. Há afirmações que são contrárias aos textos bíblicos. Veja mais detalhes sobre os apócrifos nos "Textos complementares". Dos apócrifos aproveitam-se apenas dados secundários, tais como: o nome do pai e da mãe de Maria (Joaquim e Ana), o número e o nome dos reis magos etc.

- *As narrações da Vida de Jesus e de Maria* elaboradas por videntes e místicos medievais. Elas não foram reconhecidas por concílios e outros documentos oficiais da Igreja como fontes de informações históricas, embora tenham alimentado a devoção. O grande problema é que esses relatos são divulgados hoje com a pretensão de serem revelações diretas de Deus, a serem aceitos sem nenhuma discussão. Mas eles estão fortemente influenciados pelo contexto cultural, as estruturas psíquicas e a imaginação criativa de seus autores.

- *As mensagens de videntes de aparições marianas* nos dois últimos séculos. Elas são compreendidas pela Igreja como "revelações privadas". Merecem a classificação de "dignas de fé humana" e não têm força de obrigação para os cristãos. Infelizmente, são consideradas por alguns grupos católicos como palavras diretas de Maria, em concorrência com a Bíblia. Voltaremos a esse assunto no capítulo sobre as aparições.

As fontes e recursos utilizados na elaboração da mariologia influenciam diretamente seus resultados. Nesse sentido, não se pode considerar todas as informações como se estivessem no mesmo nível. Isso conduz a uma série de equívocos na reflexão teológica. São prioritárias: a Bíblia, a Patrística e a Tradição eclesial, lidas em relação com os *sinais dos tempos*.

3. Exigências e tarefas

A marialogia contemporânea exige, em primeiro lugar, boa base bíblica. Isso significa conhecer em profundidade os textos sobre Maria, relacionando-os com o autor bíblico e sua teologia. Necessita também percorrer a história da reflexão de fé da Igreja, para compreender como surgiram os dogmas marianos e situá-los em seu contexto. Além disso, para pensar sobre o sentido da figura de Maria deve-se estabelecer relação com outros campos da reflexão teológica que tratam de Jesus, da Igreja, do ser humano à luz da fé e de sua salvação. O teólogo percorre as disciplinas teológicas e com elas vai tecendo a marialogia.

O grande limite de professores e de livros de marialogia reside num horizonte teológico estreito, que não relacionam a figura de Maria com outras áreas e disciplinas da teologia. Ora, alguém vai escrever sobre a Mãe de Jesus em Lucas, deve conhecer bem a teologia do terceiro evangelista. Se reflete sobre o dogma da Assunção, necessita lidar com a disciplina teológica da escatologia, que reflete sobre a morte, a ressurreição e a finalidade da história. Não basta que seja recheada de citações isoladas de Padres da Igreja, concílios e papas. Deve ser articulada, consistente e abrangente.

Por fim, a reflexão atual sobre Maria se faz com o olhar e o coração sintonizados com o caminho existencial e espiritual de homens e mulheres de hoje. Isso requer uma aguçada sensibilidade histórica e dialogal. O teólogo está atento não somente aos livros publicados, mas também aos fatos significativos e às suas interpretações. Assim, ele atualiza e reinterpreta os dados bíblicos-teológicos sobre Maria à luz dos sinais dos tempos e das práticas eclesiais. Busca conhecer as práticas litúrgicas e devocionais marianas, visando purificá-las e resgatar seu sentido espiritual.

A marialogia contemporânea tem pela frente desafios e tarefas. Apontam-se aqui alguns deles.

a) ***Descobrir o lugar apropriado de Maria na história da salvação.***
Em muitas manifestações devocionais, parece que Maria tomou o lugar de Jesus. Ao proclamar que somente Jesus é "O Senhor" e que o culto cristão é trinitário, faz-se necessário refletir sobre a contribuição de Maria e dos outros santos no projeto salvífico da Trindade. A marialogia deve, cada vez mais, nos apontar para Jesus e o Reino de Deus. Pois Maria está toda referida a Cristo. A marialogia atual visa a responder à pergunta: Qual é o lugar de Maria no projeto salvador de Deus em relação à humanidade? Essa reflexão deve estar articulada com os grandes tratados teológicos sobre Cristo, a Trindade, o Espírito Santo, a Graça e a Igreja.

b) ***Reinterpretar os dogmas.*** Alguns dogmas marianos apresentam difícil compreensão e questionável aceitação. Qual o significado humano e espiritual da Virgindade Perpétua de Maria? O que quer dizer "Imaculada Conceição", numa visão atualizada da Graça e do Pecado Original? Não basta repetir o que disseram os concílios e os papas. É preciso proclamar essas verdades de uma forma coerente com o avanço dos estudos teológicos. E mais ainda: que tenha sentido para a existência dos cristãos.

c) ***Fornecer critérios pastorais para orientar a devoção.*** A teologia reconhece que no horizonte católico as práticas devocionais em princípio são legítimas. Apresentam muitos valores e oportunizam momentos de evangelização. Mas também sofrem forte influência dos contextos culturais na qual foram gestadas e tendem a se tornar anacrônicas. Por isso a mariologia tem o dever de oferecer parâmetros que ajudem os cristãos e as Igrejas particulares a manter a devoção no lugar certo, de forma equilibrada e significativa, e referida sempre a Jesus. A mariologia ainda oferece aos agentes de pastoral e aos presbíteros uma reflexão atual sobre Maria, que serve de subsídio para homilias, exortações pastorais, pregações, vigílias e momentos orantes, e fornece conteúdo para a catequese e a formação teológico-pastoral de lideranças leigas.

d) ***Discernir sobre as aparições.*** O começo do século XXI traz em seu bojo uma crise epocal, que favorece a eclosão de pretensas aparições marianas, com insistentes apelos de conversão e mensagens apocalípticas. Quais são legítimas? A quem servem? A marialogia deve ajudar os cristãos a terem critérios de discernimento em relação às mensagens dos videntes e aos movimentos aparicionistas.

e) ***Colaborar no diálogo ecumênico e inter-religioso.*** Durante muito tempo utilizou-se Maria como um escudo contra as outras Igrejas cristãs. Com o Vaticano II floresceu a marialogia bíblica e com isso estabeleceram-se alguns pontos de consenso entre católicos, ortodoxos e protestantes das Igrejas históricas. Resta continuar tal caminho, tocando os delicados pontos do culto e do dogma, em perspectiva ecumênica. Respeitar as diferenças e favorecer um aprendizado recíproco. Além disso, a fé cristã é chamada a dialogar com as outras religiões, desde o clássico Budismo e os cultos afro-brasileiros até os modernos esoterismos. Algumas formas de religiosidade Pós-Moderna se apropriam da figura de Maria, a partir da figura mitológica da *deusa mãe*, revestindo-a de um "manto católico". A teologia deve fazer uma leitura crítica desse fenômeno.

Em poucas palavras

Maria é uma figura importante no imaginário católico. Predomina o perfil da santa poderosa e bondosa, a mãe do céu, mas este não é o único. O estudo sobre Maria, que chamamos marialogia ou mariologia, visa a ajudar os cristãos a descobrir outras dimensões da pessoa de Maria, especialmente a partir da Bíblia. Realiza uma reflexão teológica articulada com vários temas, como a Trindade, o culto cristão, a Igreja e a antropologia. Nesse espírito de humildade e diálogo com o mundo faz-se uma marialogia que supere os equívocos do maximalismo e estimule o seguimento a Jesus, com Maria e inspirado nela.

Devoção mariana e marialogia são formas diferentes e complementares de se aproximar da mãe de Jesus. A devoção mariana compreende a relação de entrega, confiança, súplica, discernimento, gratidão e louvor a Deus e aos santos. Está no âmbito da religiosidade e das práticas cultuais. Expressa a dimensão mística e culturalmente situada da crença. Já a mariologia exercita outra dimensão da fé: o conhecimento. Pois quem ama quer conhecer o outro(a) para amá-lo(a) melhor e construir uma relação lúcida e madura. A piedade mariana sem teologia corre o risco de perder a lucidez, mover-se sem critérios e limites e degenerar-se em crendice. Já a teologia sem mística e piedade se degenera num discurso racional que se distancia do fascínio divino. Mostra-se desrespeitosa e pastoralmente inconsequente.

A reflexão teológica sobre Maria é simultaneamente sistemática e crítica, pois organiza as informações, apresenta e justifica a compreensão católica sobre a Mãe de Jesus, ao mesmo tempo que corrige os eventuais desvios, aponta para as limitações históricas e propõe novas interpretações, que sejam fiéis à Bíblia, à Tradição viva de Igreja e à atualidade. A marialogia conjuga razão e emoção, aceitação amorosa e busca. Reverencia a Mãe de Jesus, reconhecendo seu lugar especial. Ao mesmo tempo, pensa, questiona, reflete, pondera e propõe alternativas visando a uma fé madura.

Articulando conhecimento e vida

1. Nos ambientes que você frequenta, a imagem predominante da Mãe de Jesus é a de "Mãe do Céu" ou "Maria de Nazaré"?

2. Quais questões você gostaria que fossem respondidas no curso de marialogia (mariologia)?

3. Observando a prática pastoral, que manifestações de "minimalismo" e de "maximalismo" marianas você identifica? Como encontrar um ponto de equilíbrio?

4. Elabore um conceito de marialogia (mariologia). Some com a contribuição dos outros.

Na rede

1. Veja o vídeo "Perfil de Maria na sociedade plural", de Afonso Murad. Localize-o no *YouTube* ou vá a <www.maenossa.blogspot.com> e encontre-o no índice (o que procura?). Perceba os cinco perfis mais comuns de Maria na sociedade brasileira. Emita sua opinião nos "comentários".

2. Organizamos uma série de vídeos introdutórios sobre Maria, com o nome de "Trem da mariologia". Veja o primeiro, que é uma introdução geral à mariologia. Você pode encontrá-lo no *YouTube* ou no blog <www.maenossa.blogspot.com> (no índice: Vídeos marianos).

Bibliografia básica

BOFF, L. *Maria na vida do povo*. São Paulo: Paulus, 2001. p. 61-97.

BOFF, C. *Introdução à mariologia*. Petrópolis: Vozes, 2003. p. 11-16.

CALIMAN, C. (org.). *Teologia e devoção mariana no Brasil*. São Paulo: Paulus, 1989.

COYLE, K. *Maria na tradição cristã a partir de uma perspectiva contemporânea*. 5. ed. São Paulo: Paulus, 2005. p. 72-91.

DE FIORES, S. *María, Madre de Jesús. Síntese histórico-salvífica*. Salamanca: Secretariado Trinitário, 2002. El fenómeno mariano en la Iglesia y en el mundo, p. 23-48.

_____. Mariologia-marialogia. In: *Dicionário de mariologia*. São Paulo: Paulus, 1995. p. 842-865.

KOEHLER, Th. História da mariologia. In: *Dicionário de mariologia*. São Paulo: Paulus, 1995. p. 561-575.

MURAD, A. Introdução e perfil de Maria numa sociedade plural. In: UMBRASIL (org.). *Maria no coração da Igreja*. São Paulo: Paulinas, 2011. p. 7-9, 15-38.

Textos complementares

1. Introdução à mariologia

Em minha reflexão mariológica compreendi que, dado o momento de maturidade intelectual em que nos encontramos, não se deve dar lugar a meras suposições e elucubrações mentais. Maria não necessita de nossas mentiras. É necessário deixar de lado as imaginações (que muitas vezes funcionaram na mariologia) para nos situarmos o mais possível dentro do plano histórico. Hoje em dia a historiografia chegou a tal ponto de rigor e seriedade científica que seria desonesto não tê-la em conta na hora de falar sobre Maria.

(No entanto,) Maria não é somente personagem histórico, que ficou no passado. Ela emerge como personagem arquetípico, contemporânea a todas as gerações.

Maria foi acolhida na Igreja que, nas diversas comunidades, guardou sua memória. Pouco a pouco começou a incluí-la em seu culto e liturgia. Depois, refletiu teologicamente sobre ela, tanto à luz de Jesus, confessado como Filho de Deus e redentor do mundo, como da Igreja, representada sob a imagem da Mulher, a Mãe, a Esposa, a Virgem, a Imaculada e a Assunta. Uma série muito complexa de interações entre piedade popular, progresso dogmático-teológico e magistério eclesiástico se cristalizou em uma mariologia dogmática. Ela expressa com evidência até onde chegou a compreensão eclesial e crente do mistério de Maria, e como se torna difícil de ser explicada teologicamente.

O objetivo da mariologia é oferecer uma síntese que situe Maria, a Mãe de Jesus, nosso Senhor, no lugar teológico e eclesiológico que lhe corresponde. Uma síntese capaz de favorecer, no estudante de teologia, a obtenção de uma visão apaixonada, inteligente e cordial do mistério de Maria; lúcida para descobrir e compreender a energia espiritual transformadora que Maria desencadeia na história da humanidade. (Condensado de: GARCÍA PAREDES, José C. R. *Mariología*. Madrid: Biblioteca de Autores Cristianos – BAC, 2001. Introdução, p. XVI – XVII.)

2. Os "argumentos de conveniência" e o pensamento dedutivo na marialogia

A mariologia nos últimos quatrocentos anos utilizou o pensamento dedutivo, fazendo uso sobretudo dos "argumentos de conveniência". Veja um deles:

– *Deus, que é todo-poderoso, podia criar um ser humano sem pecado original.*

– *Convinha a Deus que o fizesse, como prova extraordinária da vitória da Graça sobre o mal.*

– *Logo, fez isso em Maria, com a Imaculada Conceição.*

Os argumentos de conveniência funcionam bem para quem já tem a devoção impregnada. Eles servem para justificar, de forma racional, o que já se acredita previamente. Sua fragilidade reside em vários aspectos: não leva em conta a interpretação bíblica, só é aceitável para quem está no horizonte devocional, move-se num esquema linear e fixista de pensamento, desconsidera as legítimas contribuições das outras Igrejas cristãs, como as ortodoxas do Oriente e as protestantes históricas.

Os argumentos de conveniência equiparam as possibilidades infinitas de Deus com a sua realização efetiva. Ora, em sua infinita bondade e misericórdia, Deus, em princípio, podia fazer muitas coisas extraordinárias para a humanidade. E até convinha que fizesse, mas não o fez. O que sabemos que Deus realizou por nós foi revelado na história da salvação, está consignado na Bíblia e é interpretado pela Tradição eclesial. O que vai além disso é mera suposição e pode degenerar em delírio religioso. Veja alguns exemplos: Deus poderia ter criado o ser humano simultaneamente em muitos planetas e em diversas galáxias. Mas parece que não o fez! Deus poderia ter criado outros seres inteligentes e livres na Terra, e até convinha que o fizesse, pois os humanos tinham o risco de usar mal a liberdade, mas não o fez. Deus tem a capacidade de dar ao homem e à mulher poderes extraordinários, como o de extrair energia do sol diretamente como as plantas, mas não o fez!

Quem pode dizer com certeza, para além daquilo que Deus mesmo revelou, o que é conveniente para nós e para ele? Não seria prepotência e de vaidade humana ousar afirmar o que convém a Deus?

Os argumentos de conveniência apresentam-se como um silogismo. O silogismo, por sua vez, é uma forma de raciocínio dedutivo, constituído por três proposições. As duas primeiras denominam-se premissas e a terceira, conclusão. Aceitando certas premissas como verdadeiras, a conclusão é necessariamente válida e verdadeira, se foram cumpridas certas regras lógicas. Mas tal procedimento pode levar a mente ao engano. Desde o tempo dos gregos, a filosofia denunciou os silogismos inconsistentes, que conduzem a conclusões falaciosas, imprecisas ou equivocadas.

Além disso, há certas iniciativas da revelação divina que rompem com a lógica da dedução humana, como a encarnação do Filho de Deus, a opção pelos pobres e a escandalosa morte na cruz. Paulo dizia que a morte de Cristo na cruz era escândalo para os judeus e loucura para os pagãos.

Veja um argumento dedutivo que está em voga no momento:

– O Filho de Deus veio ao mundo por meio de Maria.

– Logo, todas as graças atuais são comunicadas por ela.

Onde falha o argumento? Ele confunde o nível divino com o humano na obra da salvação. Ora, Maria tomou parte ativamente da encarnação de Jesus, mas a iniciativa não se deve a ela. A Trindade é a responsável pelo movimento de comunicação de Deus a nós, que chamamos "Graça ofertada". A salvação se realiza enquanto diálogo colaborativo. Deus toma a iniciativa, propõe. Oferece-se ao ser humano. Este, por sua vez, participa, responde e colabora na obra de Deus. Maria é a mulher que colaborou de forma única, como mãe, educadora e discípula de Jesus Cristo, na obra da encarnação e da salvação. Isso tem grande valor, mas não a eleva automaticamente ao nível divino.

O fato de Maria, um ser humano, ter participado de forma tão especial no mistério da encarnação, ao acolher a proposta divina, não a transforma imediatamente na dispensadora única e exclusiva da Graça divina. A vida em abundância, a Graça comunicada por Jesus Cristo, que denominamos "salvação" acontece num processo completo, que compreende sua encarnação, a missão na Palestina por gestos e palavras, a morte, a ressurreição e o envio do Espírito Santo. Reduzir a experiência salvífica a uma de suas etapas empobrece a mensagem cristã. Ora, Maria não foi responsável direta pela missão de Jesus na Palestina, pelos seus gestos e palavras salvadores. Ela interveio somente no momento de Caná, o primeiro sinal de Jesus. O Evangelho de Lucas a apresenta como a perfeita discípula, que ouve a Palavra, medita e frutifica (ver no capítulo 3).

No momento da morte de Jesus, Maria estava ao pé da cruz, com o discípulo amado e outras mulheres. No entanto, atribui-se somente a Jesus a força redentora da morte de cruz. Maria também não atuou na ressurreição de Jesus nem sequer está incluída nos relatos bíblicos das primeiras testemunhas do ressuscitado. Mais tarde, a Igreja Católica reconhece-a como Assunta ao céu. Tal realidade não pode ser compreendida de forma independente, ou como mero privilégio, e sim em estreita dependência com a ressurreição de Jesus. A prioridade é de Jesus, não de Maria.

Por fim, Maria está presente no momento de Pentecostes, junto com os doze, outras mulheres e alguns membros da família biológica de Jesus (At 1,14 e 2,1: "todos"). Seria absurdo atribuir a vinda do Espírito Santo a Maria. O Espírito de Deus nos é comunicado pelo Pai e pelo Filho, como professa o Credo niceno-constantinopolitano. Em Pentecostes, como durante a missão de Jesus e no Mistério Pascal, Maria está presente junto com outros seguidores de Jesus, enquanto alguém que recebe a Graça (ao responder à proposta divina), não como aquela que a concede.

Portanto, a afirmação: "Já que o Filho de Deus se encarnou por Maria, tudo o que Jesus nos comunica vem necessariamente por meio dela" transmite uma visão unilateral e parcial da Graça divina. Mais do que isso, confunde as muitas dádivas que Deus nos dá no correr da vida (que chamamos "graças") com a própria auto-oferta da Trindade a nós (Graça, com "g" maiúsculo e no singular).

O grande argumento favorável à "mediação da Graça por Maria" é este: "Diferentemente de todos nós, que somente podemos cooperar na distribuição das graças redentoras, Maria cooperou também em sua aquisição". Segundo os defensores dessa ideia, isso acontece porque Maria é a "Nova Eva", associada a Cristo, "Novo Adão". Novamente, incorre-se no mesmo equívoco de equiparar a ação de Cristo à colaboração de Maria. Perde-se a originalidade específica da iniciativa divina.

Os argumentos dedutivos, utilizados na mariologia, foram úteis em determinado momento histórico da Igreja, quando a Bíblia estava distante dos fiéis, dos teólogos e do Magistério. Hoje, a teologia necessita partir da Bíblia e deixar-se purificar por ela. Alguns argumentos mariológicos mostram sua fragilidade quando são iluminados pela teologia bíblica. Eis outro exemplo:

– *O quinto mandamento diz que se deve honrar pai e mãe. Jesus, como o mais perfeito dos homens, sempre honrou sua mãe e foi obediente a ela.*

– *Haveria forma mais elevada de Jesus honrar sua mãe do que elevá-la à glória celestial pela assunção e livrá-la da morte?*

– *Se isso é tão bom, Jesus o fez, para honrar sua mãe. Logo, levou-a para o céu de corpo e alma.*

O texto se baseia numa visão estreita de "honrar". No contexto bíblico de Dt 5,16, esse mandamento visa a orientar o Povo de Deus para que os filhos respeitem seus genitores, zelem pelo bom nome da família e do clã, e cuidem dos pais e avós quando eles estiverem em situação de fragilidade na doença e na velhice. Ora, Jesus tratou bem a Maria e a José. Mas também, com grande liberdade, mostrou com clareza para seus parentes que ele não poderia mais se submeter ao poder da família patriarcal judaica. "Quem é minha mãe e quem são meus irmãos?" Aqueles que aderem à "nova família" dos que realizam a vontade do Pai. O texto de Mc 3,31-35 é claro quanto a isso (ver a explicação no capítulo seguinte). O próprio Jesus alertou que, por amor à causa do Reino de Deus, seus discípulos teriam enormes conflitos na família (Lc 12,53). E ainda mais. Jesus elogia quem é capaz de renunciar até à sua família para segui-lo (Mt 10,37; Lc 14,33). De certa forma, Jesus relativiza esse mandamento quando se trata da prioridade do seguimento. Mais importante é ouvir e praticar a Palavra (Lc 8,21). Assim, o edifício da dedução se desmonta, quando a premissa ou um dos argumentos é questionado a partir da teologia bíblica e da fé centrada em Jesus.

Tal forma de conduzir o pensamento teológico pela dedução move-se dentro de uma lógica linear e simplificadora. É diferente do grande pensador Tomás de Aquino, que usava a lógica dedutiva para fazer avançar a reflexão. A lógica dos argumentos marianos dedutivos não dá conta de articular em seu interior a contradição, os graus diferentes de afirmação aparentemente contraditórios, que constituem o real. Ou seja: o pensamento complexo e a hermenêutica contemporânea. Se assim fosse, ao se perguntar "Jesus honrou sua mãe?", seria melhor responder: "Em parte sim, pois a amou e a respeitou". "Em parte não, pois colocou o amor ao Pai e a nova família dos seguidores acima dos laços familiares tradicionais." Por fim, deve-se discernir para qual lado da balança ela pende mais, considerando que a posição oposta tem também seu valor. Pode-se concluir, a partir da teologia lucana, que Jesus honrou sua mãe muito mais porque ela se fez discípula e imagem de todo cristão! O fato de respeitar sua mãe não evitou o conflito nem se traduziu, automaticamente, na obrigação de Jesus glorificá-la ao fim da vida.

Portanto, deve-se evitar o uso dos "argumentos de conveniência" e da dedução, pois eles levam a uma marialogia pouco consistente, sem base bíblica, com um pensamento linear, com restrito espaço para o diálogo. Jogando com o próprio termo, diríamos que o problema não reside em estarem certos ou errados, pois a dedução também faz parte do pensamento humano. E sim porque são "inconvenientes", pouco apropriados para articular o complexo pensar contemporâneo. (MURAD, Afonso. Publicado em: <www.maenossa. blogspot.com>.)

2
A Mãe de Jesus: Maria em Marcos e Mateus

As pessoas têm muita curiosidade a respeito de Maria. Onde nasceu, como se chamavam seus pais? Teve ela outros irmãos e irmãs? Como era seu dia a dia? O que fazia antes de conhecer José e se tornar a mãe de Jesus? Como foi sua vida depois que Jesus morreu e ressuscitou? Como passou a velhice? O que aconteceu no final de sua vida? Essas e outras tantas perguntas ficam sem resposta, pois a Bíblia não fornece detalhes sobre a vida dela.

Nos primeiros séculos, alguns movimentos cristãos tentaram responder a tais questões. Acabaram afirmando coisas duvidosas ou falsas, sem fundamento histórico. O *Evangelho da infância de Maria* conta que ela era uma criança extraordinária, que se destacava de toda a família, desde o começo de sua vida. Aos oito anos, teria sido levada para o templo, onde um anjo a alimentava. José era um viúvo que foi escolhido para tomar conta dela, quando teve que sair do templo, aos 13 anos. O nascimento de Jesus foi cercado de mistério e manifestações extraordinárias. Outro apócrifo, chamado de *Evangelho do pseudo-Mateus*, narra que o Menino Jesus tinha tanto poder que faria milagres de deixar espantadas as outras crianças.

Esses escritos, hoje chamados de *apócrifos ou pseudoepígrafos*, foram rejeitados pela Igreja, especialmente porque não articulam de maneira equilibrada a humanidade e a divindade de Jesus. Veja mais sobre eles em "Textos complementares", mais adiante. No entanto, um grupo significativo de biblistas e teólogos procura resgatar o valor dos Evangelhos apócrifos, pois expressariam a pluralidade da experiência da fé das comunidades primitivas e sua interpretação sobre Jesus.

Não é necessário recorrer a textos tão duvidosos e exagerados. Os Evangelhos falam o suficiente sobre Maria. Eles não pretendem dar todas as informações e satisfazer a curiosidade sobre Maria de Nazaré, mas sim revelam a chave para entender e acolher o segredo de sua pessoa.

I. Maria de Nazaré e os Evangelhos

"Jesus, o Cristo" é a mensagem central do Novo Testamento. Os Evangelhos recordam os principais fatos e palavras de Jesus, à luz da ressurreição do

Senhor e da atuação do seu Espírito na comunidade. Os evangelistas desejam manter vivos os fatos para animar os cristãos e lhes dar força. Ajudar as pessoas e os grupos a refazerem a experiência que os discípulos tiveram com Jesus na Palestina. Por isso, depois de tantos séculos, lemos o Evangelho e sentimos a atualidade e a pertinência da Palavra.

Todo conhecimento ou informação é também interpretação. Você já tentou ver os telejornais de diferentes canais de TV, um após o outro? Dificilmente eles contam os fatos do mesmo jeito. Um canal vai explorar o comentário do âncora, o outro vai dar mais tempo a determinada notícia. Um destaca acontecimentos que o outro coloca como secundário ou mesmo ignora. Quando passar diante de uma banca de revistas, experimente olhar as manchetes de vários jornais. Você terá a mesma impressão. Um destacará a política, outro um acidente de carro, outro, ainda, um assalto ou algo violento. Na verdade, não existem fatos em estado puro. Eles já aparecem interpretados, de acordo com o enfoque do jornalista e a linha editorial. Um jornal conta os fatos interpretando-os. O mesmo acontece com o conhecimento mais elaborado. Nas ciências modernas, os paradigmas e os pressupostos sustentam cada área do conhecimento. Não existe ciência neutra. Basta mudar o paradigma ou introduzir variante significativa que conclusões tidas como certas passam a ser colocadas em dúvida.

Na ciência bíblica, descobre-se também a importância da interpretação, tecnicamente chamada de hermenêutica. Os Evangelhos são muito mais do que uma história sobre Jesus. Eles foram escritos mais de quarenta anos depois que ele havia passado na Palestina. Os gestos e as palavras de Jesus, acolhidos e transmitidos no correr desses anos todos, foram reinterpretados a partir do contexto e da experiência de fé das comunidades. Por isso existem quatro Evangelhos, embora Jesus seja um só. Cada evangelista, inspirado pelo Espírito Santo e refletindo a vivência de sua(s) comunidade(s), enfatiza traços originais da pessoa e da mensagem de Jesus.

O Evangelho se assemelha a uma linda colcha de retalhos coloridos, que foi tecida, juntada e bordada por Mateus, Marcos, Lucas ou João. Os casos e as palavras de Jesus, que cada um recebeu da tradição oral e de prováveis fragmentos de relatos, são como os retalhos. Só encontram seu valor e sua beleza se vistos em conjunto, sendo ligados e relacionados com os fios de visão teológica do evangelista. Cada um costura os retalhos de forma diferente. Marcos, o primeiro evangelista, tem menos retalhos do que os outros. Destaca mais a atuação de Jesus, que inaugura o Reino de Deus e combate as forças do mal. Já Mateus

36

e Lucas recebem retalhos de textos sobre a infância de Jesus e algumas pregações do Senhor e os incorporam na colcha. Mateus mostra como Jesus realiza
plenamente as promessas de Deus dirigidas ao povo judeu. Lucas destaca a misericórdia de Deus e a salvação acontecendo na pessoa de Jesus. João, o último
evangelista, faz um belo bordado. Retrabalha tudo o que recebeu dos outros.
Escreve de outra forma o Evangelho, como uma costureira ou bordadeira habi-
lidosa. Muitas vezes, tece tudo de novo. Os Evangelhos são como o conjunto de
lindas e coloridas colchas, tecidas com o fio da criatividade humana e da ação
do Espírito Santo. Embelezam a vida, dão-nos aconchego, cobrem-nos com a luz
de Deus e aquecem coração.

Os Evangelhos foram escritos para falar de Jesus Cristo. Maria aparece em
referência a ele e à comunidade dos seus seguidores. Assim, os textos sobre Maria devem ser compreendidos no contexto de cada Evangelho. Um bolso, uma
prega ou uma estampa na roupa ganham beleza quando compõem com o todo.
Os textos sobre Maria nos Evangelhos são como partes ou detalhes, costurados
no lugar certo. Se compreendermos como eles estão tecidos e o lugar que ocupam, ficaremos maravilhados.

Pode-se identificar sete chaves para compreender Maria na Bíblia.

1) O primeiro passo do estudo sério sobre Maria (mariologia ou marialogia)
consiste em conhecer o que a Escritura diz sobre ela. Trata-se da base
sólida que fundamenta o culto e o dogma.

2) Fazer uma leitura teológica do texto bíblico exige abandonar uma visão
ingênua, ir além da concepção literal ou devocional. É uma tarefa inter-
pretativa, hermenêutica.

3) Deve-se levar em conta o gênero literário do relato.

4) Cada citação sobre Maria na Bíblia necessita ser compreendida no contexto do livro onde está situada.

5) Os textos do Novo Testamento sobre Maria foram escritos com os olhos
centrados em Jesus e na comunidade dos seus seguidores. A marialogia
bíblica segue esta perspectiva cristocêntrica e eclesial.

6) Cada livro da Sagrada Escritura faz parte de um grande livro. Daí, textos
que expressam conflito e contradição passam a se integrar, um comple-
tando o sentido do outro. É o que se denomina *intratextualidade*. Assim,
a visão de Marcos, Mateus, Lucas, João e Apocalipse, embora sejam tão
diferentes, tornam-se complementares.

7) O Evangelho é Boa Notícia para a atualidade. Só encontramos o sentido dos textos quando eles nos dão luz para compreender nossa existência e viver a fé com mais intensidade. Por isso a releitura e a atualização fazem parte da leitura bíblica. Busca-se o que o autor bíblico escreveu sobre Maria, relacionando-o com a experiência cristã contemporânea. A busca do sentido atual do texto bíblico não é um segundo momento do processo de interpretação. Ele já está na mente e no coração daquele que lê, medita e estuda a Escritura.

A comunidade cristã dos inícios foi descobrindo, passo a passo, a importância de Maria. Nos escritos mais antigos, nas cartas de São Paulo, só se fala de passagem sobre Maria: "Chegada a plenitude dos tempos, Deus enviou seu Filho, nascido de uma mulher..." (cf. Gl 4,4).

Marcos coloca Maria no meio dos familiares de Jesus, sem dizer nada sobre ela (Mc 3,31-35 e 6,1-6). Já Mateus apresenta Maria como a mãe virginal do Messias, unida a seu filho (Mt 1,18-23; 2,11.13.14.20). Mas não cita nenhuma atitude especial dessa mulher. Cabe a Lucas e a João mostrar as qualidades humanas e espirituais de Maria. Por fim, o Livro do Apocalipse apresenta Maria como imagem da comunidade cristã, que experimenta neste mundo o sofrimento, a perseguição, mas também a glória e a vitória do ressuscitado (Ap 12). Percorramos juntos essa trilha de descoberta da figura de Maria no Novo Testamento.

II. Maria no Evangelho de Marcos

Marcos, o primeiro evangelista, não apresenta nenhuma característica particular de Maria. Fala dela, mas não fala sobre ela. Maria é incluída no grupo dos familiares de Jesus, com quem ele rompe os laços tradicionais para, na liberdade, servir ao Reino e ao Pai. Marcos responde em parte à pergunta sobre os "irmãos de Jesus", que até hoje gera polêmica entre os cristãos católicos e protestantes. Marcos começa a falar de Jesus na vida adulta. Abre seu Evangelho com a figura de João Batista, seguido do batismo de Jesus e da tentação no deserto. Então, irrompe o Reino de Deus. Não há "narrativas da infância" sobre Jesus.

1. Quem faz parte da nova família de Jesus (Mc 3,31-35)

Nisso chegaram a mãe e os irmãos de Jesus. Ficaram do lado de fora e mandaram chamá-lo. Ao seu redor estava sentada muita gente. Disseram-lhe: "Tua mãe e teus irmãos e irmãs estão lá fora e te procuram". Ele respondeu: "Quem é minha mãe? Quem são meus irmãos?". E passando o olhar sobre os que estavam sentados ao seu redor, disse: "Eis minha mãe e meus irmãos! Quem faz a vontade de Deus, esse é meu irmão, minha irmã e minha mãe" (Mc 3,31-35).

Essa narrativa está situada no capítulo 3 de Marcos. Nos capítulos anteriores, o evangelista mostra como Jesus vem inaugurar com vigor o Reino de Deus (cf. Mc 1,15). Ele chama homens e mulheres a rever seus valores. Os remendos não servem mais. O vinho novo do Reino exige coração aberto, nova mentalidade (cf. Mc 2,22). Jesus sinaliza que o Reino está acontecendo: cura o leproso (Mc 1,40-45), perdoa pecados e liberta o paralisado (Mc 2,1-12), convive com os marginalizados (Mc 2,13-17), rompe com a tirania da lei do sábado (Mc 2,27s). Mas a sua ação começa a suscitar reações. Pessoas e grupos não o compreendem. Após realizar a cura do homem da mão seca, fariseus e herodianos começam a conspirar, para eliminá-lo (Mc 3,5s). Escribas de Jerusalém acusam-no de expulsar os demônios com o poder do Mal, e não do Bem (Mc 3,22-24). Jesus está tão ocupado em atender à multidão que não tem tempo nem para se alimentar direito. Seus parentes não compreendem o que está acontecendo com ele. Vêm à sua procura, para detê-lo, dizendo: "Ele perdeu o juízo" (Mc 3,20s).

Marcos cria um cenário no qual há dois grupos em contraposição. De um lado, aqueles que não o compreendem (os familiares) ou manifestam uma clara reação a Jesus (fariseus, escribas, herodianos). De outro lado estão os que o procuram, que o acolhem, que o seguem: a multidão e os discípulos (Mc 3,7.13-15.20).

O fato acontece na casa (Mc 3,20), o lugar no qual a comunidade dos seguidores de Jesus se reúne para ouvi-lo (Mc 2,1-3). Segundo a narração de Marcos, há uma clara oposição. Do *lado de fora* da casa estão os familiares de Jesus: sua mãe e seus irmãos. Eles o procuram e mandam chamá-lo. Mas não entram na casa (Mc 3,31s). Dentro da casa estão a multidão e os discípulos, sentados à sua volta. Jesus faz uma pergunta, para provocar a reflexão. E ele mesmo responde, condicionando o novo parentesco à realização da vontade de Deus (Mc 3,35).

O gesto pode parecer estranho, como se Jesus tivesse tratado mal a sua mãe e a seus irmãos. Mas ganha todo o sentido, no contexto cultural no qual ele viveu. No tempo de Jesus, na Palestina, o parentesco é a instituição social central. As pessoas sentem a obrigação de conservar e fortalecer o grupo de parentesco, e manter a sua honra. A grande família, multinuclear, com avós, tios, primos, filhos, e parentes próximos, é uma unidade por si mesma, autossuficiente e absoluta. A relação de extrema proximidade com a mãe e a ausência do pai na casa favorecem laços simbióticos entre mãe e filhos. A grande dependência em relação à família dá pouca margem à autonomia. A pessoa não é considerada, em primeiro lugar, como um indivíduo com história própria e personalidade, mas sim o membro da família. Então compreende-se porque os parentes de Jesus o buscam. Ele está colocando em crise o nome da família. Suas posturas e atitudes não condizem com a tradição cultural e religiosa do seu núcleo familiar do interior da Galileia.

Ainda hoje persistem características semelhantes às sociedades mediterrâneas do tempo de Jesus. Quem já viveu em pequenas cidades do interior experimentou algo parecido. Lá, um jovem é conhecido como "o filho da dona fulana", ou "o filho da família tal". Ele se sente na obrigação de defender e garantir a honra da família. Para as mulheres, tal cobrança é ainda maior. Se ela rompe com a tradição da família, pode ser expulsa de casa.

Jesus supera os laços de dependência em relação à família e à sua tradição. Gesto de extrema liberdade, dificilmente compreensível numa sociedade patriarcal, fundamentada na tradição. Ele propõe a pertença a uma nova família, a dos seguidores, aqueles que fazem a vontade do Pai. Assim, Jesus relativiza a família sanguínea e põe a base para novas formas de relacionamento fraterno.

2. Santo de casa não faz milagre (Mc 6,1-6)

Leia o texto de Mc 6,1-6 na sua Bíblia. Observe os detalhes.

a) **"Que sabedoria é esta...?"** (v. 2): os moradores de Nazaré resistem a Jesus e à sua mensagem. Não compreendem como um "filho da terra" pode dizer coisas tão fortes e originais. Escandalizam-se de Jesus. Não creem nele. O fato de terem convivido cotidianamente com Jesus durante tantos anos e não terem visto e ouvido nada de extraordinário se cristalizou na mente deles como uma certeza: "Um homem tão comum não pode ser um ungido de Deus, um profeta".

b) **"O profeta desprezado em sua pátria, entre seus parentes e na sua casa"** (cf. v. 4): Jesus está indignado com a incredulidade dos seus conterrâneos e de sua parentela. O texto indica um afunilamento: pátria, grupo familiar mais amplo e parentes próximos (= os que moram na sua casa).

c) **"O carpinteiro, o filho de Maria..."** (cf. v. 3): Marcos não cita José, como pai de Jesus. Numa sociedade patriarcal, o comum seria chamar Jesus como "filho de José", e não "filho de Maria". Marcos mostra como os conterrâneos depreciam a pessoa de Jesus: ele exerce uma profissão comum, pairam dúvidas sobre quem é seu pai e seus parentes são gente simples, conhecida no povoado.

d) **"Irmão de Tiago (Menor), Joset, Judas, Simão. Suas irmãs estão aqui, entre nós"** (cf. v. 3): o texto de Marcos cria um problema para os católicos. Se Jesus é filho único de Maria, como é que ele tem tantos irmãos e irmãs? Se se interpreta de forma literal a lista de Marcos, Maria seria mãe de no mínimo sete filhos: Jesus, os quatro homens acima citados e ao menos duas mulheres (= irmãs, no plural). Essa questão será respondida no capítulo sobre o dogma da virgindade. Mas o próprio evangelista já fornece algum dado nos relatos sobre a morte e a ressurreição.

3. As mulheres no sepulcro (Mc 15,40s.47; 16,1s)

Para Marcos, o fim da vida de Jesus é marcado por total abandono e solidão. Seus discípulos o deixam e fogem (Mc 14,50). A multidão prefere que Pilatos solte Barrabás (Mc 15,9-15). Na cruz, o grito derradeiro de Jesus, antes da morte, relembra o justo que se sente só e clama a Javé: "Meu Deus, meu Deus, por que me abandonaste?" (ver Sl 22,1-9). A morte é o coroamento da fé de Jesus, a prova radical de sua confiança no Pai, no momento em que as forças do Mal parecem vencer a força do Bem, do Reino de Deus.

Um grupo de mulheres, que seguia a Jesus, *está a distância*, olhando tudo o que acontece. Marcos cita três delas: *Maria Madalena, Maria, mãe de Tiago Menor e de Joset, e Salomé* (Mc 15,40s). Elas observam onde José de Arimateia depositou o corpo de Jesus (Mc 15,47). Na manhã de domingo, vão ao túmulo com aromas para embalsamar Jesus (Mc 16,1). São as primeiras testemunhas da ressurreição, embora estejam com medo (Mc 16,8), pois não compreenderam ainda o sentido de algo tão radicalmente novo.

Marcos (como também Mateus e Lucas) não inclui Maria, a mãe de Jesus, na cena da cruz. Mas cita outra Maria, que é a mãe de Tiago Menor e de Joset. Conclusão importante para a mariologia: *ao menos dois "irmãos" de Jesus, Tiago Menor e Joset, são filhos de outra mulher, que também se chama Maria, mas não é a mãe de Jesus. Portanto, a expressão "irmãos e irmãs de Jesus" não pode ser tomada em sentido literal.* Mas permanece a dúvida: isso vale para todos os "irmãos" de Jesus?

Se a narração sobre Jesus tivesse se limitado ao Evangelho de Marcos, não haveria nada a dizer sobre Maria. A mariologia talvez não existiria. Por isso, é necessário analisar os textos dos outros evangelistas. Do Evangelho de Marcos guarda-se que, para Jesus, o importante não é a família biológica, os laços consanguíneos, ou qualquer relação que configure privilégios, mas sim estar associado à causa do Reino de Deus, que ele inaugura. Trata-se de uma nova família, a dos seus seguidores.

Oração

Dá-nos a Graça de ser da tua família, Senhor!
Que importa, para ti, que sejamos,
teus parentes consanguíneos, membros reconhecidos de tuas Igrejas,
de movimentos ou de instituições religiosas?
Que carreguemos teu nome, no nosso nome;
a imagem do teu rosto estampada em camisas ou pendurada no peito?
Somos teus irmãos, porque professamos, com a voz do coração: "Pai nosso...".
Fazemos parte da tua grande família, de homens e mulheres,
quando estamos sintonizados no BEM, comprometidos em semear o REINO.
Dá-nos, Senhor, a Graça de ser da tua família.
Queremos estar do lado de dentro da casa, reunidos em torno de ti,
com os outros discípulos e as multidões.
Senhor, desejamos que qualquer pertença, jurídica ou formal,
seja somente expressão da pertença do coração,
dos vínculos alimentados a cada dia,
na oração, na vida comunitária e no humilde serviço. Amém

III. Maria em Mateus

Mateus dá um passo a mais na descoberta da figura de Maria. Ela é a mãe virginal do Messias, sob a ação do Espírito Santo. Mateus também diminui a oposição entre a família sanguínea e o grupo dos seguidores de Jesus.

Os dois primeiros capítulos de Mateus apresentam as "narrativas de infância" de Jesus. Não se trata de um conjunto de historietas piedosas sobre o Menino Jesus. Se o Evangelho é como uma linda colcha de retalhos, enriquecida com bordados, os relatos de infância aparecem como um fragmento no qual se percebe a configuração de todo o tecido.

Mateus tece os capítulos 1 e 2 mostrando como se refazem as grandes etapas da história do Povo de Israel desde o início da história de Jesus. O seu nascimento tem alguns paralelos com o de Moisés. Como os hebreus, Jesus vai para o Egito e de lá retorna depois de um período. A expressão "para se cumprir as Escrituras" (cf. Mt 2,15.17.23) significa que Jesus realiza os sonhos do seu povo. A longa lista dos prováveis antepassados de Jesus não é uma genealogia científica (Mt 1,1-17). Construída em três blocos de quatorze gerações, recorda pontos altos da constituição e da caminhada do Povo de Deus: Abraão e a busca da terra prometida, Davi e o reinado, o exílio e o retorno à Palestina. Jesus está enraizado no povo de Israel: é filho de Davi e filho de Abraão (Mt 1,1).

O evangelista antecipa na infância de Jesus uma das experiências mais desafiadoras para a fé de sua comunidade, que foi a ruptura com o Judaísmo. Se Jesus realiza as grandes esperanças de Israel, como foi rejeitado pelo seu povo e condenado à morte? Enquanto o rei Herodes tenta matá-lo, reis de outros povos vêm à sua procura para lhe prestar homenagem (Mt 2,1-12).

No final do Evangelho de Mateus (Mt 28,16-20), há vários pontos comuns com os capítulos 1-2. Jesus é o Emanuel, Senhor companheiro, Deus conosco (Mt 1,23 e 28,20). Tanto os discípulos quanto os Reis Magos reconhecem Jesus como Senhor, prostrando-se diante dele (Mt 2,11 e 28,17). Jesus já não pertence ao Judaísmo. Sua pessoa e mensagem se destinam a todas as nações (Mt 2,1-12 e 28,19).

1. Concepção virginal e união com o filho

a) A genealogia (Mt 1,1-17)

O que significa afirmar que Jesus é descendente de Abraão e de Davi? Legítimo filho do seu povo segundo os laços de sangue, Jesus é filho da promessa iniciada em Abraão e realizador da profecia do Messias-rei, descendente de Davi.

Na Bíblia, normalmente as genealogias são baseadas no nome do pai, como acontece nas sociedades patriarcais. Por que, então, Mateus cita cinco mulheres: Tamar, Raab, Rute, a mulher de Urias e Maria (Mt 1,3.5.6.16)? Ele quer sinalizar a atuação gratuita e surpreendente de Deus, que se serve de situações fora do normal para realizar seu projeto de salvação. Com essas mulheres, continua-se a linhagem messiânica por meio de situações "irregulares" que fogem dos padrões normais, até mesmo os de moral sexual. Veja só:

- Tamar provoca um incesto, tendo relações sexuais com seu sogro (Gn 38,14-18). Faz isso propositalmente, para que, por meio dela, Judá tenha descendente.

- Raab, a prostituta, é uma mulher corajosa que facilita a entrada dos dois espiões hebreus na cidade de Jericó, escondendo-os em sua casa e os protegendo (Js 2,1-15).

- Rute, a mulher pobre que não pertencia ao povo eleito (moabita), era viúva de um hebreu. Solidária com a sogra, bondosa e esperta, Rute garante o casamento com Booz, indo deitar-se com ele (Rt 3,1–4,16). Faz isso para garantir a continuidade da descendência, conforme a lei do "resgate". Segundo a tradição judaica, eles são os bisavós de Davi.

- A mulher de Urias, Betsabeia, é vítima da prepotência de Davi e acaba sendo a mãe do grande rei Salomão. A situação é moralmente inaceitável: relação de adultério, abuso de poder e morte premeditada de Urias. Mas, como diz a sabedoria popular, "Deus escreve certo por linhas tortas". Davi se arrepende e, depois, nasce Salomão (2Sm 11,1–12,25).

- Maria é a mãe do Messias, sem a participação de José. A lista das origens de Jesus termina com uma ruptura: "Jacó gerou José, o esposo de Maria, da qual nasceu Jesus, chamado Cristo" (Mt 1,17). Quer dizer que José não é o pai biológico de Jesus, mas assume o aspecto legal de pertença ao povo de Israel, como será narrado a seguir.

b) O anúncio a José (Mt 1,18-25)

Leia o texto na sua Bíblia. Ele foi "tecido" com o gênero literário *anúncio*, muito comum na Escritura. Como o nome já diz, é utilizado para dizer da vinda de um personagem importante para o Povo de Deus. Compare com o anúncio a Zacarias e o anúncio a Maria, no início do Evangelho de Lucas (Lc 1,11-38). Há muitos elementos comuns. Surge um enviado de Deus. Diante do medo da pessoa, o enviado de Deus lhe recomenda: "Não temas". Anuncia-se que o menino nascerá. O anjo de Deus lhe confere um nome, que muitas vezes significa algo de sua identidade e missão. Havendo alguma dificuldade concreta, a pessoa pergunta: "Como isso acontecerá?". Então, Deus deixa um sinal de sua ação benéfica. Na anunciação a José, não acontecem todos esses passos, pois Mateus prefere usar o recurso de um anúncio em sonho.

É impossível saber com detalhes o que aconteceu do ponto de vista histórico. Podemos somente identificar a mensagem de Mateus:

- O Espírito Santo age em Maria, antes que José consuma o casamento e tenha relações sexuais com ela (Mt 1,18.20). Eles estão "comprometidos em casamento", mas ainda não moram juntos como marido e mulher.

- José pode ter passado por um momento de crise, diante da evidência da gravidez de Maria, mas age sempre buscando o bem, inspirado por Deus.

- José é chamado de "homem justo". Sua justiça não se baseia na lei, mas na misericórdia. Ele acolhe humildemente o mistério, que está além de sua compreensão (Mt 1,20.24).

- Jesus procede de Deus, mas ao mesmo tempo é realmente filho de Davi, membro do povo eleito e da promessa do Messias, pois é adotado por José.

- Maria é virgem quando concebe por obra do Espírito Santo e assim permanece até o nascimento de Jesus (Mt 1,18.24). Não se afirma nada sobre a relação conjugal entre os dois esposos depois do nascimento de Jesus.

A narração do anúncio a José causa mal-estar em pessoas imbuídas de mentalidade científica. Como é possível a concepção de um ser humano do sexo masculino, sem participação do espermatozoide? Há também reações daqueles que valorizam a sexualidade como caminho de realização humana e que se perguntam se não seria mais normal e igualmente digno que Jesus nascesse como fruto de uma relação sexual amorosa entre José e Maria. E alguns biblistas e teólogos chegam a perguntar qual o núcleo histórico desse relato. A concepção virginal não seria uma narração mitológica, influenciada pelas culturas orientais? Uma imagem plástica, simbólica, sem fundo histórico? A questão será retomada no capítulo sobre o dogma da virgindade de Maria.

c) Adoração dos Magos, fuga e volta do Egito (Mt 2,10-19)

O relato da adoração dos Magos tem a finalidade de mostrar que Jesus é o Senhor de todos os povos. A fuga e o retorno do Egito nos dizem, por sua vez, que Jesus refaz o grande itinerário de fé de seu povo, de José do Egito a Moisés. É como se ele, na infância, revivesse a história da infância do Povo de Israel. Como afirmava o profeta Oseias (11,1): "Quando Israel era criança eu o amava, do Egito chamei o meu filho".

Nos relatos da adoração dos Magos, na saída e no retorno do Egito aparece quatro vezes a mesma expressão "o menino e sua mãe".

Quando entraram na casa, viram *o menino com Maria, sua mãe*. Ajoelharam-se diante dele e o adoraram. [...] (Mt 2,11).

Levanta-te, toma *o menino e sua mãe* e foge para o Egito! [...] José levantou-se, de noite, com *o menino e a mãe*, e retirou-se para o Egito (Mt 2,14).

[...] Levanta-te, toma *o menino e sua mãe*, e volta para a terra de Israel; pois já morreram aqueles que queriam matar o menino (Mt 2,20).

Mateus está afirmando que Maria de fato é mãe de Jesus. Nessa etapa inicial da vida, mãe e filho estão intimamente associados. O evangelista chama atenção para a participação intensa de Maria no início da vida de Jesus, embora ele não coloque nenhuma palavra nos seus lábios nem destaque suas atitudes. O principal protagonista é José.

2. Maria na vida pública de Jesus

Conforme Marcos, houve uma relação conflituosa entre Jesus e seus familiares. Mateus tem uma posição um pouco diferente. Ele já conhece algo da pessoa de Maria. Na sua comunidade, de origem judaica, há um grande respeito pela figura de Tiago, "o irmão do Senhor". É sabido que Tiago exerceu grande influência sobre as comunidades cristãs de origem judaica. Com esse olhar, Mateus atenuará o provável conflito e a incompreensão dos familiares de Jesus.

O relato sobre a nova família dos seguidores (Mt 12,46-50) está num contexto diferente de Marcos. Situa-se no final do capítulo 12, que narra os sinais libertadores operados por Jesus (comer as espigas do campo, no sábado, e curar o homem da mão paralisada) e o consequente confronto com fariseus e escribas. Antecede as parábolas do Reino dos Céus, no capítulo 13. Mateus retira o versículo que fala da incompreensão dos seus familiares. Nesse contexto, Jesus chama sua família a fazer parte da comunidade dos seguidores, os discípulos. Convoca todos, indistintamente, a fazerem a vontade do Pai.

E a cena do profeta rejeitado em sua própria terra (Mt 13,53-58)? Mateus faz pequenas mudanças no texto que recebeu de Marcos. Também relata a incredulidade do povo de Nazaré. No lugar da expressão "filho de Maria", usa "filho do carpinteiro". Ao citar os que rejeitam o profeta, retira "a parentela", embora o termo "sua casa" mantenha a alusão ao núcleo familiar mais próximo. De qualquer forma, permanece o impacto. Depois de anunciar parábolas tão expressivas, que falam do mistério do Reino, Jesus se confrontará com a falta de fé de seus conterrâneos, que se escandalizam dele.

Portanto, Mateus dá os primeiros passos na compreensão bíblica sobre Maria. Apresenta-a como a mãe virginal do Messias, unida a seu filho. Sutilmente, reduz a oposição dos familiares com Jesus, mostrando que também eles são chamados a fazer parte da "nova família" dos seus seguidores. Mas isso ainda é pouco para a marialogia. Vamos ao Evangelho de Lucas.

Oração

São José, meu amigo.
Você é homem privilegiado, que recebeu um grande presente de Deus:
conviver com sua amada Maria e educar o filho adotivo, Jesus.
Quem não gostaria de fazer parte de uma família assim?
Quantas vezes vocês riram juntos, contaram casos, rezaram salmos, partilharam o pão...
Você foi um companheiro efetivo para Maria.
Jesus aprendeu a ser homem e a ser filho com você.
Quando adulto, com muito liberdade e alteridade, Jesus pôde chamar a Deus de "Pai".
Pode parecer pouco, mas é o essencial.
Aliás, você é o ícone do essencial. Do simples, cotidiano, sem alarde.
Você, consciente de seu lugar e de sua identidade,
acolhe e reverencia com humildade o Mistério.
Nós temos muito o que aprender com você.

Em poucas palavras

No Evangelho de Marcos, nada se diz explicitamente sobre as qualidades humanas e espirituais de Maria. Ela é colocada no meio dos familiares de Jesus. E, conforme o primeiro evangelista, Jesus rompe com os laços familiares para anunciar, com maior liberdade, o Reino de Deus. Isso provoca um conflito com seus familiares e conterrâneos. Jesus constitui, com o grupo dos seus seguidores, uma "nova família", não mais centrada nos laços biológicos. No Evangelho de Marcos já se coloca a questão dos "irmãos de Jesus". E, para Marcos, ao menos Tiago e Joset, chamados de irmãos de Jesus, são filhos de uma outra Maria.

Mateus dá um passo em relação a Marcos ao apresentar Maria como a mãe virginal do Messias. Nos relatos de infância, ele mostra Maria como a mãe associada ao destino do filho. Provavelmente devido a essa visão positiva sobre Maria e à participação importante de Tiago (o "irmão do Senhor") nas comunidades cristãs de origem judaica, Mateus reduz o conflito de Jesus com sua família. Mas Maria não aparece ainda como protagonista de uma história. Não pronuncia nenhuma palavra, não demonstra nenhum gesto que revele sua pessoa.

Articulando conhecimento e vida

1. Apresente, resumidamente, suas descobertas a respeito da figura de Maria em Marcos e Mateus, mostrando as semelhanças e as diferenças entre ambos.
2. Você, pessoalmente, já experimentou conflitos com a família ou o círculo de amigos por causa de sua opção por Jesus? O que isso significou para sua fé?

Na rede

1. Acesse <www.maenossa.blogspot.com> pela internet. No índice, clique em "Vídeos de mariologia". A seguir: "Maria em Marcos e Mateus". Veja o vídeo. Se quiser, deixe sua opinião nos "Comentários".
2. Acesse <www.maenossa.blogspot.com>. No índice, busque "Músicas marianas". Escolha a postagem "Meu Bom José". Ouça a música, reflita sobre a letra. O que ela lhe diz?

Bibliografia básica

BROWN, R. *O nascimento do Messias. Comentários das narrativas da infância nos Evangelhos de Mateus e Lucas.* São Paulo: Paulinas, 2005. p. 33-276.

_____ (coord.). *Maria no Novo Testamento.* São Paulo: Paulus, 1985. p. 61-115.

DUQUESNE, J. *Maria. A mãe de Jesus.* Rio de Janeiro: Bertrand Brasil, 2005. p. 31-52.

GOMES-ACEBO, I. María y la cultura mediterránea. In: VV. AA. *María, mujer mediterrânea.* Bilbao: Desclée de Brouwer, 1999. p. 19-75.

MALINA, B. J. *El mundo social de Jesús y los evangelios.* Santander: Sal Terrae, 2002. p. 131-155.

MURAD, A. *Quem é esta mulher? Maria na Bíblia.* São Paulo: Paulinas, 1996. p. 37-72.

NAVARRO PUERTO, M. María-madre, el paso de una a otra fe. *Ephemerides Mariologicae* (1994/I) 67-95.

SERRA, A. Bíblia: Marcos e Mateus. In: *Dicionário de mariologia.* São Paulo: Paulus, 1995. p. 202-209.

Textos complementares

1. Evangelhos apócrifos marianos

Os católicos os chamam de "livros apócrifos", enquanto os protestantes os consideram como "pseudoepígrafos". Trata-se de textos judaicos e cristãos, a grande parte escrita entre o século II antes de Cristo e o século VI da nossa era. Contudo, manuscritos posteriores acrescentaram narrações e comentários sobre os textos originais. Assim, é difícil avaliar com certeza a época de redação das versões atuais que chegaram até nós.

Seus autores verdadeiros não se deram a revelar. Para conferir autoridade aos textos, davam-lhes o nome de um personagem reconhecido. Assim, há escritos judaicos apócrifos como Apocalipse de Moisés, Ascensão de Isaías, o I Livro de Adão e Eva (!), que não foram elaborados pelos personagens em questão e não foram incorporados na lista (cânon) da Escritura Sagrada do Judaísmo.

Existem por volta de sessenta apócrifos cristãos, enumerados entre evangelhos, atos, epístolas e apocalipses. Cada um deles nasceu num contexto histórico, geográfico e cultural, em comunidades cristãs que tinham uma determinada visão sobre Jesus. Interessa-nos aqui um grupo particular de escritos apócrifos que foram classificados como "Evangelhos" (embora não mereçam este nome), por utilizar o mesmo recurso narrativo de Mateus, Marcos, Lucas e João. Durante o período em que as comunidades cristãs definiam os livros que fariam parte da Bíblia, eles circulavam nas comunidades e tinham a pretensão de serem inspirados pelo Espírito Santo. Os relatos apócrifos mesclavam narrativas próprias com fragmentos de Lucas e Mateus, dando, assim, a impressão de que eram somente acréscimos. Mas a teologia era bem outra!

Os "Evangelhos apócrifos" não são relatos ingênuos e piedosos, que visam somente saciar a curiosidade sobre detalhes da vida de Jesus e de Maria. Na realidade, são como fragmentos de "ensinos doutrinais" em forma de narração, que apresentam a visão de determinados grupos no Cristianismo das origens, visando disseminá-los. Muitos desses grupos, devido à dificuldade em articular de forma correta a humanidade e a divindade de Jesus, foram rejeitados pela Igreja. Seus escritos não foram aceitos como inspirados. Os gnósticos, por exemplo, negavam a salvação efetiva trazida por Cristo, por considerar que o mal reside na ignorância, na falta de conhecimento. Para os gnósticos, Cristo é o ser perfeito que veio libertar o ser humano da sua condição inferior e levá-lo de volta à plenitude. Quem conhece Cristo se torna outro Cristo e não apenas um simples cristão. Por isso, nos apócrifos marianos de influência gnóstica se acentua a divinização precoce da Mãe do Senhor, colocando na sombra sua caminhada humana. Outro limite do movimento gnóstico consistia na visão extremamente negativa do corpo.

Vejamos os principais apócrifos que contêm referências a Maria.

1. *Evangelho do Pseudo-Mateus:* datado do século IV, conta o nascimento de Maria e a infância de Jesus, com elementos gnósticos. Narra fatos exagerados e mágicos, sem qualquer fundo histórico. Por exemplo: Maria vai para o templo aos três anos de idade e lá se destaca desde esse momento como uma "supermulher", desempenhando-se em tudo melhor que as outras. O Menino Jesus, por sua vez, não aceita nenhum professor que José lhe recomenda, pois afirma orgulhosamente que ele mesmo é o mestre.

2. *Evangelho da Natividade de Maria:* do século III, narra como foi importante o papel de Maria na história de Jesus. Sob forte influência gnóstica, está repleto de elementos mágicos, como o nascimento de Jesus sem parto real. Conforme alguns pesquisadores, seria o apócrifo mariano mais antigo e estaria na base do *Protoevangelho de Tiago*.

3. *Protoevangelho de Tiago:* originado provavelmente no século III, é atribuído a Tiago, o irmão do Senhor. Apresenta o nascimento de Maria como um fato extraordinário. Ela é filha de um casal estéril, Joaquim e Ana. Descreve-se a consagração de Maria no templo, o casamento com o ancião José (viúvo com seis filhos), a virgindade no parto e outros fatos também narrados por Mateus. Este texto apócrifo influenciou a devoção

popular (festa dos pais de Maria no dia 26 de julho) e a iconografia cristã (José como um senhor idoso de barbas brancas).

4. *História de José, o carpinteiro:* remonta ao século IV ou V, do Egito. Os manuscritos que restaram são posteriores. Narra-se a história de José, contada por Jesus aos apóstolos no monte das Oliveiras. E, naturalmente, Maria aparece em vários relatos: a vida no templo, o casamento com José, o natal em Belém, a fuga para o Egito, sua aflição diante da morte de José.

5. *Evangelho armênio da Infância:* reflete sobre a relação de Maria com o Menino Jesus, e afirma que ela concebeu do Espírito Santo pela orelha! Maria é colocada como a nova Eva e mãe da humanidade. Originalmente, escrito no século VI.

6. *Trânsito de Maria do Pseudo-Militão de Sardes:* narra a morte, a ressurreição e assunção de Maria. Possivelmente originário do século IV, embora os melhores manuscritos datem do século VIII.

7. *Livro de São João Evangelista, o teólogo, sobre a passagem da Santa Mãe de Deus:* do século IV, este texto conta os detalhes da morte de Maria e sua Assunção num domingo.

8. *Livro de São João, arcebispo de Tessalônica:* organizado em forma de homilia, o texto discorre sobre a festa da Assunção de Maria, porém sem os exageros típicos dos apócrifos. Datado provavelmente no século IV, teve grande influência na devoção mariana posterior.

Circula atualmente um apócrifo contemporâneo, intitulado *O Evangelho secreto da Virgem Maria.* O núcleo da obra é atribuído a uma cristã espanhola do século IV, chamada Etéria. Provavelmente de origem medieval, o texto foi adaptado e completamente reelaborado pelo escritor espanhol Santiago Martín. É um relato romanceado, repleto de narrações tipicamente contemporâneas. Pode ser uma boa obra literária, mas não se presta para subsidiar a mariologia.

Por que os apócrifos constituem somente recurso suplementar para a mariologia? Por falta de consistência histórica e de coerência teológica.

As pesquisas arqueológicas e documentais atestam que grande parte das narrações apócrifas não tem fundamento histórico. Foram simplesmente inventadas, visando transmitir uma mensagem. É inconcebível a euforia dos pais de Maria por ocasião do nascimento da menina, narrada pelo apócrifo *Protoevangelho de Tiago*, pois na cultura judaica se esperava sempre o primogênito homem. Quando vinha à luz uma menina, era motivo de tristeza para a família! Da mesma forma, não se pode afirmar que Maria viveu no Templo de Jerusalém como virgem consagrada, desde os oito até os doze anos de idade, como sustentam vários apócrifos, pois não havia tal costume no tempo de Jesus.

Mais grave é a questão teológica. Vários apócrifos sustentam uma visão equivocada de Jesus, negando claramente sua dimensão humana e o realismo da encarnação. E tal percepção se estende a Maria. A narração do parto virginal de Jesus, no *Evangelho da infância de Maria,* está carregado de elementos mitológicos, negando que o Filho de Deus "se fez carne e veio morar entre nós" (Jo 1,14)! Há inúmeras cenas mirabolantes, que não condizem com o perfil de Cristo nos Evangelhos, como aquela no qual o Menino Jesus provoca a morte de uma criança que o desafia, ou sopra sobre um pássaro de barro e este começa a voar.

50

No entanto, os apócrifos marianos exercem enorme fascínio! Em primeiro lugar, devido à forma narrativa, breve e de agradável leitura. Além disso, vão ao encontro de uma espiritualidade devocional maximalista, que exalta Maria ilimitadamente. Quem procura uma "super-Maria", cheia de poderes humanos e divinos, encontrará nas narrações apócrifas argumentos para reforçar sua visão. Ademais, os apócrifos reforçam a tendência de buscar na religião aquilo que é espetacular, milagroso, extraordinário. Por fim, os apócrifos parecem responder à necessidade das pessoas de buscar mais informações sobre a vida de Maria, que os Evangelhos não fornecem.

A esse respeito, o Irmão Aleixo Autran, grande mariólogo brasileiro falecido na década de 1980, costumava dizer que, se Deus não nos deu mais informações sobre a vida de Maria na Bíblia, é porque "não era necessário para nossa salvação, nem para a sã devoção". Por isso, não convém buscar em outros textos, de origem duvidosa, conhecimentos sobre aquilo que Deus mesmo achou por bem não manifestar. (MURAD, Afonso. Texto disponível em: <www.maenossa.blogspot.com>. Ver a descrição dos apócrifos marianos em: FARIA, Jacir de Freitas. *História de Maria, mãe e apóstola de seu filho, nos evangelhos apócrifos.* Petrópolis: Vozes, 2006. p. 14-28.)

2. A instituição familiar no tempo de Jesus

A principal instituição social da Palestina no tempo de Jesus é o parentesco. Há uma nítida diferenciação entre os gêneros, no interior da família e na sociedade. O pai domina sobre a família e a representa diante do exterior. Tudo quanto se relaciona com a família no âmbito externo é controlado pelo pai e tem caráter masculino: herança, terras circundantes, relações jurídicas (isto é: por linha paterna), animais produtivos, filhos adultos. Por outra parte, tudo quanto mantém a família no interior está sob o cuidado da mãe e tem, em geral, caráter feminino: cozinha, relações por linha materna, cabras leiteiras e outros animais domésticos, filhas solteiras, noras que vivem com a família, crianças do sexo masculino que não têm idade suficiente para estar com o pai.

Os valores associados aos fins correspondem aos homens: sentido de independência, liderança, extroversão, autodisciplina, atividade, objetividade, mentalidade analítica, coragem, predominância do racional, autossuficiência, confiança em si mesmo, controle emocional. Os valores associados aos meios se aplicam sobretudo às mulheres: dependência, ausência de agressividade, não competitividade, introversão, interesse pelas relações interpessoais, sensibilidade, solicitude pelo outro, subjetividade, preponderância do intuitivo, deixar fazer, receptividade.

O valor fundamental no mundo mediterrâneo é a lealdade aos parentes, à família. Exige-se lealdade ilimitada e incondicional de seus membros. (Sintetizado de: MALINA, B. J. *El mundo social de Jesús y los evangelios.* Santander: Sal Terrae, 2002. p. 139-141, 145.)

3. Quem é minha mãe e quem são meus irmãos? (Mc 3,31-35)

As palavras de Jesus estão cheias de uma nova visão. Laços de sangue não garantem um lugar em sua comunidade de discípulos, mas amar e agir em nome do

Reino de Deus sim. A bem-aventurança que ele oferece está à disposição de quem quiser, sem distinção de sexo ou gênero, infertilidade ou maternidade, afinidade física ou ligações familiares, desde que procure a vontade de Deus. Da maneira como Marcos a organiza, a passagem traça um forte contraste entre a família biológica de Jesus e um novo tipo de comunidade inclusiva, a família escatológica criada pelo compromisso compartilhado de fazer a vontade de Deus. Segundo esse critério, a mãe e os irmãos estão fora, não dentro com os discípulos. Jesus «enfaticamente se distancia de seus parentes de sangue»! Em lugar deles, visual e verbalmente abraça as pessoas que estão na casa, que, ao contrário de sua família, não acham que ele perdeu o juízo nem que está possuído pelo demônio. São seus verdadeiros parentes, a autêntica família de Deus. Substituem em importância sua família natural.

Esse retrato negativo é reforçado mais adiante por outra passagem marcana que descreve a rejeição a Jesus, quando ele volta para pregar em sua aldeia de Nazaré. Ao responder aos vizinhos que se ressentem dele, o filho de Maria diz: "Um profeta só não é valorizado na sua própria terra, entre os parentes e na própria casa" (Mc 6,4). A passagem apoia a alegação de que a família natural de Jesus não o entendia nem o respeitava, tradição que, embora Marcos a enfatize mais, também aparece nos outros Evangelhos.

A mariologia tradicional que glorificou Maria nunca soube o que fazer com esse texto e, consequentemente, ignorou-o em grande parte. A meu ver, o texto é antídoto insubstituível para as distorções da tradição, além de contribuição à memória de Maria por seus próprios méritos. Aqui, a mãe e os irmãos de Jesus chegam como uma família e são tratados juntos. Quer sejam esses rapazes filhos naturais de Maria, seus enteados ou seus sobrinhos, sua estreita associação nessa crise atribui-lhe uma relação maternal com mais de um filho. Também aqui o relacionamento entre a mãe e o primogênito é tensa e joga água fria no grande número de reflexões sentimentais tradicionais no relacionamento de Jesus e sua mãe. Psicologicamente, para alcançar a maturidade os homens não podem permanecer ligados à mãe, precisam sair e formar relacionamentos com o grupo de seus iguais. Percebemos um desenvolvimento salutar nesse episódio.

A interpretação feminista não procura mudar a atitude crítica de Jesus para com sua família, mas vê Maria sob uma luz diferente. Os pais de quem se arrisca para perseguir seus sonhos em situações perigosas conhecem bem esses sentimentos. Para Jesus, o perigo ameaça vir das autoridades judaicas e do odiado poder de ocupação dos romanos. Ora, um dos grandes interesses que governam as ações das mães consiste em preservar a vida do filho. Assim, Maria de Nazaré vai tentar persuadir o filho a sair da linha de fogo. Age conforme seu melhor entendimento, como outras mulheres que procuram o bem-estar daqueles que elas amam. (Sintetizado de: JOHNSON, Elizabeth. *Nossa verdadeira irmã. Teologia de Maria na comunhão dos Santos*. São Paulo: Loyola, 2006. p. 270-274.)

3
A perfeita discípula: Maria em Lucas (I)

Lucas é um habilidoso artesão da Palavra de Deus. Elabora o Evangelho sobre o tecido do Evangelho de Marcos. Junta-o com outros retalhos de pregações de Jesus, como o sermão da planície (Lc 6). Acrescenta várias parábolas, especialmente sobre a misericórdia de Deus (cf. Lc 15). Destaca a preferência de Deus pelos pobres e a necessidade de cultivar a justiça. Exalta a alegria como o grande sinal da presença do Reino de Deus. Faz o elo entre as esperanças judaicas e a salvação cristã, estendida a todos os povos. Mostra a bondade infinita do Pai, na ação de Jesus, animada pelo Espírito. E, especialmente, pinta os traços da figura de Maria.

Normalmente, os católicos dizem que Maria é importante porque foi a Mãe de Jesus. Lucas, no entanto, mostra que não está aí a sua principal qualidade. Vamos entrar no Evangelho de Lucas, passear por ele, olhar as costuras e os detalhes, percebendo o que apresenta sobre Maria.

I. Maria, a discípula do Senhor

Jesus é o Messias e o Salvador (Lc 2,11). Inaugura o Reino de Deus, novo tempo de felicidade e alegria para todos, especialmente para os pobres (Mc 1,15; Lc 4,18; 5,20s; 8,1). Mostra como Deus Pai é tão bom, ao acolher e perdoar os pecadores (Lc 7,36-49). Mas Jesus não realiza sozinho essa missão. Desde o começo, chama algumas pessoas para segui-lo mais de perto. Convoca Simão e Levi (Lc 5,11.27), que renunciam a tudo para ir com ele. Depois de rezar muito, Jesus escolhe os Doze (Lc 6,12-16), que estão mais perto dele, dia e noite, aprendendo a viver a relação com Deus e com os outros. Além dos doze apóstolos, algumas mulheres acompanham a Jesus (Lc 8,2s). E há ainda um grupo de setenta e dois discípulos (Lc 10,1). A todos Jesus envia em missão (Lc 9,1-6; 10,1-11), para que testemunhem a misericórdia de Deus e anunciem o seu Reino.

Jesus acolhe pessoas muito diferentes. Oferece a todas elas a possibilidade de se tornar seus discípulos, aprendizes na arte de viver o amor de Deus. Não importa a vida passada, a condição social ou o grau de instrução. Pode ser um pescador, um cobrador de imposto ou mesmo uma prostituta.

Na explicação da parábola da terra e das sementes, Jesus deixa claro que o seu seguidor necessita desenvolver algumas atitudes básicas: "O que caiu em terra boa são aqueles que, ouvindo com um coração bom e generoso, conservam a Palavra e dão fruto pela perseverança" (Lc 8,15).

Três palavras-chave resumem a condição de ser discípulo de Jesus: *ouvir, acolher, frutificar*. Com esse molde nas mãos, Lucas pinta os traços da figura de Maria. Mostra que ela tem exatamente as qualidades que caracterizam o seguidor de Jesus. Maria ouve a Palavra de Deus com fé, guarda no coração e a põe em prática.

1. Maria acolhe a proposta de Deus (Lc 1,26-38)

O relato da Anunciação (Lc 1,26-38) se assemelha a outras cenas de anúncio de nascimento na Bíblia, como a Abraão (Gn 17,19-21) e à mãe de Sansão (Jz 13,1-6). Está construído em paralelo com o anúncio do nascimento de João Batista ao pai Zacarias (Lc 1,5-20). Todas essas narrações utilizam o mesmo gênero literário de "Anúncio". Compare-os. Sempre Deus toma a iniciativa. Anuncia que virá uma criança importante, para contribuir no processo de libertação e salvação do povo. Às vezes, há obstáculos a serem superados. A pessoa questiona e Deus lhe oferece um sinal. Mas o Anúncio a Maria, em Lucas, tem algo original. Não só prepara o nascimento de Jesus, mas também mostra a vocação de Maria e sua resposta generosa.

O enviado de Deus começa com uma saudação simples: "Alegra-te, Maria" (cf. Lc 1,28). Convida Maria a participar da alegria do novo tempo, que começa com a vinda de Jesus (Lc 1,14.44.58; 2,10). Lucas destaca a alegria como um sinal próprio de Jesus e de seus seguidores (Lc 10,17.21; 19,37; 24,52). Maria também é convidada a se alegrar.

Maria recebe um nome especial, que nenhuma outra pessoa tem na Bíblia: "cheia de graça", ou "agraciada" (Lc 1,28). A seguir, diz-se que "o Senhor está contigo". Na Sagrada Escritura, quando a pessoa tem uma missão importante e difícil, recebe de Deus a promessa de que não ficará sozinha, pois ele vai lhe dar força para realizá-la. Veja, por exemplo, na vocação de Isaac (Gn 26,3.24), de Jacó (Gn 28,15), de Moisés (Ex 3,11s e 4,12), de Gedeão (Jz 6,12) e de Jeremias (Jr 1,19). Ao dizer: "o Senhor está contigo", pede-se que a pessoa não tenha medo, confie em Deus e se comprometa. Assim também acontece com Maria.

Portanto, as expressões iniciais colocadas nos lábios do enviado de Deus estão cheias de sentido e nos falam de Maria e de sua missão:

- *Alegra-te:* Maria, vem participar da alegria do tempo do Messias, que está chegando!

- *Cheia de graça:* tu és alguém muito especial, agraciada por Deus, contemplada por ele.

- *O Senhor está contigo:* tu terás uma missão exigente, mas o Senhor estará ao teu lado, dando-te força para realizar o que ele te pede.

De acordo com o gênero literário do anúncio, no qual aparece uma dificuldade para realizar a promessa de Deus, Maria coloca uma objeção: "Como acontecerá isso, se eu não conheço homem?" (v. 34). A expressão bíblica "conhecer" quer dizer aqui "ter um relacionamento sexual íntimo com alguém". A frase expressa uma situação existencial, não um propósito. Não se pode afirmar, a partir do texto de Lucas, que Maria teria feito um voto de castidade antes de receber a proposta de Deus para ser mãe de Jesus. Tal ideia não aparece no Evangelho de Lucas. Ela surgirá mais tarde, no apócrifo *Protoevangelho de Tiago*, escrito provavelmente no final do século II. Será defendido por muitas pessoas, em épocas posteriores, como Gregório de Nissa, Agostinho e Jerônimo.

Diante da proposta de Deus, Maria responde prontamente. O seu "sim" ecoa forte e sem dúvidas, cheio de generosidade. Disponível a Deus, Maria une a liberdade com a vontade: "Eis aqui a servidora do Senhor. Eu quero que se faça em mim segundo a tua palavra" (cf. Lc 1,37). Essa entrega do coração a Deus tem um nome muito simples: *fé*. Significa arriscar-se e jogar-se nas mãos do Senhor com confiança. Na visita a Isabel, esta lhe diz: "Feliz aquela que acreditou, pois o que lhe foi dito da parte do Senhor será cumprido" (Lc 1,45).

Maria escutou a palavra, acolheu-a no coração. Abriu seu espaço interior, deixou Deus entrar. Saiu de si e investiu sua vida num grande projeto, a que se sentiu chamada. Lucas nos apresenta Maria como a primeira discípula cristã. Com a anunciação, ela inicia um longo caminho de peregrinação na fé, ao responder ao apelo de Deus. Aceita a proposta do Senhor com o coração aberto, num grande gesto de generosidade e de fé.

Como Maria, nós também recebemos um apelo divino. Temos na lembrança alguma ocasião na vida na qual Deus nos tocou de forma especial. Um retiro, um encontro, conhecer uma pessoa, conseguir uma vitória almejada, superar o sofrimento. Situações nas quais sentimos que Deus nos comunicou algo novo, original, forte, que mudou para melhor nosso caminho de vida. A anunciação a Maria nos lembra que somos também agraciados por Deus, que ele está conosco, que nos chama a uma missão e que sua presença produz alegria em nós. A vocação de Maria é como um espelho para a vocação cristã. Olhando para ela, a gente se vê melhor, enquanto discípulo e seguidor de Jesus.

Oração

Senhor, na tua presença me alegro,
Como uma criança diante do brinquedo desejado.
Tu brincas comigo, e eu contigo.
Em ti me alegro, pois tu és a grande Boa Notícia.
Obrigado(a) por receber tantos dons.
Sinto os sinais do teu amor e da tua misericórdia na minha vida.
Assim, venho agradecido(a) me alegrar na tua presença.
Como Maria, digo que podes contar comigo.
Quero ajudar a realizar o teu sonho sobre a humanidade.
Eis-me aqui, como teu(tua) servo(a).
Quero que se faça em mim segundo a tua vontade.
Tu estás comigo. Teu Espírito repousa sobre mim. Tu estás em mim.
Ouço a tua voz: *Alegra-te, agraciado(a), o Senhor está contigo!*
Eis-me aqui!

2. Maria medita a Palavra no coração (Lc 2,19.51)

Por duas vezes Lucas diz que Maria *guarda no coração os acontecimentos e procura descobrir o seu sentido*. Na primeira vez, depois do nascimento de Jesus (Lc 2,19). Ela está contente e surpresa, como toda jovem mãe. Deve ter olhado e amamentado seu bebê com carinho. O Menino Jesus está envolvido em panos e deitado no local onde o gado se alimenta. Então, eles recebem a visita dos pastores. Quanta coisa para pensar, para meditar, para descobrir o sentido. O que vai ser desse menino, como educá-lo bem, de que maneira amá-lo...

Na segunda vez, o menino está crescido. É adolescente, um rapazinho com seus doze anos. Curioso, cheio de iniciativa, ousado, Jesus se encontra no templo, conversando com os doutores. Ouve e questiona. Já antecipa, com esse gesto, o que vai fazer bem mais tarde. Diz uma frase que Maria e José não compreendem: "Vocês não sabiam que devo estar na casa de meu Pai?" (cf. Lc 2,46-49). Maria, mesmo sem entender, guarda no coração. Pensa, reflete, medita, procura o sentido. Conserva a lembrança dos fatos. Faz memória (Lc 2,51).

Quando o evangelista põe duas vezes essa mesma atitude, no começo e no fim da "vida familiar" de Jesus, quer dizer que *era algo constante em Maria*. Ela cultivava um hábito, um jeito de ser. Maria vive um dos traços marcantes da espiritualidade do povo da Bíblia: a memória, a recordação. A Escritura judaica continuamente apela para que o povo, recordando o passado, tenha gravado na mente e no coração como Deus fez maravilhas por ele, o escolheu e lhe deu uma missão (ver Dt 4,32-40).

Para ser fiel a Deus e somente a ele servir, o povo deve sempre recordar que foi libertado do Egito, da casa da escravidão (Dt 6,12s), que caminhou muitos anos no deserto, passou por enormes dificuldades e foi educado por Deus (Dt 8,2-5). O Senhor fez com ele uma aliança, válida no passado e no presente (Dt 5,1-4). A infidelidade e o pecado do Povo de Deus começam com o esquecimento. Apaga-se da memória da mente e da memória do coração como Deus foi misericordioso com o seu povo. Os profetas trazem de volta a consciência perdida, denunciam o esquecimento, resgatam a atualidade da aliança. Por isso clamam com tanta insistência: "Escutem!" (Is 48,1), "Lembrem-se!" (Is 46,9). Recordar não é nostalgia, volta saudosa ao passado. Trata-se de *recordar* para *acordar*, tomar consciência, voltar-se para o Deus da Vida.

Diferentemente de outros povos de seu entorno, que faziam do culto religioso predominantemente um resgate simbólico do ciclo da natureza, Israel cultua a Deus, recordando-se da sua ação criadora e libertadora e renovando o compromisso com a Aliança. Muitos salmos são oração de memória, atualizadas para o presente em forma de súplica, louvor ou ação de graças (veja Sl 44, 48, 78, 80, 85, 95, 98, 105, 135, 136). A recordação tem um efeito estimulador. No momento do sofrimento, da perseguição e do fracasso, mostra que a situação atual não é definitiva. Da mesma forma como Deus atuou no passado, criando a partir do caos e libertando da escravidão, irá conduzir seu povo para um momento novo (cf. Is 43,5-9).

Ao desvendar a personalidade espiritual de Maria como discípula do Senhor, que ouve e medita os acontecimentos, Lucas toca, portanto, numa característica básica da espiritualidade bíblica. Em leitura contemporânea, diríamos que esse traço da personalidade de Maria diz respeito a todo ser humano maduro e equilibrado.

Na sociedade atual, as coisas acontecem com muita rapidez. O ritmo de vida da cidade é acelerado. Levantar cedo, comer depressa, enfrentar o tráfego pesado, trabalhar e estudar e voltar para casa tarde faz parte da rotina de muitas pessoas. Nem o lar é lugar de sossego. Estamos cercados de sons, além do bombardeio de imagens. Com toda essa agitação e barulho, é difícil parar e escutar a voz interior. Então, os acontecimentos passam por nós, mas não entram. São como água de tempestade sobre a terra, que cria enxurrada e erosão, mas não penetra.

Somos parte de um mundo com pouca memória. Fatos importantes, acontecidos há um ou dois anos, desaparecem da lembrança como se fossem de um passado remoto. Some-se a isso a sobrecarga de informações, que não há tempo de assimilar. Trata-se de um fenômeno pessoal e social, intimamente relacionado. Somos uma geração que cada vez menos alimenta a consciência histórica. A mídia cria fatos novos, que facilmente desaparecem de cena, dando lugar a outros. Não há tempo para deter-se, refletir, pensar, elaborar. A sociedade moderna gera jovens e adultos que vivem como um barco sem rumo, ao sabor do vento e da maré, pois não assumem sua história individual e coletiva. São conduzidos por outros e não encontram ocasião de tomar nas mãos o leme de sua existência. Não têm tempo para pensar nem se dispõem a criá-lo.

As pessoas e os povos somente nutrem a consciência histórica quando refletem sobre os fatos, conferindo-lhes sentido e estabelecendo relação entre eles. Uma existência equilibrada e saudável exige a criação de espaço interior, no qual a pessoa vai conectando os acontecimentos e procurando seu sentido. Ela percebe, então, que sua vida não é um mero suceder de fatos, de experiências prazerosas e tristes, de vitórias e fracassos. Toma consciência dos processos, das metas a estabelecer. Avalia os passos dados. Saboreia as experiências afetivas e amorosas significativas, faz uma "memória do coração", que a alimenta nos momentos difíceis. Com isso pode manter vínculos afetivos duradouros e profundos e sustentar uma opção de vida por toda a existência. O amor necessita de memória para não se perder diante das crises.

À medida que a pessoa exercita esta atitude de "guardar no coração" e "buscar sentido para os fatos" transforma-se num aprendiz, num discípulo. Quando acontece alguma experiência forte, ela vai além do nível elementar, da satisfação ou dor. Procura descobrir *o que aprendeu com a experiência*. Cada novo desafio se transforma em aprendizagem existencial. Então, ela não envelhece. Mesmo que tenha idade avançada, está sempre aprendendo com a vida. Vai conquistando a sabedoria, que é o conhecimento com sabor e sentido, o saber que alimenta e unifica a existência.

O homem e a mulher espiritualizados não se caracterizam pela quantidade de orações e devoções exteriores que praticam. Antes, são seres humanos capazes de interpretar sua história à luz de Deus e aprender com ela. Percebem os sinais de sua presença na existência pessoal e social. Cultivam a interioridade, como capacidade de dar sentido e unidade às múltiplas experiências da vida. Depois do ruído das muitas palavras, entram no silêncio de quem reverencia o mistério de Deus. Nele repousam e dele buscam forças. A meditação alcança um estágio no qual escasseiam as palavras e os raciocínios. É entrega e presença. Recordação orante, silêncio, ação de graças, adoração e louvor.

Se o cultivo da meditação é dimensão humana indispensável, como caminho para o autoequilíbrio e para ser aprendiz da existência, descobre-se, então, um novo sentido para a relação entre ação e contemplação, pastoral e espiritualidade. De um lado, colocamo-nos à disposição do Projeto de Deus, realizando ações eficazes. De outro, precisamos nos recolher e silenciar. Quanto mais intensa e forte a missão, mais é necessário "mergulhar em Deus". Como diz o poema do compositor brasileiro Beto Guedes: "A abelha fazendo o mel, vale o tempo que não voou".

Maria ensina os cristãos a cultivar a interioridade, a meditar. Guardar as coisas no coração, buscar sentido nos acontecimentos e preparar-se para o que vai acontecer. Ela se assemelha à abelha que recolhe o néctar de Deus na vida e o transforma em mel. Colhe, recolhe, elabora e oferece doçura.

Oração

Senhor, dá-me memória!
Tantas vezes tu me visitaste, em quantos momentos fortes senti tua presença!
Como cores vivas de um dia de primavera, ou o cheiro único da pessoa amada.
Mas me esqueci. As cores vivas desbotaram, o suave odor se misturou a outros.
Perdi a memória? Ou ela está escondida num canto qualquer?
Senhor, dá-me a memória da fé.
Para que os acontecimentos não sejam somente fatos, mas sinais do teu amor.
Cria em mim, Senhor, a atitude de Maria, de meditar e guardar no coração.
Quero crescer no teu amor e manter-me sempre encantado(a) com a vida. Amém.

3. *Maria dá bons frutos (Lc 1,42-45)*

Lucas conta que, logo depois da anunciação, Maria sai às pressas para visitar sua parenta Isabel. Parte de Nazaré da Galileia, para a Judeia. Segundo os estudiosos da Bíblia, isso poderia corresponder à distância de no mínimo cinquenta quilômetros. Leia o relato de Lc 1,39-45.

Embora Lucas não tivesse tal intenção, o povo, ao ler o texto da visitação, descobre Maria como missionária. Transbordando da graça de Deus, não quer retê-la para si. Vai partilhar com sua parenta, de idade avançada, que está grávida e necessita de cuidados. Discretamente, ela já leva Jesus para os outros. Isabel sente logo o resultado. O feto se movimenta dentro dela. Quando se saúdam e se abraçam, o Espírito Santo inunda o ambiente e elas transbordam de alegria. Maria está cheia de Deus. Isabel também. Nessas duas mulheres grávidas se encontram, em semente, seus filhos, João Batista e Jesus. Já estão, lado a lado, o precursor e o Messias, o que prepara e o que realiza a Boa-Nova, o profeta de Deus e o Filho de Deus. Que lindo encontro! Isabel proclama: "Bendita és tu entre as mulheres e bendito é o fruto do teu ventre!" (Lc 1,42).

Lucas põe na boca de Isabel um louvor que faz eco de duas passagens das Escrituras judaicas nas quais se reconhece a participação de mulheres especiais na luta do Povo de Deus. Em Jz 5,24, se bendiz a Héber, por participar da luta contra a opressão dos cananeus, golpeando o homem Sísara. Em Jt 13,18-20 se louva Judite, que, com imensa coragem e inteligente estratégia, eliminou o general do exército da Assíria, Holofernes. Maria é colocada, assim, dentro da história das mulheres fortes do povo de Israel que contribuíram para mudar a sorte da sua nação.

"Bendita" significa um louvor à pessoa e reconhecimento que ela é destinatária da benção e do favor de Deus. Reforça o sentido das expressões "cheia de graça" ou agraciada (Lc 1,28) e "encontraste graça diante de Deus" (Lc 1,30), do relato da anunciação.

"Bendita entre as mulheres" quer dizer: você é abençoada por excelência. Não significa um mero privilégio, mas sim graça que possibilita uma resposta mais intensa ao apelo de Deus. Em Maria se encontram a gratuidade do amor de Deus e a entrega generosa do ser humano, ou seja, a Graça e a Fé.

"Bendito é o fruto do teu ventre" significa que a fé torna Maria fértil de corpo e alma. Por causa de sua adesão a Deus, do seu compromisso com o projeto divino, Maria realiza a benção de fertilidade prometida ao Povo de Deus no Livro do Deuteronômio:

> Se tu obedeceres à voz do Senhor, essas serão as bênçãos que virão sobre ti e te envolverão: bendito serás na cidade, bendito serás no campo; bendito será o fruto do teu ventre, o fruto do teu solo e dos teus animais. Bendito serás ao chegar e ao sair. A benção do Senhor estará em todas as tuas realizações (cf. Dt 28,1-4.6.8).

Quem conhece a fé de Maria, semeada, cultivada e amadurecida em belos frutos, entende as expressões de Jesus, narradas por Lucas, nos relatos de sua vida pública. Longe de ser uma ofensa à mãe, as palavras de Jesus revelam o segredo de Maria. Seu principal mérito está em ser uma pessoa de fé, que acolhe a Palavra de Deus e a frutifica. Ser mãe é uma consequência de sua fé e uma forma de realizar a vontade de Deus. Quando os familiares de Jesus vão procurá-lo e não conseguem alcançá-lo por causa da multidão, ele diz: "Minha mãe e meus irmãos são estes: os que ouvem a Palavra de Deus e a põem em prática" (Lc 8,21).

Outra vez, Jesus está falando à multidão, quando uma mulher grita repentinamente: "Felizes o ventre que te carregou e os seios que te amamentaram". As imagens de "ventre e seios" aludem claramente à maternidade biológica. Dentro da cultura judaica da época, a mãe deveria receber os méritos de ter um filho tão importante. A frase de Jesus rompe o esquema de privilégio familiar e destaca novamente que a importância de Maria vem, em primeiro lugar, de sua fé ativa, que escuta a palavra de Jesus e a transforma em gesto.

> [...] Ele [Jesus] respondeu: "Felizes, sobretudo, são os que ouvem a Palavra de Deus e a põem em prática" (Lc 11,27s).

Alguns séculos depois, Santo Agostinho dirá que Maria concebeu Jesus primeiro no coração e depois no corpo. Antes de ser a sua mãe carnal, acolheu-o pela fé. Sem a fé de nada adiantaria ela ter-se tornado a mãe do Senhor. Agostinho captou bem a mensagem do evangelista!

Resumidamente: qual é a principal característica de Maria, segundo Lucas? Ela encarna com fé a Palavra de Deus. Guarda-a no coração e a coloca em prática, dando frutos. Esses são também os traços básicos de todo discípulo de Jesus. Pela sua fé, Maria é o exemplo do cristão, seguidor e aprendiz do Senhor. Em Maria a fé se traduz em ser mãe, educadora e discípula de Jesus. Sua importância reside no compromisso radical e inteiro a Deus e ao seu projeto.

Oração

> Obrigado, Senhor, pois nos deste Maria como tua perfeita discípula.
> Ensina-nos a acolher a tua Palavra, na fé.
> Ajuda-nos a cultivar a interioridade.
> Faze de nós "realizadores da Palavra".
> Multiplica em nós as sementes do Bem e os frutos do teu Reino. Amém.

II. Maria, a peregrina na fé

O Evangelho de Lucas conta que *Jesus caminha à frente dos seus discípulos*, em direção a Jerusalém. Trata-se de um longo trajeto, de Lc 9,51 a 19,28. No caminho, Jesus vai ensinando aos seus discípulos uma nova forma de ver as pessoas e o mundo, de se relacionar com os outros e com o Pai. Pelo caminho Jesus encontra pessoas que não aguentam as exigências do seguimento (Lc 9,57-61). Envia os setenta e dois discípulos em missão (Lc 10,1-17). Estando a caminho, entra num vilarejo, onde é recebido por Marta e Maria (Lc 10,38-41). Por onde passa, cura doentes (Lc 14,1-5) e reintegra os pobres e excluídos no convívio social. Cada encontro ou acontecimento é motivo de uma nova aprendizagem para os discípulos. Jesus fala do Reino em parábolas (Lc 12,16-48; 13,18-21). Revela o Pai misericordioso (Lc 15). Alerta para o perigo do apego às riquezas (Lc 16,13). Nesses dez capítulos de Lucas alternam-se fatos e palavras, expressões e gestos.

Jesus chama à conversão (Lc 13,5), esse movimento de mudança do mal para o bem, ou do bem para um bem maior. Muitas vezes, o seguidor de Jesus tem que mudar de rota para se manter no caminho certo. Outras vezes, é só corrigir um pouco. Mas precisa estar sempre atento, com o espírito de aprendiz e o coração de criança. A travessia da fé e do seguimento é tão nova e original, que os discípulos têm dificuldade de compreender o sentido de muitas palavras de Jesus: "Eles nada compreenderam de tudo isso: o sentido da palavra lhes ficava encoberto e eles não entendiam o que lhes era dito" (Lc 18,34).

Com Maria, a perfeita discípula de Jesus, acontece algo semelhante. Ela deu um "sim" decidido a Deus quando era muito jovem. Iniciou uma travessia na fé, sem saber em detalhes o que iria acontecer. Pois faz parte da experiência da fé arriscar, abrir-se ao novo, passar pela incerteza da noite escura. Maria renovou seu compromisso com Deus muitas vezes, para manter-se na rota e não parar no caminho.

Muitos imaginam que Maria já nasceu como uma "santa prontinha e acabada". Pensam que já sabia de tudo, já conhecia com detalhes o que ia acontecer com ela e seu filho. Alguns chegam a afirmar que ela teria sido poupada de fazer a travessia da fé. Já estaria, desde o começo, com todas as certezas. A partir de Lucas, vemos que essa ideia é equivocada. Na cena da apresentação de Jesus, Simeão dirige a palavra a Maria: "Este menino será causa de queda e de reerguimento para muitos em Israel. Ele será um sinal de contradição – *uma espada traspassará a tua alma!* – e assim serão revelados os pensamentos de muitos corações" (Lc 2,34s).

Normalmente, interpreta-se que a "espada", da qual fala Simeão, seria o sofrimento na cruz. Supõe-se que Maria tenha experimentado uma grande tristeza no momento da morte de Jesus. A imagem da uma espada cortando a alma evoca tristeza. É comum usar a expressão: "isso me cortou o coração", para traduzir um sentimento de sofrimento, de dor. A piedade cristã, especialmente a partir da Idade Média, moldou com muita força a imagem de Maria como a "Mãe das Dores" (*Mater Dolorosa*), que sofre e chora ao pé da cruz. Mas essa não é a mensagem transmitida explicitamente por Lucas. O evangelista parece desconhecer a participação de Maria na Paixão de Jesus. Na cena da morte de cruz, não cita a mãe de Jesus: "Todos os conhecidos de Jesus, bem como as mulheres que o acompanhavam desde a Galileia, se mantinham a distância, olhando essas coisas" (Lc 23,49).[1]

O sentido da expressão "espada que traspassa a alma" deve vir de outra analogia. Veja estas citações do profeta Isaías, no cântico do Servo, e da Carta aos Hebreus:

[O Senhor] Fez de minha língua uma espada afiada (Is 49,2).
Pois a palavra de Deus é viva, eficaz e mais penetrante do que qualquer espada de dois gumes. [...] Julga os pensamentos e as intenções do coração. Não há criatura que possa ocultar-se diante dela (Hb 4,12s).

À luz desses textos, compreende-se que a espada significa a Palavra viva de Deus, que é o próprio Jesus. Ora, Maria foi desafiada pelas palavras e atitudes de Jesus, que eram muito diferentes das pessoas de seu tempo. À medida que Jesus diz ou faz algo novo, Maria se sente chamada a dar mais um passo na fé. Ela vive a experiência originária do seguidor de Jesus, de aprendiz do mestre. Tal interpretação, que pode parecer tão original, se confirma a partir da leitura do relato da perda e do reencontro de Jesus no templo.

Leia Lc 2,41-50. Ao ver Jesus adolescente, no meio dos mestres, Maria e José "ficaram tomados de grande surpresa" (cf. Lc 2,48). Lucas antecipa aqui a consciência filial de Jesus em relação ao Pai, que na realidade só se manifestará mais tarde: "Por que vocês me procuram? Não sabiam que eu devo estar junto do meu Pai?". A reação de Maria e de José é a mesma dos discípulos: "Mas eles não compreenderam o que lhes dizia" (cf. Lc 2,50 e Lc 18,34).

Maria não alcança ainda o sentido pleno das palavras de Jesus. Fazem parte do peregrinar da fé os momentos de escuridão, de compreensão limitada.

---

[1] Se Maria não está lá, quem são essas mulheres e o que fazem? Conforme Lucas, "Maria Madalena, Joana e Maria, mãe de Tiago" (Lc 24,10) são discípulas de Jesus, que vão ao túmulo para ungi-lo com aromas e perfumes. Encontram o sepulcro vazio e se transformam nas primeiras testemunhas da ressurreição (Lc 24,1-10). No relato da ressurreição, a mãe de Jesus também não aparece. Comparado com Mc 15,40 e 16,1, Lucas substitui Salomé por Joana.

Então, a razão se cala e a alma se entrega a Deus, buscando o sentido mais profundo dos acontecimentos.

Logo após essa cena, aparentemente desconcertante para Maria, Lucas diz que Jesus volta para Nazaré, mostra-se um filho obediente e passa pelas etapas de crescimento humano e espiritual: "Jesus ia crescendo em sabedoria, tamanho e graça diante de Deus e dos homens (Lc 2,51s)". Como Maria enfrenta essa crise de crescimento? Fazendo memória, recordando, sendo aprendiz. "Sua mãe [Maria] guardava todas essas coisas no coração" (cf. Lc 2,51).

Talvez o maior desafio enfrentado por Maria em confronto com Jesus foi aceitar a posição de liberdade que ele tomou em relação à família. No tempo de Jesus, as relações familiares eram muito intensas. A pessoa estava comprometida por toda a vida com seus pais, irmãos e parentes próximos. Deles recebia muitos favores e graças e se sentia na obrigação de retribuir. Devia manter a fama e o bom nome da família. Na família, a mãe trabalhava duramente, mas também tinha alguns privilégios. Controlava a vida dos filhos e era muito honrada por eles (veja o texto de B. Malina no final do capítulo anterior).

À medida que desenvolve sua missão, Jesus percebe que precisa estar livre para anunciar o Reino de Deus. Ele faz uma ruptura difícil, que causou incompreensão no meio de seus parentes. Corta os laços de dependência com a família. Diz claramente que os membros de sua nova família são os que fazem a vontade de Deus (Lc 8,19-21). Jesus também incentiva seus discípulos a romper com essas relações familiares de dependência e a renunciar aos seus privilégios, para segui-lo mais de perto (Lc 18,28-30). Daí se entende a estranha frase de Jesus: "Se alguém vem a mim, mas não me prefere a seu pai e sua mãe, sua mulher e seus filhos, seus irmãos e suas irmãs, e até à sua própria vida, não pode ser meu discípulo. [...]" (Lc 14,26-33). Jesus não está condenando a família, mas denunciando um tipo de relação familiar que faz mal às pessoas, pois lhes tira a liberdade para servir ao Pai e ao Reino.

Como Maria lidou com isso? Deve ter sido difícil para ela renunciar aos privilégios de mãe e perder o controle sobre Jesus, que não pertence mais à sua família. Em muitos pontos, como em relação ao templo, à lei e ao sábado, sua posição é a de uma espada cortante. Mas Maria dá um salto de fé. Aceita o desafio e corrige sua rota. Entra humildemente no grupo dos seguidores, dos aprendizes de Jesus. Aquela que educou Jesus na infância e juventude agora está lá para aprender. Não tem lugar de destaque. Despojou-se de seu poder de mãe para se tornar discípula de Jesus. Que bela travessia na fé!

Nós temos muito a aprender dessa atitude de Maria. Ao olhar para ela, sentimo-nos mais animados, pois compreendemos que não estamos prontos, que a vida é uma travessia. Descobrimos também que até as crises de fé são oportunidades de crescimento. Reconhecemos que somos peregrinos na fé e nos colocamos, com alegria e humildade, no caminho do Senhor.

Oração

Maria, fortalece-nos na nossa travessia.
Tu, que foste peregrina na fé, arriscando-te em Deus,
renovando tua opção diante dos novos desafios,
ajuda-nos a não parar no meio da estrada nem a desviar-nos do caminho.
Quantas vezes, Maria, a escuridão nos invade a alma.
O desânimo toma conta de nós e não temos mais vontade de caminhar.
Mostra-nos que vale a pena, dá-nos a mão. Jesus está conosco!
Ensina-nos, sobretudo, a descobrir, como tu, que a travessia é bela. Amém.

Em poucas palavras

Lucas apresenta muitas características de Maria. Ela é o exemplo vivo do discípulo e seguidor de Jesus, que acolhe a Palavra de Deus com fé, guarda e medita no coração, e a põe em prática, produzindo bons frutos.

Maria é por excelência a peregrina na fé. O "sim", pronunciado com inteireza no início da juventude, se renova muitas vezes no correr da vida. Ela passa por crises e situações desafiadoras, que a fazem crescer e caminhar sempre mais na adesão ao Senhor.

Esses traços de Maria inspiram atitudes de vida de cada cristão e da Igreja. Sentimo-nos chamados(as) a ser discípulos fiéis de Jesus, ouvindo, acolhendo, guardando no coração e praticando sua Palavra. Renovamos o nosso "sim", mesmo no meio das crises, pois sabemos que somos "bem-amados de Deus" (Ef 1,6). Como Maria, alimentamos um coração agradecido a Deus, que o louva pelo bem que ele realiza em nosso meio e através de nós.

Articulando conhecimento e vida

1. Mostre os principais textos de Lucas que caracterizam Maria como a perfeita discípula de Jesus, que ouve, medita e frutifica a Palavra de Deus.
2. Lucas apresenta Maria como alguém que realiza durante a vida uma caminhada humana e espiritual e não tem todas as certezas. Isso modifica a impressão de que ela já sabia de tudo e não precisava crescer na fé. Como você percebe esta mudança de perspectiva?
3. A partir de Lucas, podemos afirmar que Maria não é somente "nossa mãe", mas também "nossa irmã"? Por quê?

Na rede

1. Ouça a música de Valdeci Farias, "És, Maria, a virgem que sabe ouvir". Disponível em: <http://maenossa.blogspot.com/2011/03/saber-ouvir.html>.

Você também pode acessar o blog: <www.maenossa.blogspot.com>, e buscar no índice "És Maria". Que semelhanças existem entre a música e a visão de Lucas sobre Maria?

2. Veja o vídeo sobre Maria em Lucas. Acesse: <www.maenossa.blogspot.com> e busque no índice "Vídeos de mariologia". Clique em "Maria em Lucas". Se quiser, deixe seu comentário.

Bibliografia básica

BROWN, R.E. *O nascimento do Messias. Comentários das narrativas da infância nos Evangelhos de Mateus e Lucas.* São Paulo: Paulinas, 2005. p. 341-392, 521-593.

_____ (org.). *Maria no Novo Testamento.* São Paulo: Paulus, 1985. p. 118-191.

BOFF, C. *Mariologia social.* São Paulo: Paulus, 2006. p. 413-439.

OSSANNA, T. F. *Maria nossa irmã.* São Paulo: Paulinas, 1997. p. 27-42, 91-110.

MURAD, A. *Quem é esta mulher? Maria na Bíblia.* São Paulo: Paulinas, 1996. p. 73-102.

SEBASTIANI, L. *Maria e Isabel. Ícone da solidariedade.* São Paulo: Paulinas, 1998. p. 43-98.

Textos complementares

1. Visitação

Qual foi a razão de Maria fazer a viagem até Isabel? É necessário evitar o realismo narrativo e permanecer no âmbito da reflexão teológico-simbólica. Ora, do ponto de vista teológico, é fundamental o símbolo da peregrinação na fé.

A interpretação tradicional da viagem de Maria é a da caridade solícita: Maria foi à Judeia movida pelo desejo de tornar-se útil à sua parenta, que era idosa e estava grávida. Embora essa versão venha da patrística e deixe traços nas reflexões homiléticas e catequéticas, parece insuficiente do ponto de vista teológico-simbólico.

Naquele tempo era normal que as mulheres grávidas, ou parturientes, ou com bebês recém-nascidos, fossem ajudadas por outras mulheres. Em geral, por mulheres maduras e de grande experiência, que tinham dado à luz muitos filhos e viviam nas redondezas. Não se vê por que Isabel deveria precisar da ajuda de uma mocinha que, além de vir de outra região, não sabia nada a respeito de gravidez e de parto. Além disso, segundo Lucas, Maria teria deixado Isabel logo após o momento do parto (Lc 1,56), exatamente quando a mãe idosa mais poderia precisar dela.

Maria foi à procura de Isabel movida pelo desejo de aprofundar, mediante o diálogo, o conhecimento da revelação que tinha recebido. Em outros termos: para confirmar e ser confirmada na fé. Sua viagem à Judeia é um símbolo do caminho da fé que precisa ser testemunhada, compartilhada, que precisa servir; dessa fé que se faz encontro, que é escuta da Palavra de Deus, Palavra que, quando é ouvida com autenticidade, é profundamente criativa e dialogante. (Síntese de: SEBASTIANI, Lilia. *Maria e Isabel. Ícone da solidariedade.* São Paulo: Paulinas, 1998. p. 53-55.)

2. Maria medita o mistério de Deus sob os véus do cotidiano

Na experiência de Maria, o lugar normal do encontro com o Divino é justamente o cotidiano. A iconografia cristã representou a Anunciação do Anjo a Maria no momento em que ela se encontra ocupada com trabalhos caseiros, seja fiando a lã, seja tirando água da fonte.

Ela sabia viver esse cotidiano ordinário de forma extraordinária. Personificava cada evento, perguntando-se no fundo do coração o que o Senhor queria lhe dizer com aquilo. A misteriosa alquimia que Maria usava para transfigurar sua vida era a meditação amorosa e confiante. Mulher reflexiva que era, repassava os acontecimentos de cada dia num coração impregnado de fé e de amor (Lc 2,19.51).

Ela experimentou sua pobre vida com a intensidade máxima: a máxima alegria em eventos como a visitação e a ressurreição de Jesus, e com a máxima dor em fatos como a perda no templo e a morte de Jesus na cruz. Ninguém podia imaginar o que se passava no reverso divino dessa vida igual à de todo mundo. Sua existência, seu rosto e até seu nome não tinham nada de especial no mundo em que vivia: eram comuns a tantas filhas de Israel.

Foi somente quando seu filho partiu para o ministério profético, que a tensão dentro de sua parentela se tornou aguda. Ela, contudo, que sabia viver o cotidiano de forma carismática, aprendeu também a ver no filho de suas entranhas os traços do Mistério de Deus (Lc 11,27-28). No começo, havia certamente participado da expectativa de seu povo: a vinda de um rei poderoso, mas justo. Teve, porém, que mudar de ideia. O que para outros era escândalo, levando à rejeição, para ela era mistério, convidando à entrega na fé.

Pelo filho especialíssimo que teve, não houve mãe mais tentada de ser possessiva do que ela. E, no entanto, Maria manteve o coração soberanamente livre, aberto, desapegado. Era o ícone da fé, que respondia ao transbordamento da própria graça. (Sintetizado de: BOFF, Clodovis. *O cotidiano de Maria de Nazaré*. São Paulo: Salesiana, 2003. p. 107-110).

3. Maria, modelo dos cristãos

Antes de mais nada, a Virgem Maria foi sempre proposta pela Igreja à imitação dos fiéis, não exatamente pelo tipo de vida que ela levou ou, menos ainda, por causa do ambiente sociocultural em que se desenrolou a sua existência, hoje superado quase por toda a parte; mas sim, porque, nas condições concretas da sua vida, ela aderiu total e responsavelmente à vontade de Deus (cf. Lc 1,38); porque soube acolher a sua palavra e pô-la em prática; porque a sua ação foi animada pela caridade e pelo espírito de serviço; e porque, em suma, ela foi a primeira e a mais perfeita discípula de Cristo, o que, naturalmente, tem um valor exemplar universal e permanente (Paulo VI, *Marialis Cultus*, 1974, n. 35).

Maria "oferece o modelo acabado do discípulo do Senhor: obreiro da cidade terrena e temporal, e, simultaneamente, peregrino solerte também, em direção à cidade celeste e eterna; promotor da justiça que liberta o oprimido e da caridade que socorre o necessitado, mas, sobretudo, testemunha operosa do amor, que educa Cristo nos corações" (Paulo VI, *Marialis Cultus*, 1974, n. 37).

4
Louvor e profetismo: Maria em Lucas (II)

Lucas apresenta várias características de Maria. Dentre elas, destacamos no capítulo anterior: a perfeita discípula que acolhe a Palavra, medita no coração e frutifica, como peregrina na fé. Há também dois outros traços, que se revestem de grande atualidade: a consciência profética e social, que se expressa no canto do *Magnificat*, e a estreita relação de Maria com o Espírito Santo.

I. Maria proclama a justiça recriadora de Deus

1. Pobreza e justiça em Lucas

Para Lucas, um dos principais sinais do Reino de Deus, da Boa-Nova da salvação, é promover novas relações sociais, as quais superem a pobreza e a exclusão. Ao preparar a vinda do Messias, João Batista pede a conversão com gestos políticos e sociais, como partilhar as vestimentas, não abusar do poder contra os fracos e evitar a corrupção com propina (Lc 3,10-14). Jesus, ao se apresentar na sinagoga, no discurso que abre sua missão, toma o texto de Is 61,1, em que se diz: "O Espírito do Senhor está sobre mim, pois ele me ungiu, para anunciar a Boa-Nova aos pobres; enviou-me para proclamar a libertação aos presos [...]" (Lc 4,18). A citação de Isaías termina lembrando que o profeta vem "anunciar o ano da graça do Senhor". Conforme o Livro do Levítico, esse ano da graça ou do jubileu deveria se realizar a cada quarenta e nove anos (Lv 25). A terra seria resgatada e redividida. Os escravos e seus familiares voltariam à condição de pessoas livres. As dívidas seriam perdoadas. Dessa forma, a pobreza seria temporariamente erradicada e todos teriam a oportunidade de recomeçar a organizar sua vida.

No sermão da planície, Jesus deixa claro que o Reino de Deus se destina em primeiro lugar aos pobres: "Felizes os pobres, os que têm fome, os que choram! O Reino pertence a eles" (cf. Lc 6,22s). De onde vem essa preferência? Não é que os pobres sejam bonzinhos ou tenham mais qualidades que os outros. Deus escolhe em primeiro lugar os pobres porque ele é misericordioso e se volta para os necessitados. Trata-se de uma estratégia de seu amor universal. Ama igualmente a todos, mas socorre logo quem mais precisa.

Jesus quer a superação tanto da pobreza que retira a dignidade da pessoa quanto da riqueza que a escraviza. Faz questão de curar muitos doentes, reduzidos à condição de mendigos e excluídos (Lc 7,21s). Alerta os fariseus que pagam o dízimo mas não praticam a justiça e o amor (Lc 11,41). Lembra aos dois irmãos que brigam pela herança que a vida do ser humano não está garantida pelos seus bens (Lc 12,15). Diz aos discípulos para não se preocuparem demais com a comida e o sustento (Lc 12,22-31). A ganância e o apego às riquezas fazem muito mal. O que o ganancioso acumula estraga-se. Mas o tesouro da bondade e da solidariedade o ladrão não rouba nem a traça corrói. Permanece para sempre. Onde está o tesouro da pessoa, aí está seu coração (cf. Lc 12,33s).

Infeliz daquele que põe toda a sua vida nas riquezas materiais. Está provocando a pobreza dos outros e cavando sua desgraça, como se vê na parábola do rico e do Lázaro (Lc 16,19-31). Apegado às riquezas, dificilmente entra no Reino de Deus (Lc 18,24s). Ao contrário, feliz daquele que, como Zaqueu, sabe partilhar os bens com os pobres e abandona a corrupção. Hoje a salvação entra na sua casa (Lc 19,1-9).

Para Lucas, Maria é uma mulher pobre, mas não miserável. A pobreza não lhe destrói a dignidade. Tem um coração de pobre, aberto para Deus e voltado para a superação da pobreza. Seguindo a trilha dos profetas e do seu filho Jesus, Maria anuncia que Deus tem compaixão dos pobres e lhes oferece uma nova possibilidade de convivência social.

2. Maria, a mulher pobre de Nazaré

Maria é mulher. Vive numa sociedade patriarcal, na qual somente os homens têm palavra. Enquanto eles aprendem a ler e a escrever nas sinagogas, cada sábado, as mulheres normalmente permanecem analfabetas. Elas não podem conversar com um homem em público. Ficam confinadas em casa. Em um julgamento, o testemunho do homem vale mais do que o da mulher. Se a mulher perde o marido, a herança do falecido não fica com ela, mas sim com os familiares dele. A mulher viúva, sem filhos, não tem a quem recorrer.

Maria mora em *Nazaré*, uma pequena cidade da *Galileia*. A Palestina está dividida em três regiões: a Judeia, ao sul; a Samaria, ao centro; e a Galileia, ao norte. Os habitantes da Judeia consideram-se os judeus mais piedosos, mais puros nos costumes e cumpridores das leis religiosas. Na Judeia está a cidade de Jerusalém, lugar de peregrinação, capital religiosa e grande centro econômico. Os galileus não gozam de boa fama. Da Galileia partem vários movimentos de libertação contra os romanos. Os galileus têm um sotaque típico, que os identifica facilmente. Nazaré é uma cidade sem importância. Natanael, um discípulo de Jesus, chega a perguntar se de Nazaré pode sair algo de bom (Jo 1,46). Os chefes dos sacerdotes não acreditam nos galileus e sabem que de lá não surgiu nenhum profeta importante (Jo 7,52).

Lucas começa o Evangelho narrando a anunciação do anjo Gabriel ao pai de João Batista (Lc 1,8-20), seguido do anúncio a Maria, Mãe de Jesus (Lc 1,26-38). Os dois relatos são construídos em paralelo, de forma a mostrar a superioridade de Jesus sobre João Batista e a atitude dos dois personagens:

- *Zacarias* tem tudo para ser o religioso ideal do seu tempo e receber uma revelação de Deus: é homem adulto, sacerdote, seguidor irrepreensível da lei; está realizando o culto no templo, localizado em Jerusalém, na Judeia. No entanto, ele não mostra fé suficiente (Lc 1,20).

- *Maria* é uma menina, mulher, que está num "lugar não definido" e fora do templo. Ela vem da Galileia, da desconhecida cidade de Nazaré. Mas Maria acredita e acolhe a proposta de Deus (Lc 1,38.45).

Acontece o imprevisível. O sacerdote Zacarias, em pleno templo, desconfia dos surpreendentes projetos de Deus, enquanto a jovem leiga Maria faz um extraordinário ato de fé. Deus surpreende a gente. Em Maria acontece o que Jesus anunciará alegremente, sob a ação do Espírito: "Eu te louvo, Pai, Senhor do céu e da terra, porque escondeste essas coisas aos sábios e entendidos e as revelaste aos pequeninos" (Lc 10,21).

Maria e José não são ricos. Jesus nasce fora de Jerusalém, em Belém. Não há lugar para ele na hospedaria (cf. Lc 2,7). Maria o envolve em panos e o deita no lugar onde se alimenta o gado. Como se diz popularmente, "o Menino Jesus não nasceu em berço de ouro". Esse é o grande sinal, revelado aos pastores, de que nasceu um Salvador, o Cristo Senhor: "[...] encontrareis um recém-nascido, envolto em faixas e deitado numa manjedoura" (Lc 2,12).

Quem acreditaria num sinal desses? Não seria mais fácil esperar no nascimento do Salvador algo extraordinário, poderoso, estrondoso? A simplicidade de Deus rompe com esquemas usuais e surpreende.

Quarenta dias após o nascimento do Menino Jesus, Maria e José o levam ao templo. Seguindo a tradição dos judeus, fazem um sacrifício de oferta ao Senhor (Lc 2,22-24). Como são pobres, não oferecem um cordeiro, mas somente um par de rolas ou dois pombinhos (ver Lv 12,6-8; 5,7). Mais uma vez, Lucas destaca a pobreza efetiva da família de Jesus.

Lucas não idealiza a pobreza. Mas alerta que o apego à materialidade das coisas afasta as pessoas de Deus. Há uma íntima relação da riqueza acumulada com o orgulho e a vaidade. Quem se faz poderoso, sábio e entendido não compreende a originalidade do Reino de Deus. Aquele(a) que está no grupo dos "pequeninos" pode entrar no mistério do Pai e acolher sua mensagem.

3. Perfil psicoespiritual de Maria

O cântico de Maria (Lc 1,46-55) ganhou o nome de *Magnificat*, por ser a primeira palavra que significa "engrandecer" ou "exaltar", na versão latina deste hino. A maioria dos biblistas está de acordo que este hino não é uma composição literal de Maria. Ela não proclamou o *Magnificat* daquela forma e naquele momento. Trata-se de uma construção literária de Lucas, que coloca na boca de Maria expressões que traduzem a visão do evangelista a respeito da mãe de Jesus.

Em Lucas, os relatos da infância de Jesus estão costurados com vários hinos, que retratam o perfil dos personagens e de suas esperanças. Assim se apresentam os cânticos de Maria (Lc 1,46-55), de Zacarias (Lc 1,67-79) e de Simeão (Lc 2,29-32). Os hinos têm em comum a presença do Espírito Santo, o anúncio da salvação acontecendo em Jesus, a promessa que se estenderá para toda a humanidade, um clima de esperança, a certeza da vitória do Bem. Os três personagens fazem parte do povo de Israel que espera o Salvador e saúda sua vinda com alegria contagiante. Supõe-se que o cântico de Maria foi tecido a partir de um ou mais cantos de louvor judaico-cristãos. São claras as semelhanças com o hino de Ana, mãe de Samuel (1Sm 2,2-10).

Faremos uma leitura teológico-pastoral do *Magnificat* para delinear os traços de um perfil psicoespiritual de Maria. O *Magnificat* pode ser dividido em três partes. Em cada uma delas Lucas destaca um aspecto da identidade de Maria:

- *Maria, a mulher de fé*, humilde serva, louva a Deus pela salvação recebida e revela sua interioridade (Lc 1,46-50).

- *A profetiza e membro da Nova Humanidade* proclama a vinda do Reino de Deus e sua ação transformadora nas relações sociais (Lc 1,51-53).

- *Uma mulher de Israel* recorda a ação de Deus e sua fidelidade na história, a partir da promessa a Abraão (Lc 1,54-55).

Se tivéssemos a liberdade de retocar o *Magnificat*, provavelmente inverteríamos a ordem, da segunda pela terceira parte. Parece mais lógico partir da pessoa, enraizá-la no seu povo e ampliar a visão para toda a humanidade. Mas Lucas teve seus motivos. Ele tece o relato da infância (capítulos 1 e 2) e o anúncio de João Batista (3,1-20) como o tempo preparatório à vinda de Jesus. O povo fiel da antiga aliança, especialmente os pobres e humildes, acolhe com alegria o Messias que vem. Isso justificaria terminar o *Magnificat* com a referência a Abraão e à sua descendência. De qualquer forma, com a vinda de Jesus os filhos de Abraão já não serão ligados a uma etnia concreta, mas a uma atitude de vida: acolher com fé a Boa-Nova do Reino de Deus.

a) O louvor de um coração alegre (Lc 1,46-50)

O *Magnificat* começa com uma explosão de louvor, reforçada em duas frases (cf. Lc 1,46s):

Minha alma	*engrandece (exalta)*	*o Senhor.*
Meu espírito	*exulta de alegria (rejubila)*	*em Deus, meu Salvador.*

Conforme J. Pikaza, a alma (em grego: *psiquê*) significa a vida humana em sua raiz mais profunda, enquanto o espírito (em grego: *pneuma*) é o espaço no qual a pessoa se introduz no divino. Ambas expressam dimensões interiores do "eu", vistos na perspectiva da espiritualidade.

Alma não é algo etéreo, que se contrapõe ao corpo. Mas sim a verdade da pessoa inteira, incluindo sua corporeidade. Assemelha-se à imagem bíblica de "coração", que expressa os sentimentos profundos do eu, o direcionamento que a pessoa confere aos seus afetos e o sentido que dá à sua existência. O ser humano tem a tendência de orientar-se para satisfazer seus impulsos egocêntricos ou pouco evoluídos. Para seguir a Jesus, é necessário tomar outro caminho: "Quem perde sua vida (*psiquê*) por causa de mim vai salvá-la" (cf. Lc 9,24; 17,33). Perder a vida é renunciar à existência centrada no eu individualista e fechado em si. Jesus apela a entregar a existência a causas nobres e desenvolver valores mais elevados.

"Minha *psiquê* exalta o Senhor" expressa uma postura de Maria. Ela renuncia à autossegurança de uma existência construída em torno do ego. Como humilde serva, coloca-se nas mãos do Senhor e reconhece que só ele é grande. Sai de si, num verdadeiro "êxtase", acolhendo a alteridade absoluta de Deus. Mas com isso não deixa sua originalidade e individualidade. Sua *psiquê* é transmutada. Quando a pessoa se eleva a Deus, em processo de evolução espiritual, o espírito humano (*pneuma*) prova a alegria incomparável de encontrar sua raiz última. Tal prazer, testemunhado pelos grandes místicos, até mesmo de outras religiões, supera de longe o prazer temporário da satisfação dos impulsos do comer, do poder ou da sexualidade. Quando o ser humano chega a este nível, prova grande inteireza e integração das diferentes dimensões de sua pessoa. No seu cântico, Maria expressa uma personalidade integrada e dirigida para Deus.

O *Magnificat* inicia-se com uma explosão de alegria. Nada mais simples e saudável. Para Lucas, a alegria é um sinal claro do novo tempo, no qual o Messias está no meio do seu povo (Lc 1,28.44.58; 2,10). Os discípulos ficam alegres pela missão que realizam (Lc 10,17). Quem se converte a Jesus e ao Reino conquista a alegria verdadeira, como Zaqueu (Lc 19,6). As primeiras testemunhas da ressurreição se alegram tanto que parecem estar noutro nível de consciência (Lc 24,41). A comunidade cristã ideal é marcada pela alegria e simplicidade, ao partir o pão (Lc 2,46). Assim, Maria expressa no seu canto um traço cristão essencial: a alegria.

b) A humildade

Muitas vezes, apresenta-se Maria como modelo de humildade. O que significa ser humilde? Como o *Magnificat* apresenta esta qualidade da mãe de Jesus?

Há uma maneira equivocada de compreender a humildade. De forma depreciativa, diz-se que uma pessoa é humilde quando é ingênua, desprovida de senso crítico, pouco inteligente e pobre em raciocínio, ou, ainda, calada e tímida. Mas, na perspectiva dos valores humanos contemporâneos, a pessoa humilde é aquela que tem uma percepção real de si mesma. Não é orgulhosa nem vaidosa, nem arrogante, nem prepotente. Alegra-se com suas qualidades e virtudes e aprende a lidar com suas limitações. Está aberta a críticas e sugestões, pois se percebe como alguém que está se construindo na história.

Na sua origem latina, a palavra *humildade* evoca o *húmus* da terra. A pessoa humilde tem os pés no chão, conhece sua força e sua fraqueza. Como o húmus é rico em nutrientes, essenciais para as plantas, a humildade coloca o ser humano diante daquilo que nutre a si mesmo e aos outros: seus valores. A pessoa humilde não tem medo de si mesma e cultiva o autoconhecimento. Compreende-se como terra a serviço da vida, como o húmus para planta. Bem diferente do orgulhoso ou arrogante, que concentra sua existência em si próprio e cultiva o narcisismo.

Do ponto de vista espiritual, humilde é quem reconhece que tudo recebe de Deus. Sabe-se servidor de uma causa que vai além de sua individualidade.

Desenvolve habilidades pessoais e as coloca a serviço do BEM. Nas relações humanas, conhece seu lugar. Não invade o espaço dos outros e se mostra discreto.

A humildade não é uma qualidade típica dos fracos, mas de todo ser humano a caminho da maturidade. E quanto mais uma pessoa exerce cargos de autoridade, na Igreja e na sociedade, mais necessita desenvolver a humildade, para que o poder não se desvirtue em dominação e autoritarismo. A grande tentação do poder é a prepotência e o orgulho: a pessoa engrandece a si mesma e não a Deus, ao contrário do que Maria proclama no *Magnificat*. De seu posto faz um trono, a partir do qual reina. Sua versão dos fatos se transforma em verdade inquestionável. Só escuta a si mesmo, cercando-se de uma corja de bajuladores para reforçar seu ego doente. Substitui o diálogo pela força. Ao se elevar, passa a humilhar os outros. Por isso, ser humilde é resultado de um processo consciente de autoconhecimento e renúncia às ilusões do poder, da vaidade e da autossuficiência.

No *Magnificat*, a palavra "humildade" pode também ser traduzida por "humilhação". Como os dois termos se relacionam?

> "[...] porque ele olhou para a humildade [ou humilhação] de sua serva. Todas as gerações, de agora em diante, me chamarão feliz, [...]" (Lc 1,48s).

Na Bíblia, "humilhação" tem muitos sentidos. Fala-se de humilhação na escravidão do Egito, na derrota da monarquia e na destruição do templo, especialmente no tempo do exílio. O fracasso de um projeto histórico comporta humilhação. Nessas situações, o povo de Deus é humilhado quando não tem a dignidade de ser livre, perde sua identidade e é questionado na sua fé: "Onde está o Deus de vocês, se todos os sinais de seu poder desapareceram?".

No mesmo povo eleito, o pobre e o "pequeno" são humilhados pelo rico e poderoso (ver Eclo 13,23; Pr 30,14; Am 8,6), ou pelo malvado (ímpio). No tempo do *exílio*, desenvolve-se um sentido ético e espiritual para o termo. O humilde não cede diante da humilhação, mas resiste na fé. Persiste em acreditar que Deus é justo e fará valer sua causa. Assim se desenvolve a espiritualidade dos "pobres de coração", em hebraico: *anawin*. Os justos são forçados a se curvarem diante da força e do poder dos que os dominam. Ao se empenharem para defender sua dignidade, exercitam a fé na grandeza de Deus e se reconhecem pequenos diante dos seus projetos incompreensíveis. Proclamam que Javé é o defensor dos pobres e dos humildes (ver Dt 10,17; Sl 103,6; 140,13).

Maria resume esse duplo sentido de "humildade". Enquanto mulher, pobre, de Nazaré da Galileia, experimenta condições de humilhação. Ao mesmo tempo, a atitude qualificadora de Maria é a fé perseverante, a entrega nas mãos de Deus em toda a inteireza de seu ser (humildade).

Maria reconhece-se como uma mulher especial, agraciada por Deus. Diz claramente que "todas as gerações, de agora em diante, me chamarão feliz" (Lc 1,48). Não se esconde debaixo da falsa modéstia. Aqui está o segredo de sua humildade: conhece seu valor, suas potencialidade, mas não utiliza isso para fortalecer o ego voltado para si mesmo. Maria reconhece que tudo é dom de Deus. Não toma nenhum louvor ou honra para si, mas tudo leva de volta para Deus, em gesto de reverência e ação de graças:

[...] porque o Poderoso fez para mim coisas grandiosas. O seu nome é santo (Lc 1,49).

Oração

Maria, rezo contigo o *Magnificat*:
"A minha alma engrandece o Senhor,
Exulta de alegria em Deus, meu Salvador".
Livra-me da prepotência, da arrogância, do orgulho e da autossuficiência.
Ensina-me a humildade.
Diante dos sucessos e das realizações, não quero reter nada para mim.
Pois se tudo vem de Deus, que tudo a ele retorne,
como reconhecimento, oferta, ação de graças e louvor.
Contigo, com meus irmãos e irmãs, quero cantar:
O Senhor faz em nós maravilhas, santo é o seu nome!

II. A profetiza da nova humanidade (Lc 1,50-53)

O cântico de Maria traz as esperanças dos profetas de que, com o Messias, virá um tempo de justiça e felicidade para todos. Alguns séculos antes de Maria, Isaías anunciava: "Naquele dia, os surdos ouvirão e os olhos dos cegos, livres da escuridão das trevas, tornarão a ver. Os pobres terão maior alegria em Javé e os indigentes da terra exultarão nele" (cf. Is 29,18-19). Maria proclama:

[...] e sua misericórdia se estende de geração em geração sobre aqueles que o temem.
Ele mostrou a força de seu braço: dispersou os que têm planos orgulhosos no coração. Derrubou os poderosos de seus tronos e exaltou os humildes.

Encheu de bens os famintos, e mandou embora os ricos de mãos vazias (Lc 1,50-53).

Na história do Povo de Deus, os profetas recordam a aliança, anunciam novo tempo, denunciam as injustiças sociais e a manipulação religiosa, e recriam a esperança em tempos de desânimo. Pessoas com grande experiência mística, aliada à lucidez, interpretam os sinais e percebem as pegadas de Deus nas expressões ambíguas da história. O profeta sabe-se tomado pela força de Deus. Sente que precisa falar em nome dele, especialmente em situações complexas, confusas, nas quais um pouco de luz pode clarear o caminho de muita gente.

A Teologia da Libertação trouxe à tona essa dimensão da espiritualidade bíblica, afirmando que todo cristão é chamado a ser profeta. A experiência de Deus não nos afasta do mundo, mas nos coloca no fulcro de suas contradições, belezas, luzes e sombras. Como profeta, a partir de Jesus, o cristão recorda a "nova aliança" de Deus com seu povo, denuncia o que na sociedade não está de acordo com o sonho de Deus, alimenta esperanças e abre perspectivas. Proclama, com vigor e esperança, a ação recriadora de Deus que modifica as pessoas, as relações sociais, as estruturas políticas e econômicas, os papéis do homem e da mulher, as culturas e etnias, e a relação com a natureza. Como se diz no final do Livro do Apocalipse: "Eis que faço novas todas as coisas" (Ap 21,5).

A ação recriadora de Deus, da qual o profeta testemunha, provém da *misericórdia divina*. Nas Escrituras judaicas (que chamamos de "Antigo Testamento"), usa-se muitas vezes a palavra *rachamîn*, plural da raiz *réchem*, que significa "seio materno", para falar da misericórdia de Deus. Assim é o amor de Deus: entranhado, íntimo, gratuito, criador de vida, capaz de perdoar infinitamente e de gerar perdão, refazendo a teia da vida.

O tema da misericórdia (ou compaixão) é central em Lucas. O evangelista mostra como Jesus revela, nas suas palavras e ações, o rosto misericordioso do "Abbá", o paizinho com coração maternal. Jesus se comove diante dos pobres e necessitados, como a viúva de Naim (Lc 7,13). "Ao vê-la, o Senhor encheu-se de compaixão [misericórdia] por ela e disse: 'Não chores!'." No sermão da planície, Jesus resume assim seu apelo à gratuidade nas relações, à perfeição no amor: "Sede misericordiosos como vosso Pai é misericordioso" (Lc 6,36). E Lucas tem parábolas a mais sobre a misericórdia de Deus, como no capítulo 15. Num crescendo, elas mostram a misericórdia e o amor recriador de Deus diante do "perdido": o pastor vai buscar a ovelha perdida (Lc 15,4-7); a mulher pobre encontra a moeda perdida (Lc 15,8-10); o pai espera o filho que o renegou, e quando o vê é tomado de compaixão. Corre ao seu encontro, abraça-o e cobre-o de beijos (Lc 15,20). O grande tema de Lc 15 é a alegria de Deus em buscar e acolher os perdidos.

Deus tem o coração perto da miséria humana. Sua grandeza se revela em se fazer próximo ao ser humano extraviado, fora do caminho. A transcendência se faz condescendência. A alegria divina é contagiante. Nos três personagens, há o mesmo sentimento de alegria por resgatar o perdido (Lc 15,6.9.32). O pastor, a mulher pobre e o pai chamam os outros para se alegrarem com eles e festejarem. Assim faz Jesus: cada inclusão, cada experiência de salvação acontecendo é motivo para se alegrar, para fazer festa, para celebrar o Reino acontecendo. Esse é o sentido básico da comensalidade, de Jesus comer junto com os pecadores (Lc 5,29-32).

No *Magnificat* há um sentimento semelhante. Maria se alegra pela ação de Deus nela. Reconhece-se "feliz", "bem-aventurada" (Lc 1,48), pois foi agraciada pelo amor misericordioso do Senhor. Mas não se detém numa experiência intimista. Ela proclama que a misericórdia de Deus se estende a todos aqueles que o respeitam (Lc 1,50) e o acolhem (literalmente: o temem). O "temor a Deus" não é um medo infantilizante e paralisador, mas uma atitude madura de reconhecer sua grandeza, reverenciá-lo e servi-lo. Maria relembra que a misericórdia divina perpassa toda a história do povo de Israel. Enquanto mulher de fé, que acredita no que Deus lhe prometeu (Lc 1,45), Maria é filha de Abraão (Lc 1,55) e parte de sua descendência.

O cântico de Maria proclama, de forma profética, a ação transformadora de Deus nas relações sociais. Embora use termos em contraposição, não defende uma mera troca de papéis: quem está em cima passaria para baixo e vice-versa. Expressa a indignação contra a injustiça que reina no mundo. Denuncia como o orgulho, o mau uso do poder e a concentração da riqueza estragam a todos, ricos e pobres. Maria alimenta a esperança de que vale a pena sonhar e criar alternativas em vista de uma nova sociedade. A garantia dessa esperança vem da misericórdia e da fidelidade de Deus, que socorre seu povo (Lc 1,50.55).

Não entender literalmente as expressões do cântico de Maria, a começar da imagem do "braço forte" (1,51), pois Deus não tem membros como nós. "Agir com a força do braço" significa intervir, tomar iniciativa, operar.

No cântico de Maria, anuncia-se que Deus opera três rupturas estruturais: (1) dispersa os soberbos de coração, (2) derruba do trono os poderosos e eleva os humildes, (3) enche os famintos de bens e despede os ricos de mãos vazias. Vamos analisar cada uma delas, relacionando-as com a pessoa de Jesus.

1. Dispersa os soberbos de coração (Lc 1,51)

A primeira ruptura que Deus opera nas pessoas diz respeito a uma *postura de vida*. Os soberbos são homens e mulheres autossuficientes e orgulhosos. No Evangelho de Lucas, uma típica figura do soberbo se encontra na parábola do fariseu que sobe ao templo para rezar, comparando-se ao publicano (Lc 18,9-14). Este homem orgulhoso não espera nada de Deus, nada suplica; ostenta-se a si mesmo, reconhecendo-se com grande crédito diante do Senhor. Munido com tal arrogância, menospreza o outro. O publicano, por sua vez, não é um homem bom e justo. Mas se reconhece pecador e suplica a misericórdia de Deus sobre ele. Jesus conclui a parábola com uma afirmação que incomoda seus interlocutores: quem sai justificado não é "o homem certinho", mas o pecador. Os soberbos estão "cheios de si mesmos". Têm certezas demais. Não sobra espaço para dialogar e aprender com os outros e com as situações. Deus os dispersa, desvela suas limitações e a fragilidade de suas pretensões.

Jesus realiza a profecia do *Magnificat*. Faz uma inversão messiânica, ao proclamar que os últimos da sociedade de seu tempo serão os primeiros no Reino, e que os primeiros na sociedade excludente serão os últimos (Lc 13,30; 14,9). Nesse contexto entende-se a oração de Jesus, louvando o Pai, porque escondeu o mistério do Reino aos sábios e entendidos, e os revelou aos pequeninos (Lc 10,21). Deus é misericordioso e manifesta seus "segredos" gratuitamente, sem distinção. Os pequenos compreendem o Reino de Deus, pois saem no nível do saber arrogante e autossuficiente e se colocam como aprendizes, discípulos.

2. Derruba do trono os poderosos e eleva os humildes (Lc 1,52)

Na Bíblia, a palavra "trono" simboliza o poder político (2Sm 3,10), com a sua consequente força jurídica (Sl 122,5). Quem se senta no trono exerce autoridade sobre a nação e também julga. A segunda ruptura toca o *poder*, tanto nas instâncias pequenas quanto nas macroestruturas. Inclui a *política* e a *lei*, o jogo institucional da autoridade jurídica e política. No tempo do reinado, os profetas denunciam como os poderosos usam o poder em benefício próprio, arrebatando-o das mãos do Povo de Deus. Os reis, os anciãos-juízes, os sacerdotes e os profetas oficiais, que deveriam respeitar a Deus e defender "o direito e a justiça", abandonaram o Senhor e praticam a corrupção, a mentira, a rapina (ver Jr 5,23-31). Ecoa, então, um grito de indignação, em nome de Deus: "Ai daqueles que fazem decretos iníquos e escrevem apressadamente sentenças de opressão, para negar a justiça ao fraco e fraudar o direito dos pobres do meu povo, para fazer das viúvas a sua presa e despojar os órfãos" (cf. Is 10,1s).

Nesse espírito profético, Maria afirma que Deus tira o poder dos que o utilizam para o mal e o restabelece aos despojados. Deus refaz seu projeto salvífico a partir dos fracos e dos humildes. O Deus poderoso, que faz maravilhas em Maria (Lc 1,49) é radicalmente diferente dos poderosos (Lc 1,52) deste mundo. Com sua misericórdia, restitui a dignidade roubada, promove e eleva o ser humano. Em linguagem atual, diríamos que Deus resgata a dignidade das pessoas e seus direitos básicos enquanto seres políticos, membros da sociedade (em grego: *pólis*), cuja cidadania se torna hoje cada vez mais planetária.

O anúncio profético de Maria se realiza na pregação e na prática libertadora de Jesus. Ele desautoriza o poder dos fariseus, mostra que o formalismo religioso e as tradições legalistas os afastam do Deus da Vida e favorecem a discriminação no meio do povo eleito. Então, Jesus cria outros critérios de julgamento sobre o puro e impuro (Mc 7,1-23). Jesus escolhe seus discípulos entre pescadores, cobradores de impostos, homens da Galileia, cheios de limitações e pecados (Lc 5,8-10.27-29), pessoas simples e sem instrução (At 4,13). Associa mulheres ao grupo dos seguidores, criando uma situação inusitada na sociedade patriarcal. Algumas delas ajudam a sustentar materialmente o grupo itinerante de Jesus (Lc 8,1-3). Em Jerusalém, sede do poder político e religioso, Jesus percebe que a ostentação do templo não levará a nada, pois ele vai ser destruído (Lc 21,5-7). Jesus enfrenta o poder dominante do representante romano dos escribas, saduceus e sumo sacerdotes (Lc 23,1-25). Sofre as consequências deste enfrentamento e é condenado à morte de cruz. E depois do fracasso da morte, prova a vitória da ressurreição. Torna-se "o vivente" (cf. Lc 24,5b). A ressurreição é o supremo sinal de Deus que derruba do trono os poderosos e eleva os humildes!

3. Enche de bens os famintos, despede os ricos de mãos vazias (Lc 1,53)

A terceira ruptura diz respeito ao âmbito econômico, que toca a produção e distribuição dos bens, a começar do nível básico da alimentação. Quem não tem o suficiente para se alimentar bem compromete sua existência: apresenta problemas de saúde, tem dificuldades de aprendizagem, sofre consequências psicossomáticas e emocionais. Jesus anuncia que, com a vinda do Reino de Deus, as carências humanas básicas serão superadas. As três primeiras bem-aventuranças de Lucas caracterizam a carência material, com manifestações intimamente relacionadas: ser pobre, faminto e aflito (Lc 6,20s). Trata-se da mesma situação, pois quem não tem acesso aos bens é pobre, passa fome e está aflito.

Eis a promessa de Deus: o acesso de bens a todos, a começar dos que nada têm. Por isso Jesus gosta tanto de reunir-se em torno da mesa com pobres e pecadores, comer com eles e festejar o banquete da vida (Lc 5,29s). Lucas, de forma idealizada, retrata que a comunidade cristã das origens experimenta este sonho de Jesus. Os cristãos "partem o pão nas casas, tomando o alimento com alegria e simplicidade de coração" (cf. At 2,46). Entre eles, "ninguém passa necessidade" (cf. At 4,34). O segredo não é a abundância de coisas, mas a partilha. Quando os bens são divididos, eles se multiplicam.

Há várias semelhanças entre as bem-aventuranças de Lc 6,20-26 (e os correspondentes alertas do "ai de vós") e as três rupturas propostas no cântico de Maria. Na verdade, o *Magnificat* antecipa de certa forma o anúncio das bem-aventuranças e deve ser compreendido à luz delas.

A interpretação atual do *Magnificat* contempla também a perspectiva ecológica. A crescente consciência ambiental leva a rever a forma de o ser humano se relacionar com as outras criaturas. Desde os seres abióticos (água, solo, ar, energia do sol) até os seres vivos (micro-organismos, plantas e animais), a humanidade deve mudar seu conceito de progresso e refazer a maneira de organizar a cadeia produtiva de bens e serviços, que compreende a extração, a produção, o transporte, o consumo e o descarte. Cresce o apelo pela sustentabilidade, em sua tríplice vertente: ecológica, social e econômica. Estimula-se o consumo responsável e estilo de vida mais sóbrio. Trata-se de uma grande conversão, que inclui atitudes pessoais, ações coletivas, políticas públicas, gestão e educação ambientais e compromissos internacionais.

A postura preconizada no cântico de Maria, de alegria, humildade, consciência e partilha dos bens, é necessária para criar uma cidadania planetária, na qual todos nos sintamos em relações de rede, intimamente conectados e interdependentes. Pede superação das atitudes de onipotência, soberba, autossuficiência e exploração dos outros seres humanos e da natureza. Além disso, a figura materna de Maria tem um vínculo simbólico com a "cultura do cuidado" em relação a todas as manifestações da vida. Por fim, a áurea que envolve a figura simbólica da Mãe de Jesus alude ao reencantamento, à redescoberta de que todos os seres têm seu mistério e não são simplesmente coisas ou recursos.

O *Magnificat* apresenta Maria como mulher toda de Deus e com consciência da história, da luta e da esperança do seu povo. O coração aberto para Deus faz dela uma pessoa alegre, cheia de vida e solidária com o povo sofrido. Maria inspira um jeito de ser cristão atual, da cidadania planetária. Ela abre uma trilha nova e desafiadora, de integrar mística e consciência histórica, espiritualidade e compromisso socioambiental.

Oração

Cantarei sempre a misericórdia do Senhor,
Seu amor materno e paterno, sua compaixão por todas as criaturas.
Sim, o Senhor é bom! Eterno e sempre novo é seu amor.
Tu, que crias do nada e recrias a partir do caos,
tem piedade de nós!
Olha por este planeta: ar, água, terra, energia, plantas, animais, humanos.
Faze de nós jardineiros dos canteiros da Criação.
Ó Senhor, dispersa os soberbos de coração,
derruba os poderosos de seus tronos,
eleva os humildes de toda a terra,
enche de bens a todos os necessitados.
Recria a sociedade humana,
com os valores da partilha, da cooperação,
e da sustentabilidade.
Ensina-nos a viver na simplicidade, no essencial,
e a cuidar dos seres humanos e do nosso planeta. Amém.

III. Maria e o Espírito Santo

Lucas organiza sua obra, que compreende o Evangelho e os Atos dos Apóstolos, em três tempos. O primeiro (Lc 1,5–3,20), narrado de forma mais curta, é o tempo do antigo Israel, que prepara a vinda do Messias. Esse ciclo termina com João Batista. Lucas acena com clareza para essa ruptura, a ponto de narrar o batismo de Jesus, sem citar João Batista (Lc 3,21s). O segundo tempo, que corresponde à grande parte do Evangelho de Lucas (Lc 3,21–24,49), compreende o tempo de Jesus de Nazaré, que inaugura o Reino de Deus e anuncia o Pai misericordioso, faz o caminho até Jerusalém, onde é morto e ressuscita. No terceiro tempo, nos Atos dos Apóstolos, situa-se a comunidade Igreja, que expande a salvação de Cristo até os confins da Terra, animada pela força do Espírito do Senhor ressuscitado.

Maria é a única pessoa que participa dos três ciclos. Ao lado de Zacarias, Isabel e João Batista, Simeão e Ana, abre caminho para o Salvador, enquanto mãe do Messias. No tempo de Jesus, faz parte do grupo de seus seguidores, como exemplo de discípulo, que escuta, medita e põe em prática a palavra de Jesus. Por fim, enquanto membro da comunidade cristã, inaugura o tempo da Igreja, em Pentecostes. Aí se encontra a última referência a Maria na obra de Lucas. Nesse momento está superada a oposição entre a família biológica de Jesus e os seus seguidores, pois eles fazem parte do grupo que, em oração, esperam a vinda do Espírito Santo. É uma só comunidade, compreendendo os onze apóstolos, as mulheres discípulas, os irmãos de Jesus e Maria, que é citada com destaque no grupo das mulheres, e não simplesmente como parente de Jesus.

> Entraram na cidade e subiram para a sala de cima onde costumavam ficar. Eram Pedro e João, Tiago e André, Filipe e Tomé, Bartolomeu e Mateus, Tiago, filho de Alfeu, Simão Zelota e Judas, filho de Tiago. *Todos* eles perseveravam na oração em comum, junto com algumas mulheres – entre elas, Maria, mãe de Jesus – e com os irmãos dele (At 1,13s).
>
> Quando chegou o dia de Pentecostes, os discípulos estavam *todos* reunidos no mesmo lugar. De repente, veio do céu um ruído como de um vento forte, que encheu toda a casa em que se encontravam (At 2,1).

O Espírito Santo atua em cada ciclo e faz o elo dos três períodos dessa história salvífica. No tempo da preparação, o Espírito é o poder de Deus que conduz as pessoas a Jesus. Pela ação do Espírito, personagens dos relatos de infância prenunciam a ação futura do Messias. Isabel, ao receber Maria grávida, fica repleta do Espírito (Lc 1,41) e profetiza sobre Maria. Simeão, que representa o povo de Israel ancião, tem o Espírito sobre ele e vai ao templo impelido pelo mesmo Espírito (Lc 2,25.27). João Batista anuncia que Jesus batizará no Espírito e no fogo da conversão (Lc 3,16). Nesse contexto, Maria é especialmente contemplada pelo Espírito Santo. Torna-se mãe do Salvador por sua ação criadora. Aliás, há uma relação clara da ação do Espírito na Anunciação com dois momentos-chave na missão de Jesus, nos quais o Pai revela a identidade de Filho: o batismo (Lc 3,21) e a transfiguração (Lc 9,34).

"O Espírito Santo descerá sobre ti, e o poder do Altíssimo te cobrirá com a sua sombra. Por isso, aquele que vai nascer será chamado santo, Filho de Deus" (Lc 1,35).

[...] o céu se abriu e o Espírito Santo desceu sobre ele, [...]. E do céu veio uma voz: "Tu és o meu filho amado; em ti está o meu agrado" (Lc 3,21s).

Estava ainda falando, quando desceu uma nuvem que os cobriu com sua sombra. [...] E da nuvem saiu uma voz que dizia: "Este é o meu Filho, o Eleito. Escutai-o!" (Lc 9,34s).

Nos três relatos, há uma palavra explícita de Deus sobre Jesus, como seu Filho. O contexto é de revelação divina. Há uma imagem comum na anunciação e na transfiguração, na qual uma nuvem desce sobre os discípulos e os cobre com sua sombra (Lc 9,34). Isso significa: envolver, proteger, revestir com a glória divina. Pode-se ver também neste texto uma analogia com a figura da nuvem que cobre a "Tenda do Encontro", que acompanhava o Povo de Deus na sua peregrinação no deserto, rumo à terra prometida (Ex 40,35.37). Mais tarde, a tradição cristã relê este versículo e considera Maria como a nova Tenda do Encontro, na qual Deus se aproxima da humanidade por meio da encarnação de seu Filho.

O Espírito atua em Maria não somente no processo de encarnação do Filho de Deus, mas também na sua fé, dando-lhe a força para acolher o mistério divino, fazer-se serva e peregrinar como discípula do Senhor.

O Espírito atua em Jesus. Leva-o ao deserto para ser tentado (Lc 4,1), dá-lhe a força e poder de agir e pregar (Lc 4,14.18). No tempo da Igreja, o Espírito é o poder de Deus que o ressuscitado concede aos que creem (At 1,8; 6,8; 10,38). Atualiza a presença de Jesus no mundo. Pelo Espírito, os seus seguidores operam maravilhas como Jesus: curar, perdoar, dar vida aos mortos, mover paralisados, expulsar as forças do mal, enfrentar os poderosos sem medo (At 3,6-10; 4,8-10). A comunidade vive desafios radicalmente novos, como a entrada dos pagãos no grupo dos seguidores de Jesus. É necessário arriscar e discernir a vontade de Deus à luz do Espírito, como acontece no Concílio de Jerusalém (At 15). Na força do Espírito Santo, os cristãos enfrentam o sofrimento, a perseguição e a morte (At 12,1-5).

Maria participa da ação criadora do Espírito, individualmente, no seu próprio corpo. E toma parte da ação coletiva do Espírito em Pentecostes. Personagem eminente no mistério da encarnação, participa discretamente no mistério da expansão do Espírito a todos os povos.

Redescobre-se hoje a força atual do Espírito Santo na vida dos cristãos. Os movimentos pentecostais nas Igrejas procuram resgatar este dinamismo da ação de Deus em nós. Para os católicos, Maria aparece como a figura do ser humano que se deixa moldar pelo Espírito. Nela o Espírito habita, faz morada, toca a corporeidade, a subjetividade, os desejos, as ações. Essa percepção tão bela não deve dar azo a visões individualistas e espiritualistas. Pois Maria, templo do Espírito, é também profetiza da justiça e da misericórdia de Deus na história. Ela simboliza tanto a humanidade transformada pelo Espírito quanto os que se empenham na luta pela cidadania planetária, na qual se rompe a lógica da exclusão e se incluem os humanos de diferentes etnias, gêneros, classes sociais, povos e nações, e todos os seres. O Espírito, que dá a vida, anima homens e mulheres a lutar pela defesa, pelo cuidado e pela recriação da vida, especialmente onde ela está mais ameaçada.

Oração

Bendita és tu, Maria, templo do Espírito,
morada materna do Filho de Deus encarnado,
discípula ungida pelo Senhor Jesus.

Em poucas palavras

Maria recorda aos cristãos que Deus escolhe preferencialmente os simples e humildes para iniciar o Reino de Deus, recriação da humanidade e dos cosmos. No *Magnificat*, ressoa o apelo por novas relações interpessoais, econômicas, políticas, culturais e ecológicas. Maria simboliza o ser humano em construção, aberto a Deus, tocado pelo Espírito Santo, que cultiva um coração solidário.

A partir do exemplo de vida de Maria e da mensagem de seu cântico, empenhamo--nos pela solidariedade e pela cidadania planetária, construindo uma sociedade de acordo com o sonho de Deus.

Maria é ungida pelo Espírito Santo. Ela simboliza o ser humano tocado pela graça divina, transformado pelo fogo impetuoso e pela brisa repousante do Espírito de Deus. Esse Espírito, presente na criação desde o princípio (Gn 1,2), renova a face da Terra (Sl 104,20). A partir de Lucas, pode-se afirmar que Maria se torna templo do Espírito, com intensidade maior que os outros cristãos. Importa recordar que todos nós recebemos esse dom e somos chamados a efetivamente tornarmo-nos a habitação do Deus uno e trino.

Articulando conhecimento e vida

1. Releia o Cântico de Maria. Destaque ao menos três características do perfil psico-espiritual de Maria em Lucas.
2. Mostre como Lucas apresenta a relação de Maria com o Espírito Santo.
3. Faça um quadro comparativo, apontando os pontos comuns do *Magnificat* (Lc 1,46-55) com as bem-aventuranças em Lucas (Lc 6,20-26).

3. Leia a oração de Dom Helder Câmara intitulada "Invocação a Mariama".
Ela foi pronunciada no final da Missa dos Quilombos, uma iniciativa pioneira de valorização da cultura negra no Cristianismo católico brasileiro.
Que elementos do *Magnificat* são aqui retomados por Dom Helder? O que ele atualiza e acrescenta?

Mariama, Nossa Senhora, mãe de Cristo e Mãe dos homens!
Mariama, Mãe dos homens de todas as raças, de todas as cores, de todos os cantos da Terra.

Pede ao teu filho que esta festa não termine aqui, a marcha final vai ser linda de viver.
Mas é importante, Mariama, que a Igreja de teu Filho não fique em palavra, não fique em aplauso.
Não basta pedir perdão pelos erros de ontem.
É preciso acertar o passo de hoje sem ligar ao que disserem.
Claro que dirão, Mariama, que é política, que é subversão.
É Evangelho de Cristo, Mariama!
Claro que seremos intolerados, Mariama!

Mãe querida, problema de negro acaba se ligando com todos os grandes problemas humanos. Com todos os absurdos contra a humanidade, com todas as injustiças e opressões.

Mariama, que se acabe, mas se acabe mesmo a maldita fabricação de armas. O mundo precisa fabricar é Paz. Basta de injustiça!
Basta de uns sem saber o que fazer com tanta terra e milhões sem um palmo de terra onde morar. Basta de alguns tendo que vomitar para comer mais e 50 milhões morrendo de fome num só ano.
Basta de uns com empresas se derramando pelo mundo todo e milhões sem um canto onde ganhar o pão de cada dia.

Mariama, Senhora Nossa, Mãe querida, nem precisa ir tão longe, como no teu hino.
Nem precisa que os ricos saiam de mãos vazias e o pobres de mãos cheias. Nem pobre nem rico.
Nada de escravo de hoje ser senhor de escravo de amanhã. Basta de escravos. Um mundo sem senhor e sem escravos. Um mundo de irmãos. De irmãos não só de nome e de mentira. De irmãos de verdade, Mariama.

Na rede

1. Escute o poema de Dom Helder, citado, na voz de seu autor. Sinta a intensidade da expressão de Dom Helder, profeta dos pobres e da alegria. Está disponível em: <http://maenossa.blogspot.com/2011/03/mariama.html>.
2. Veja o vídeo sobre a visitação e o Cântico de Maria. Está disponível em: <www.maenossa.blogspot.com>, busque no índice: "Vídeos de mariologia". A seguir, clique no link "Maria em Lucas (II)". Partilhe seu comentário na rede.

Bibliografia básica

BEATTIE, T. *Redescobrindo Maria a partir dos Evangelhos*. São Paulo: Paulinas, 2003. p. 39-79.

BOFF, C. *Mariologia social*. São Paulo: Paulus, 2006. p. 311-380.

BROWN, R. E. *O nascimento do Messias. Comentários das narrativas da infância nos Evangelhos de Mateus e Lucas*. São Paulo: Paulinas, 2005. p. 423-435, 763-779.

PERETTO, E. "Magnificat". In: *Dicionário de mariologia*. São Paulo: Paulus, 1995. p. 813-821.

PIKAZA, X. *Maria e o Espírito Santo*. São Paulo: Loyola, 1987. p. 7-48, 93-100.

SEBASTIANI, L. *Maria e Isabel. Ícone da solidariedade*. São Paulo: Paulinas, 1998. p. 99-150.

Textos complementares

---

1. Maria e o Espírito Santo

Maria é mais do que terra vazia à qual vem o Espírito de Deus para criar. É mais do que um templo ou tabernáculo onde a nuvem de Deus se torna visível. Maria é uma pessoa, e o seu encontro com Deus deve ser tematizado a partir de sua realidade pessoal: a presença do Espírito em Maria implica uma série de traços de diálogo interpessoal e liberdade, de chamado e resposta, de amor e obediência. Isso nos leva a um campo inesperadamente novo de presença de Deus e de sentido do Espírito, que pode assim se concretizar:

* O Espírito aparece diante de Maria como o poder de Deus que se atualiza em forma de diálogo: é o campo de palavra e de resposta de Deus, encontro onde o poder do Altíssimo e a liberdade amorosa e confiante do ser humano se encontram.
* A partir desse momento, a realidade do Espírito de Deus, como poder de criação e presença salvadora do povo de Israel, não pode separar-se da atitude e da pessoa de Maria. Ela não é como um objeto ou uma espécie de terra sobre a qual o Espírito sobrevém de fora. Com sua aceitação e sua resposta, por ser amada e por sua obediência transparente, Maria se converte em expressão do Espírito.

Há uma relação mútua entre o Espírito Santo e Maria. Ele, como força de santidade fecundante de Deus, torna Maria Mãe de seu Filho. Assim, Maria se torna também aquela que revela e atualiza um traço radical do mistério do Espírito. E há também algo na direção inversa. Maria oferece ao Espírito de Deus um campo de realização e fecundidade. Somente por sua colaboração e transparência o Espírito começa a ser, em plenitude, o campo de mistério e vida em que Cristo surge. (Condensado de: PIKAZA, Xabier. *Maria e o Espírito Santo. Notas para uma mariologia pneumatológica*. São Paulo: Loyola, 1987. p. 41-42.)

---

2. O Cântico de Maria

Trata-se de um louvor que se levanta no seio dos agudos conflitos da história, dos infernos deste mundo, mas que proclama a esperança na realeza finalmente vitoriosa do

Todo-Poderoso. O *Magnificat* mostra que toda luta de libertação deve ser atravessada pelo espírito de louvor e alegria, ainda quando a fé e a esperança são postas à prova.

O *Magnificat* exprime o "êxtase" do coração da Mãe de Cristo. A presença do Espírito em Maria a faz vibrar, sair de si e perder-se em Deus. Contudo, seu eu permanece consciente de si. Maria se refere cinco vezes a si mesma, mas totalmente centrada em Deus, sem a menor sombra de narcisismo. Ela canta as façanhas de Deus realizadas nela e também os grandes feitos de Deus na história. Para Maria, é Deus o herói de tudo. Ela é apenas sua humilde cantora. Maria não fala a Deus, como em oração, mas fala de Deus, numa proclamação pública de suas maravilhas, como um manifesto da libertação total que Deus, pelo Messias, está cumprindo na história.

A virgem do *Magnificat* é uma mulher realista, de olhos abertos sobre o mundo. Sabe que existem poderosos e humildes, ricos e pobres, e sabe também que os poderosos oprimem os humildes e os ricos espoliam os pobres. Como se diria hoje, é uma mulher que tem consciência crítica. Ela vê as injustiças e as denuncia. Sabe que os conflitos não são apenas entre indivíduos, mas entre grupos e categorias sociais opostas, entre os grandes e os pequenos. Ela tem coragem de denunciar esses conflitos, de explicitá-los sem medo. Todavia, à diferença da mera denúncia política, a denúncia profética parte sempre da vontade de Deus. Pois são o plano de Deus e sua glória que estão sendo contraditados pelas opressões. A profecia não visa, em primeiro lugar, ao poder político, mas a Deus e seu Reino.

Maria de Nazaré não só constata e desmascara situações de injustiça, mas proclama que essas situações podem mudar, que a revolução nas relações sociais é possível. Contudo sempre sob a regência do protagonismo divino e dentro do horizonte escatológico. Ela tem uma visão dinâmica da história, que para ela é um processo aberto, e não um curso fatalista. O Deus de Maria transforma a realidade de alto a baixo. (Condensado de: BOFF, Clodovis. *Mariologia social.* São Paulo: Paulus, 2006. p. 336-337, 360-361.)

5
Em Caná e junto à cruz: Maria no quarto Evangelho

I. A originalidade do quarto Evangelho

O Evangelho de João terminou de ser escrito quase setenta anos depois da paixão, morte e ressurreição de Jesus. O evangelista recolhe a experiência de fé de sua comunidade, que amadureceu a respeito da identidade de Jesus, proclamando-o como Filho de Deus encarnado, o enviado do Pai. Inspirado pelo Espírito Santo, João toma os retalhos de textos dos Evangelhos sinóticos e reelabora algo original. Refaz grande parte do material que tem em mãos, borda e embeleza. Acrescenta sua própria reflexão. O resultado é fantástico: um Evangelho profundo, bonito, cheio de símbolos, que revela a relação íntima de Jesus com o Pai e os múltiplos significados que ele tem para nós.

As diferenças do quarto Evangelho com os sinóticos (Mateus, Marcos e Lucas) são evidentes. Apresentaremos aqui, sobretudo, as características do Evangelho de João que têm impacto na reflexão sobre Maria.

João tem consciência de que Jesus é o Filho de Deus encarnado, o enviado do Pai, a Palavra que já estava junto de Deus na criação do mundo. Por isso dá pouco destaque ao processo humano de seu crescimento e o apresenta como alguém que antevê seu futuro e sabe o que se passa no coração das pessoas.

O quarto Evangelho trabalha sobre imagens em contraposição, tais como: luz e trevas, verdade e mentira, ser de baixo (visão curta, compreensão literal) e ser do alto (entender as realidades à luz da fé), ser do mundo e não ser do mundo. Esse esquema literário dual, que também expressa uma forma de pensar, caso seja mal interpretado, pode levar a um dualismo.

João tece o seu Evangelho de forma própria, dispondo-o em três blocos. O *prólogo* (Jo 1,1-18), que soa como um poema, condensa a mensagem central do Evangelho; o livro dos sinais (Jo 1,19–12,50) apresenta a missão de Jesus, e o livro da exaltação (Jo 13–20) narra a passagem para o Pai, ou seja, a morte, a ressurreição e a efusão do Espírito Santo.

Nos Evangelhos sinóticos, o centro da Boa-Nova de Jesus é o Reino de Deus que irrompe na história. Jesus revela o Pai misericordioso e convoca os discípulos para segui-lo. Ele se serve especialmente de parábolas para desvendar o mistério do Reino e do Pai. Já no quarto Evangelho o tema do Reino de Deus e do seguimento a Jesus praticamente desaparecem. Há uma mudança significativa na linguagem. No lugar de parábolas, existem analogias incisivas, nas quais Jesus fala de si, do Pai e da relação com os discípulos. Por exemplo: "Eu sou a luz do mundo", "Eu sou o bom pastor"etc.

Diferentemente dos sinóticos, João não narra muitos "gestos de poder" de Jesus (em grego: *dýnamis*), que foram traduzidos na Bíblia latina por "milagres". Ele escolhe sete, o número da perfeição, e denomina-os "sinais" (em grego: *seméia*). Não há nenhum relato de exorcismo ou expulsão de demônios, pois, para o evangelista, Jesus expulsa o "príncipe deste mundo" uma vez só, na sua morte e ressurreição. Três sinais têm paralelo nos outros Evangelhos: a cura do filho do funcionário (Jo 4,46-54), a multiplicação dos pães (Jo 6,1-14), o caminhar sobre as águas do mar (Jo 6,16-21). Outros três são modificados: a cura do paralítico (Jo 5,1-18), a cura do cego (Jo 9,1-11) e o reavivamento de Lázaro (Jo 11,17-44). O sinal de Caná é completamente original (Jo 2,1-11), sem nenhum paralelo nos outros Evangelhos, o que levou alguns estudiosos a suspeitar que ele não seria um fato histórico. Os sinais têm uma finalidade pedagógica: apontam quem é Jesus. Pedem que a pessoa vá além do nível da satisfação de uma necessidade. Exigem adesão a Jesus, compreensão mais profunda que vai além da aparência. Por isso são sinais e devem ser interpretados.

João desenvolve uma reflexão nova sobre a Igreja, como comunidade dos discípulos e amigos de Jesus (Jo 15,14s). Dá mais destaque ao "discípulo amado" do que a Pedro. Nesse horizonte, revela outras características de Maria, além daquelas apresentadas por Lucas. O quarto Evangelho não relata nada a respeito da infância de Jesus nem sobre suas relações familiares. Ele responde a outra pergunta: Qual é o lugar de Maria na missão de Jesus? Como ela contribui na comunidade dos amigos de Jesus?

Maria aparece duas vezes no Evangelho de João. Os textos são elaborados com cuidado. Não estão ali por acaso. Maria atua na realização do primeiro sinal de Jesus, em Caná, quando ele inicia sua missão pública (Jo 2,1-11). Ela permanece junto à cruz, no momento da morte do Senhor, no final de sua missão nesse mundo (Jo 19,25-27). Ao colocar Maria no início e no ápice da atuação de

Jesus, João está dizendo que ela tem um lugar especial, pois está presente nos momentos mais importantes da vida de Jesus.

II. Maria em Caná: o vinho novo (Jo 2,1-11)

Recomenda-se ler o texto na sua Bíblia antes de ver os comentários abaixo. Perceba o que a cena diz para você. A narração está repleta de imagens, analogias e símbolos. Vamos desvendar o sentido deles.

1. O cenário, os personagens, o clamor

Tudo acontece no terceiro dia (v. 1) ou "três dias depois". A cena de Caná foi colocada pelo evangelista João no início da missão de Jesus. Conclui a sua semana inaugural, que começa quando João Batista anuncia a vinda do Messias (Jo 1,19.29.35.43). A festa aconteceria dois dias depois do encontro de Jesus com Filipe e Natanael. Nesse encontro, Jesus relembra a imagem do sonho de Jacó, da escada que liga o céu e a terra (ver Jo 1,51). O céu aberto, com os anjos subindo e descendo, significa que Deus irá se comunicar conosco e nos dará sua graça. O primeiro sinal mostra que, com Jesus, começa este tempo novo de presença de Deus junto de seu povo.

No tempo de Jesus, a festa de núpcias era muito importante. As famílias se uniam em torno do casamento dos filhos. Renovava-se a confiança na vida e se esperava a vinda de novos filhos, primeira garantia da continuidade do Povo de Deus. Além disso, evocava um sentido simbólico. Os profetas usaram a imagem da união amorosa do homem e da mulher que se celebra no casamento para falar da Aliança, do amor de Deus e de sua intimidade com o povo eleito (Is 62,4b-5; Os 2,18-22).

Era comum oferecer um banquete na festa de casamento (Gn 29,22; Jz 14,10). Nas vilas e cidadezinhas do interior, como Caná, a festa durava até sete dias (Gn 29,27; Jz 14,12; Tb 11,18-19). O vinho era a bebida básica, espalhada por toda a parte, pois as famílias produziam e consumiam vinho caseiro. Numa festa, especialmente a de casamento, não podia faltar vinho. A festa acabaria tristemente.

Maria está na festa. Jesus e seus discípulos também. Mas parece que chegaram em momentos diferentes. Então, o vinho está terminando e Maria se dirige a Jesus (v. 3). Ela está dizendo: "Tenha pena deles, senão a festa vai acabar". Há um pedido claro, não somente uma constatação. No Evangelho de João, quando alguém precisa de algo, basta apresentar a Jesus sua necessidade, que ele entende. Por exemplo: a solicitação do paralítico em Jo 5,7 e das irmãs de Lázaro em Jo 11,3. Mas, ao contrário dessas pessoas, Maria não pede para si, e sim para os outros.

A resposta de Jesus (v. 4) parece indelicada e até desrespeitosa: "O que nós temos a ver com isso?". Algumas Bíblias traduzem com expressões ainda mais duras essa frase de Jesus: "Que queres de mim", ou "Que há entre mim e ti". A frase, de difícil tradução, expressa que Jesus não deseja se envolver com o problema e que há um distanciamento, uma diferença de percepção entre ele e Maria.

Muita gente estranha porque Jesus chama sua mãe de "mulher" (v. 4). No entanto, o texto expressa algo mais profundo. Para Jesus, Maria é mais do que sua mãe: é mulher. O evangelista é sensível à participação das mulheres na missão de Jesus e na comunidade dos seus amigos. Jesus não as trata pelo nome, mas com o título de "mulher". Maria, sua mãe, presente no início e no final de sua missão, é chamada em Caná e na cruz de "mulher" (Jo 2,4 e 19,26). Jesus denomina também "mulher" à samaritana (Jo 4,21), primeira anunciadora do Messias para os não judeus (Jo 4,28.41s). Por fim, trata da mesma forma a Madalena (Jo 20,15), a primeira testemunha da ressurreição (Jo 20,17s). Ora, os profetas usavam a imagem da mulher para representar o Povo de Deus em relação ao Senhor da Aliança (Os 1,2; Is 26,17; Jr 31,4). Portanto, quando Jesus chama sua mãe de "mulher" não a ofende. Ao contrário, mostra o valor dela, como mulher e figura feminina efetiva e simbólica da comunidade cristã.

Jesus responde: "A minha hora ainda não chegou" (v. 4). A "hora", no Evangelho de João, tem sentido simbólico. Quer dizer o momento em que Jesus vai manifestar quem ele é, sua identidade de Filho, e comunicar de forma ímpar o amor do Pai. Isso só vai se completar na morte e ressurreição (Jo 12,23.27; 13,1; 16,32; 17,1). Ali será "a hora h", como a gente diz. Mas, enquanto isso, cada palavra ou sinal de Jesus é uma parte dessa hora e a prepara. "Minha hora ainda não chegou" significa que Jesus acha que não é ainda o momento oportuno de começar sua missão e se manifestar como Filho e enviado do Pai.

2. A atitude e a transformação

No quarto Evangelho, há vários momentos de impasse e "mal-entendidos" entre Jesus e seus interlocutores. Enquanto eles estão num nível de compreensão superficial, de "baixo", Jesus fala das realidades "do alto", mais profundas e além das aparências. É preciso dar um *salto de fé*, para passar de um nível ao outro. Às vezes, narram-se discussões longas, com vários mal-entendidos. Assim acontece, por exemplo, nos diálogos de Jesus com Nicodemos e com a samaritana (Jo 3,1-12 e Jo 4,6-27), ou na conversa com a multidão, sobre o pão da vida (Jo 6,26-58). Jesus fala em nascer de novo e Nicodemos entende de forma literal, como se alguém tivesse que voltar ao útero materno. Jesus anuncia a água viva à samaritana e ela pensa na água do poço. Jesus fala do pão como "minha carne" e a multidão se escandaliza.

Ao contrário dos outros interlocutores, Maria rapidamente salta para o nível de fé, sem discutir com Jesus (v. 5). Entende o que ele quer. Compreende que não se trata somente de resolver um problema de falta de vinho, de atender a uma necessidade concreta. Mas sim que esse fato vai ajudar as pessoas a conhecerem melhor quem é Jesus e se posicionarem diante dele.

Maria se volta para os serventes: "Façam tudo o que ele lhes disser" (Jo 2,5). Essas palavras têm grande força simbólica. Ela revela um traço novo da figura de Maria. Em Lucas, no final da cena da anunciação, Maria proclama: "Eis aqui a serva do Senhor. Faça-se em mim segundo a tua palavra" (Lc 1,36). Segundo João, Maria não só realiza a vontade de Deus na sua vida, mas também orienta os outros a fazerem o que Deus lhes pede. Há um deslocamento do foco e uma ampliação de sentido. Resume-se assim: de perfeita discípula e seguidora de Jesus (em Lucas) para a pedagoga e guia dos cristãos (em João).

Como acontece o processo de transformação *da água para o vinho* (v. 6-10)? Jesus faz o primeiro sinal de forma discreta. Nem sequer dá uma bênção ou evoca o nome de Deus. Tudo na simplicidade. O bom vinho alegra as pessoas e faz a festa ficar ainda melhor. Mas por que João coloca como primeiro sinal de Jesus a transformação da água em vinho numa festa de casamento? Por que não uma cura ou expulsão de demônios? O primeiro sinal de Jesus começa a revelar quem ele é. A partir do sinal, entende-se que Jesus é *o vinho novo* para a existência humana. Ele transforma situações difíceis em soluções, que se expressam em festa e alegria compartilhada.

Nas Escrituras judaicas, o vinho simboliza a felicidade e a abundância que acontecerá para todos, quando o Messias chegar (ver Os 2,23s e 14,8; Am 9,13s; Is 25,6 e 62,5; Jr 31,12; Zc 9,17). No Cântico dos Cânticos, o vinho lembra o desejo entre o homem e a mulher, o amor que os fascina e os une, imagem do grande amor de Deus pelo seu povo (Ct 1,2-4; 2,4; 4,10). Com o sinal do vinho, Jesus está dizendo que ele é o vinho novo; o dia do Messias chegou. Começou o tempo da graça, superam-se as situações de miséria e tristeza. Cada detalhe do relato tem sentido simbólico:

- As *seis vasilhas de pedra*, destinadas à purificação dos judeus, aludem ao número da imperfeição, da finitude humana (seis), à frieza e dureza da lei judaica, que será superada com Jesus.

- O encarregado da festa não conhece *a origem* do vinho, como os chefes judaicos não conhecem que Jesus vem do Pai. Somente os que servem sabem!

- As talhas são enchidas *até a borda*, e têm muito vinho, quase setecentos litros. Isso significa que Deus nos oferece seus bens em abundância. Quem está com Jesus tem vida sobrando. Jesus é o bom vinho, guardado até o momento do início da manifestação dos sinais. Com ele começa o tempo novo, que os Evangelhos sinóticos chamam de "Reino de Deus".

Qual é o resultado da ação de Jesus, devido à intervenção de Maria? João diz que Jesus "manifestou sua glória, e os seus discípulos creram nele" (v. 11). Começa a mostrar quem ele é: não somente o carpinteiro de Nazaré, mas uma pessoa que comunica vida e alegria, como Filho de Deus. A *glória*, para Jesus, não é o poder e a fama, mas a capacidade de realizar o bem e tornar Deus conhecido e amado.

Os sinais de Jesus são ocasião para os discípulos exercitarem sua fé. Quem crê, vê além do sinal. O sinal não força ninguém a acreditar, só abre a porta do coração para a fé (Jo 2,11.23; 3,3, 4,54). Jesus mesmo não gosta das pessoas que só acreditam quando veem sinais. Ele até desconfia desse tipo de fé que necessita sempre de sinais (Jo 2,23s). Jesus não gosta das pessoas que buscam milagres só para resolverem seus problemas pessoais (Jo 6,26). À medida que avança a missão de Jesus, os sinais também se mostram polêmicos. O último sinal de Jesus, que é trazer Lázaro de volta à vida, causa divisão entre os judeus. Uns acreditam nele, outros não (Jo 12,37), e alguns se posicionam de forma violenta, organizando-se para matá-lo (Jo 11,45-54). Portanto, os sinais são uma oportunidade para a fé, não uma prova miraculosa. Eles interpelam as pessoas. E o primeiro sinal, o de Caná, abre caminho para os discípulos entrarem na aventura da fé.

Depois que Jesus faz seu sinal, os discípulos creem nele e saem juntos, com "sua mãe e seus irmãos" (v. 12). O sinal de Caná une o grupo dos seguidores de Jesus em torno dele. A partir do gesto de Caná forma-se o gérmen da comunidade cristã, com os discípulos, os familiares e a mãe de Jesus.

A interpretação da Escritura vai além da intenção explícita de quem escreveu. O texto abre a possibilidade de suscitar novos sentidos. Assim, o relato do sinal de Caná oferece ocasião de perceber outras dimensões de Maria, que provavelmente não era intenção explícita do evangelista. No entanto, deve-se tomar cuidado com esta "extrapolação de sentido" para não se fazer interpretações subjetivas ou maximalistas. As releituras são necessárias, mas é preciso confrontá-las com o sentido originário do texto, com olhar novo.

A partir da experiência de fé da comunidade cristã no correr dos tempos, o relato de Caná dá margem para descobrir duas características de Maria, que são destacadas atualmente nas homilias e na catequese: solicitude e intercessão.

- Maria é uma mulher *atenta às necessidades das pessoas*, movida pela bondade e pela caridade. Exercita sua sutileza feminina (que deve ser uma qualidade de homens e de mulheres), percebe os detalhes da situação, e é solícita para responder a quem precisa. Zela para manter a alegria da festa.

- Muitos veem neste gesto de Maria a fundamentação de sua *missão de intercessora*. Da mesma forma como Maria pediu a Jesus em Caná, e conseguiu realizar o sinal, ela intercede por nós junto ao Senhor hoje e nos atrai muitas graças. Deve-se notar que somente esse versículo não fundamenta suficientemente a dimensão intercessora de Maria. É necessário compreender a intercessão de Maria no horizonte da única mediação de Cristo e da comunhão dos Santos.

Em síntese, o relato de João sobre Caná apresenta Maria como a mãe da comunidade cristã, que estimula os servidores e amigos de Jesus a realizarem sua vontade. Ela ajuda os discípulos a ter fé em Jesus e a se reunir em torno dele. A palavra de Maria continua atual. Ela nos diz hoje: "Vale a pena buscar a vontade de Jesus, ouvir suas palavras e tomar atitudes concretas". O gesto de Maria continua a ecoar nos corações dos(as) seguidores(as) de Cristo. Como mãe e pedagoga, ela conduz a Jesus, no seio de sua comunidade. Ela é mãe da festa, da alegria reconquistada.

Oração

Maria, mulher atenta em Caná, faze de nós pessoas com olhos abertos
e mãos disponíveis.
A humanidade sofre por falta de pão e pela ausência de vinho.
Muitos homens e mulheres se embriagam com o vinho ruim da falsa felicidade.
Distanciam-se de Deus e de seus semelhantes. Degradam e destroem a mãe Terra.
Necessitamos do vinho da alegria e da esperança, de uma vida com sentido,
com sabor, com beleza.

Maria, dá-nos o vinho de Jesus.
Que ele transforme nossas existências, da mesmice para a qualidade,
da indiferença para a fé apaixonada.
Que ele multiplique o nosso amor, pois as talhas do nosso coração
são rígidas e imperfeitas.
E que assim, ao crer nele e fazer sua vontade, nós inauguremos nesse mundo
a festa da fraternidade e da alegria, que só se consuma no céu.

III. Junto à cruz: a discípula-mãe da comunidade (Jo 19,25-27)

Imagine a Semana Santa numa tradicional cidadezinha do interior. O povo se ajunta para rezar. Predomina o clima de sofrimento e penitência. Em alguns lugares, na Terça-feira Santa faz-se "a procissão do encontro": um grupo vem com a imagem de Jesus que carrega a cruz e outro, com sua mãe Maria. Na Sexta-feira da Paixão, acontece a Via-Sacra, seguida da "procissão do enterro", com o destaque para a imagem do Jesus morto. E, em muitos lugares, há o culto a "Nossa Senhora das Dores", que assume nomes e feições regionais. Até que ponto essa tradição se fundamenta no texto joanino? Que outros elementos da mensagem da cena foram deixados em segundo plano? Vejamos o relato do quarto Evangelho e, a seguir, o comentário sobre pontos importantes da narrativa.

Junto à cruz de Jesus, estavam de pé sua mãe e a irmã de sua mãe, Maria de Cléofas, e Maria Madalena. Jesus, ao ver sua mãe e, ao lado dela, o discípulo que ele amava, disse à mãe: "Mulher, eis o teu filho!". Depois disse ao discípulo: "Eis a tua mãe!". A partir daquela hora, o discípulo a acolheu no que era seu (Jo 19,25-27).

1. Maria na "hora" de Jesus

João narra a morte e a ressurreição de Jesus como um único acontecimento, em duas partes. Agora chegou a hora (Jo 17,1), na qual Jesus vai ser glorificado e consumar a obra que o Pai lhe confiou! Como um grão jogado na terra (Jo 12,24), Jesus morre para ressuscitar. Termina sua obra nesse mundo (Jo 17,4) e volta para o Pai (Jo 17,13). Jesus é assassinado, depois de um processo injusto que o leva à morte (Jo 19,1-16). Mas em nenhum momento ele perde a dignidade de quem sabe que luta pela verdade e pelo bem. Mais ainda: devido à "alta cristologia", o evangelista diminui a dimensão trágica que significou a morte de cruz, tanto para Jesus quanto para seus discípulos. Em Marcos, a última palavra de Jesus na cruz é um questionamento que brota do fundo da alma, um gesto derradeiro de fé diante do aparente fracasso: "Meu Deus, meu Deus, por que me abandonaste?". Em João, há uma expressão serena de entrega: "Está consumado" (Jo 19,30).

Jesus morre, ressuscita, volta para o Pai, mas deixa a comunidade dos amigos-seguidores, que continuarão sua missão no mundo. Jesus vai e o Espírito Santo, o Paráclito, vem. Diferentemente de Lucas, que coloca um tempo de espera de sete semanas entre a ressurreição e a efusão do Espírito, em Pentecostes, João identifica a ressurreição com a vinda do Paráclito. Quando Jesus morre, *entrega* o espírito (Jo 19,30). O verbo tem um duplo sentido. Jesus não só dá o último sopro de vida, mas concede o seu Espírito à comunidade. No domingo da ressurreição, quando entra na casa dos discípulos, ele lhes comunica a paz, envia-os em missão e sopra o Espírito sobre eles (Jo 20,22). A morte provoca tristeza nos discípulos, pois eles perderam a presença física de Jesus. Mas a ressurreição e a vinda do Paráclito lhes trarão uma alegria que ninguém será capaz de tirar (Jo 16,22).

Maria e as mulheres perseveram até o fim. Maria, a mãe de Jesus, que aparece no início de sua missão, em Caná (Jo 2,1-11), levando seus discípulos a acreditarem nele, volta de novo à cena. Dessa vez, não há nenhum sinal extraordinário. Ao contrário, o momento da cruz desafia a fé dos discípulos. Maria está junto de Jesus, não somente como a mãe sofredora. Ela faz parte do pequeno grupo que perseverou, que não fugiu no momento da perseguição e da crucifixão de Jesus. É a corajosa seguidora de Jesus, que *permanece* no seu amor. Junto com ela estão algumas mulheres-discípulas: a irmã de Maria, Maria de Clopas (ou Cléofas) e Madalena. Novamente, o evangelista valoriza a participação das mulheres na comunidade e faz questão de destacá-las. O gesto de *manter-se de pé*, representado pela iconografia, significa persistência, constância e adesão.

Junto com Maria e as mulheres permanece somente um homem, o "discípulo amado". Na Tradição cristã, se diz que ele é o jovem apóstolo e evangelista João. O discípulo amado testemunha o que Jesus fez e disse (Jo 19,35; 21,24). Ele representa a comunidade cristã, o grupo dos que seguem os passos de Jesus, tornando-se mais do que seus servidores. São seus amigos (Jo 15,15).

Para o quarto evangelista, uma característica importante do cristão é a constância na fé, a perseverança. Trata-se de um compromisso de vida que se prolonga no tempo, vencendo as crises. Ele usa um verbo forte, que não se encontra nos sinóticos: "permanecer". Quando João põe nos lábios de Jesus a expressão "permanecer em mim e eu nele" (cf. Jo 6,56; 15,4) ou "permanecer no meu amor" (cf. Jo 15,9) está expressando uma sintonia profunda do discípulo com o mestre, uma comunhão de mente e de coração. Este é o sentido da analogia da videira e dos ramos (15,1-11). Assim dirá também: "Se permanecerdes em minha palavra, sereis verdadeiramente meus discípulos, e conhecereis a verdade, e a verdade vos tornará livres" (Jo 8,31s). Jesus assegura: "Se permanecerdes em mim, e minhas palavras permanecerem em vós, pedi o que quiserdes, e vos será dado" (Jo 15,7). Na primeira epístola de João, o autor esclarece que não se trata de uma condição adquirida, e sim de atitude de vida constantemente renovada, que os sinóticos denominam como "seguir Jesus" (seguimento): "Quem diz que permanece em Deus deve, pessoalmente, caminhar como Jesus caminhou" (1Jo 2,6).

Manter-se de pé junto à cruz expressa, de maneira plástica, a atitude de discípulo-amigo de Jesus, de estar em sintonia com ele, exercitando a fé no momento de crise e passagem para o Pai. Maria, as mulheres e o discípulo amado são os únicos que *perseveram* neste momento crucial. Permanecem com Jesus e em Jesus.

2. A nova missão de Mãe da comunidade

Nesse cenário, entende-se a força do encontro de Maria com o discípulo amado ao pé da cruz. O texto não visa a resolver um problema de família, ou seja: quem vai tomar conta da mãe de Jesus depois da morte dele. Nesse momento tão importante da cruz, João quer comunicar algo mais profundo. Ele deixa impresso na memória de todos os cristãos que Maria não é somente a mãe, que concebeu, gestou, deu à luz, nutriu e educou Jesus. Novamente, ela é chamada de "mulher", como em Caná (Jo 2,4 e 19,25). Seu lugar está bem além dos laços de sangue e das relações familiares.

Por vontade de Jesus, Maria é adotada como mãe pela comunidade cristã de todos os tempos. O discípulo amado, que representa a comunidade, recebe-a como mãe. Maria é investida nessa nova missão. Acolhe os membros da comunidade cristã como seus filhos. No início do quarto Evangelho, quando João Batista encaminha seus discípulos a Jesus (Jo 1,29.36), as expressões são as mesmas utilizadas no relato da cruz: "ver", "diz", "eis". E há também uma situação parecida: os primeiros discípulos vão para a casa de Jesus e permanecem com ele (Jo 1,39), e aqui Maria é acolhida pelo discípulo amado. As duas cenas estão construídas com o mesmo gênero literário de apresentação solene, que têm certo caráter de revelação.

Para João, o momento da morte de Jesus revela-se com muitos sentidos, aparentemente contraditórios. Na luta entre luz e trevas, a morte é a hora das trevas, o momento em que o "príncipe deste mundo" e "pai da mentira" triunfa temporariamente. Mas ao mesmo tempo ele está sendo julgado. Além disso, a fé dos discípulos vai ser provada, no momento em que não há sinais. Eles estão tristes, pois Jesus não estará mais fisicamente na presença deles. Muitos se dispersam. Mas a morte-ressurreição é o momento no qual se constitui a comunidade-Igreja. Jesus vai "reunir [todos] os filhos de Deus dispersos" (Jo 11,51s). Este é o sentido simbólico da cena que antecede o relato de Maria junto à cruz. Os soldados tomam as roupas de Jesus e as repartem em quatro partes (os quatro cantos da terra). Mas a túnica permanece inteira (Jo 19,23s). A Igreja, nova comunidade messiânica, será edificada em sua unidade a partir da cruz do Senhor.

O discípulo amado representa a comunidade cristã, agraciada e escolhida por Jesus, para a qual ele dedica seu afeto e atenção. A comunidade recebe Maria como sua mãe. O evangelista diz: "A partir daquela hora, o discípulo a acolheu em sua intimidade/familiaridade" (cf. Jo 19,27). Isto é: naquilo que é próprio de sua identidade, que o constitui como pessoa. Ele não usa a palavra grega *oikos* (= casa), mas sim *ídia* (*ídios* = o que é mais característico de alguém).

João não explica em que consiste a missão de Maria, como mãe da comunidade. Parece ser a mesma de Caná. A mãe Maria poderá, como em Caná, intervir junto ao filho. Levará os servidores e amigos de Jesus a fazer o que ele disser. Possibilitará que novas gerações de cristãos, como os primeiros discípulos, creiam em Jesus, vejam sua glória e se reúnam em torno dele.

3. Uma cena, muitas interpretações

A cena de Maria junto à cruz foi reinterpretada de muitas maneiras no correr da história, com o desenvolvimento do culto, da piedade e do dogma. Maria, por sua obediência radical a Deus até a cruz seria a *Nova Eva*. Chamada por Jesus de "mulher", seria a mãe de todos os viventes redimidos por Cristo, o Novo Adão. Na devoção popular, fortaleceu-se a imagem de Maria "Mãe das Dores" (*Mater Dolorosa*), que padece com seu Filho, inspirando os sofredores a enfrentar com coragem e persistência as cruzes de sua existência.

Na linha da teologia que considerava a morte na cruz como o único gesto salvador, criou-se um discurso sobre Maria *corredentora*, que teria colaborado com Jesus para salvar a humanidade, ao participar de seu sofrimento na cruz. Assim, Nova Eva, Mãe das Dores e corredentora são imagens que extrapolam o campo de sentido do texto joanino. Além disso, são interpretações ambivalentes. Têm valor simbólico e espiritual, mas devem ser purificadas de exageros e concepções unilaterais.

A redenção de Cristo não veio somente por sua morte na cruz. Jesus salva pela sua vida, pela sua morte e ressurreição, e pela efusão do Espírito que habita em nós. Daí que Maria não pode ser corredentora somente porque estava junto de Jesus, na cruz. Cada homem ou mulher, à medida que participa deste mistério da vida, morte e ressurreição do Senhor, pode ser considerado em sentido amplo como corredentor. Não por mérito pessoal, mas por missão que o Senhor lhe confiou. A comunidade cristã, como coletividade, é também chamada a colaborar na redenção dos indivíduos, da sociedade, das culturas e do planeta.

Quando nos comprometemos com Jesus e sua proposta, experimentamos inúmeras dificuldades e grandes alegrias. Provamos o fracasso da cruz e a vitória da ressurreição. Nesse contexto, Maria nos inspira a celebrar a alegria do vinho novo, da festa que começa com Jesus. Ela não é somente a Mãe das dores, na cruz, mas também a Mãe da alegria, em Caná.

Caná e cruz estão se realizando ainda. Nós somos hoje os discípulos amados de Jesus. O Pai nos dá o mesmo amor com o qual amou a Jesus (Jo 17,26). E nos presenteia Maria, mãe e guia, para nos ajudar a viver a vocação cristã no mundo.

Oração

Maria, como é bom te chamar de "mãe"
e receber-te como nossa educadora na fé.
Tu recrias em nós as mesmas atitudes que criaste em Jesus,
como o amor ao Pai, a disponibilidade ao Reino
e a sensibilidade aos pobres e pecadores.
Obrigado(a) porque tu nos conduzes a Jesus, não guardando nada para ti.
Tu, a primeira agraciada por Deus, bem-amada, ilumina-nos para que sejamos
discípulos(as) amados(as) do Senhor, seus(suas) servidores(as) e amigos(as).
Ensina-nos a perseverar na fé, a sustentar nosso seguimento a Jesus,
persistindo nos fracassos e saboreando as vitórias.
Mantém-nos de pé, como tu ficaste,
participando da morte e da ressurreição do Senhor. Amém.

Em poucas palavras

No quarto Evangelho, Maria é considerada uma figura especial na comunidade do discípulo amado. Ela aparece em dois grandes momentos, no início do "livro dos sinais", em Caná, e no "livro da glória", momento culminante da cruz, no qual Jesus é glorificado na passagem para o Pai. Soa como uma grande inclusão: Maria participa de momentos-chave na atuação de Jesus. Ele não a chama de "mãe", mas sim de "mulher", para caracterizar sua atuação na comunidade, como um dos símbolos femininos do Povo de Deus.

Em Caná, Maria revela os traços de "discípula-mãe", que leva os servidores a realizar o que Jesus lhes diz. O sinal de Caná abre-nos a revelação de Jesus, como "o melhor vinho", a grande surpresa de Deus que irrompe na história, trazendo alegria e esperança. O sinal suscita a fé dos discípulos. A partir de Caná se constitui a comunidade reunida em torno de Jesus. Maria tem uma atuação discreta e firme.

Já no relato da cruz, aparentemente, não há uma ação direta de Maria. Mas sua presença junto a Jesus, com outras mulheres e o discípulo amado, sinaliza o amor que persevera. Ela é apresentada por Jesus como a mãe da comunidade do discípulo amado. É o momento solene de uma adoção recíproca: a mãe assume o filho, o filho assume a mãe. Mas competirá à comunidade cristã do futuro explicitar como ela exerce o papel de membro e mãe da comunidade cristã.

Articulando conhecimento e vida

1. Aponte os principais elementos teológicos do Evangelho de João que o ajudaram a ampliar seu olhar sobre as bodas de Caná.
2. Quais as características de Maria na narração das bodas de Caná?
3. Releia Jo 19,25-27. Quais foram suas principais descobertas?
4. A devoção católica enfatizou durante séculos o sofrimento de Maria junto à cruz. Chegou-se até a criar a expressão maximalista "Maria corredentora". A teologia contemporânea destaca nessa cena a perseverança de Maria e sua missão de mãe da comunidade cristã. Como você fundamenta tal posição?

Na rede

1. Veja a narração da experiência "Vinho bom" em: <http://maenossa.blogspot.com/2011/03/vinho-bom.html>. O que este fato inspira você quanto à atualização da narrativa de Caná?
2. Escute a música e reflita sobre a letra de "Primeira cristã", do Padre Zezinho. Está disponível em: <http://paulinascomep.org>. Qual sua opinião sobre este título, considerando o que você estudou sobre Maria em Lucas e João?
3. Veja os vídeos sobre Maria no Evangelho de João na série do "Trem da mariologia". Acesse diretamente no *YouTube* ou em: <www.maenossa.blogspot.com> (busque no índice: "Vídeos marianos". Clique respectivamente nos vídeos 6 e 7 (Maria em Caná e Maria junto à cruz). Você pode postar ali seu comentário.

Bibliografia básica

BROWN, R. E. *El evangelio según Juan.* Madrid: Cristianidad, 1979. p. 1189-1204.

_____ et al. *Maria no Novo Testamento.* São Paulo: Paulus, 1985. p. 192-232.

BUCKER, B. et al. *Maria e a Trindade.* São Paulo: Paulus, 2002. Maria educadora: p. 97-122.

PIKAZA, X. *Amiga de Dios. Mensaje mariano del Nuevo Testamento.* Madrid: San Pablo, 1996. p. 71-82.

MATEUS, J.; BARRETO, J. *O Evangelho de São João.* São Paulo: Paulus, 1989. p. 778-785.

MURAD, A. *Quem é esta mulher? Maria na Bíblia.* São Paulo: Paulinas, 1996. p. 155-187.

SERRA, A. *Maria em Caná e junto à cruz.* São Paulo: Paulus, 1979. 126p.

_____. "Bíblia – João". In: *Dicionário de mariologia.* São Paulo: Paulus, 1995. p. 232-246.

Textos complementares

1. "Fazei tudo o que ele vos disser!" (Jo 2,5)

Em Caná, Jesus e sua mãe se escutam como dialogantes vivos, que dizem, rechaçam e voltam a escutar-se em processo riquíssimo:

- Parece que Jesus rejeita o que sua mãe lhe pediu, marcando sua independência messiânica, distanciando-se dela com palavras que parecem muito duras: "O que nós temos a ver com isto?".
- A mãe, a quem Jesus chama de "mulher", aceita sua autonomia e muda de atitude. Não pede nada, não argumenta nem polemiza. Ela se põe ao lado dos servidores, diáconos de bodas, e como primeira de todos os ministros da nova Igreja diz: "Fazei tudo o que ele vos disser", confiando, assim, na obra de seu filho (2,5).
- Finalmente, Jesus, que parecia ter-se distanciado de sua mãe, cumpre logo, de maneira diferente, por sua própria vontade, mais do que ela pedia. Oferece vinho abundante e muito bom aos convidados da festa. Dessa forma, realiza e supera o desejo mais profundo de Maria (2,6-10).

Há um parodoxo na cena. Onde parece que a mãe queria dominar o Filho ("Eles não têm [mais] vinho!"), ela se apresenta como sua servidora, pedindo aos seres humanos que realizem seu mandato. E precisamente onde parece que Jesus se separa de Maria, aí está mais perto dela, cumprindo seu desejo, pois oferece o vinho das bodas.

A palavra de Maria "Fazei tudo o que ele vos disser" nos conduz ao centro da profunda teologia da aliança, onde os judeus se comprometiam a cumprir a vontade de Deus: "Faremos tudo o que o SENHOR nos disse" (Ex 24,3). Jesus é o vinho da nova aliança, nele se vinculam para sempre Deus e o ser humano. Como ministra (servidora entre servidores), iniciadora desta aliança, encontra-se Maria, a mãe messiânica, que ocupa, então, o lugar que antes tinha Moisés, ao convocar a todos para aderir ao apelo de Jesus.

Maria renunciou à palavra direta, que poderia soar como imposição, para mostrar sua vontade de uma maneira suplicante e mais profunda. Havia começado educando a Jesus, como sua mãe. Agora, deve fazer-se educadora dos servidores das bodas, pedagoga de homens e mulheres na festa da nova aliança. (Sintetizado de: PIKAZA, Xabier. *Amiga de Deus. Mensaje mariano del Nuevo Testamento.* Madrid: San Pablo, 1996, p. 76-78.)

2. Maria das dores a partir de Jo 19,25-27

Maria não era importante para Jesus simplesmente por ser a mãe dele, mas ela não poderia deixar de amar o filho de suas entranhas, e seu sofrimento no Calvário era o sofrimento de mãe. Embora os teólogos se preocupem com a presença dela na crucifixão como um símbolo da Igreja e do Novo Israel, a devoção popular sempre reconheceu e identificou nela a tristeza humana. Reteve a percepção da humanidade de Maria durante a Paixão.

Maria, como Nossa Senhora das Dores, continua a ser um símbolo permanente na fé para os que sofrem e encontram na sua condição de sofredora uma fonte de solidariedade e consolação. Maria no Calvário é mãe e companheira de todos os que se encontram naquela situação, na qual ninguém quis estar. Mas aquele momento de suprema tristeza é também de supremo amor e fé. Em meio à violência e ao horror, nasce um Reino de bondade e paz. Enquanto Maria assiste à agonia de seu Filho, descobre-se mais uma vez renascida como Mãe.

Houve muitos nascimentos e mortes na vida de Maria, um constante morrer de si mesma a fim de renascer renovada, como jovem mãe em Belém, como discípula em Caná, e agora como Mãe de toda a humanidade no Calvário. Da mesma forma que ela uma vez entregou o Filho de Deus ao mundo, ela agora se entrega à Igreja. No momento da morte, o Reino maternal nasce. A Mãe de Deus se torna mãe dos pobres, mãe da desolada humanidade que está representada ao pé da cruz por um grupo de mulheres e o discípulo amado (sintetizado de: BEATTIE, Tina. *Redescobrindo Maria a partir dos Evangelhos.* São Paulo: Paulinas, 2003. p. 134-135).

3. O caminho de Maria no quarto Evangelho

A presença de Jesus numa festa humana (Caná) não tem por finalidade suprir necessidades, mas manifestar sua glória e provocar a fé. Novidade que ele ilustra por antecipação, realizando o sinal. A expressão "o que há entre mim e ti" não sublinha apenas os limites de Maria, que não compreende logo como e quando se manifestará a glória de Jesus, mas convida também a entrar no ponto de vista de seu filho, a abandonar sua própria iniciativa para seguir a dele. O episódio de Caná é uma baliza no caminho de conversão de Maria, que compreende que seu papel doravante é levar os serventes a seu filho, para escutar sua palavra, obedecendo-lhe plenamente.

Maria experimenta por si mesma que a obediência a uma palavra e um chamado à renúncia são fonte de bênção. Animada pela confiança, antes mesmo de saber o que Jesus vai fazer, ela pode dizer aos serventes: "Fazei tudo o que ele vos disser", chamando-os, assim, a uma atitude de fé tão inaudita quanto a sua.

Na cruz, Maria faz a passagem: de mãe de Jesus se torna mãe do discípulo. Assim, o Evangelho de João articula três elementos: Maria-mãe-de-Jesus, Maria-mulher e Maria--mãe-dos-discípulos, segundo uma gradação teológica. Partindo da Mãe de Jesus, passa pela Maria mulher, para chegar à Maria Mãe dos discípulos, de uma maternidade nova, de outra ordem. (Sintetizado de: GRUPO DE DOMBES. *Maria no desígnio de Deus e a comunhão dos santos.* Aparecida: Santuário, 2005. p. 91-92.)

6
Maria no Apocalipse e em outros escritos bíblicos

Estamos acostumados a ler Apocalipse 12 e imaginar Maria na glória, cercada de elementos cósmicos, como o sol, a lua e as estrelas. Mas interpretar essa narrativa não parece tão simples assim. É preciso compreender a visão do autor do Apocalipse para responder com precisão se o texto se refere a Maria. Neste capítulo comentaremos também sobre relatos bíblicos utilizados na catequese e na liturgia para Maria, mas que originalmente não foram escritos com tal intenção.

I. Maria no Apocalipse

Ao olhar as contradições do mundo atual, muita gente se pergunta: Aonde vamos parar? O início do novo milênio trouxe esperanças e temores. A destruição das Torres Gêmeas em Nova York feriu o orgulho americano. A reação veio logo. Em pouco tempo, cenas de guerra no Afeganistão e no Iraque foram vistas. Nesta espiral de violência, o terrorismo se alastra, com seu rastro de sangue e destruição.

Cresceu o mar de insanidade, quando nações ricas e emergentes se negaram a assumir compromissos internacionais em vista da sustentabilidade, aumentando, assim, o risco de um futuro caos ambiental. Amplia-se a violência dentro de casa e nas ruas, cresce o consumo de drogas e proliferam os suicídios. A tecnologia dos alimentos e da saúde avança a passos gigantescos, mas a fome e a doença continuam a ceifar milhões de vidas. Parece absurdo!

Felizmente, veem-se sinais de esperança. Há uma busca de mística em várias partes do mundo. Cresce o movimento do voluntariado. Proliferam os movimentos ecológicos e os grupos que lutam para valorizar as etnias e as culturas. No meio de uma crise de identidade sem precedente, surge a possibilidade de novas relações de gênero, entre homem e mulher. Assim, esperança e desespero convivem lado a lado, separados por uma linha tênue.

Este cenário de insegurança, de incerteza, com a possibilidade real de destruição do planeta, dá margem ao ressurgimento de movimentos milenaristas.

No horizonte cristão, reapareceram grupos que anunciam a proximidade do fim do mundo com a segunda vinda de Cristo, a parusia. Eles usam vários textos do Livro do Apocalipse, como justificativa para suas afirmações.

Por sua vez, o capítulo 12 do Apocalipse fala de uma mulher revestida de Glória que, no céu, dá à luz ao Messias. O texto é usado em várias festas de Nossa Senhora, especialmente na Assunção. O que ele nos diz sobre Maria? Afinal, também está falando do fim dos tempos?

1. A visão e o gênero literário do Apocalipse

É necessário distinguir a mentalidade apocalíptica, que surge em determinado momento, do gênero literário utilizado no último livro da Bíblia. Embora se sirva da visão de mundo do movimento apocalíptico, o autor bíblico vai além dele e supera algumas de suas limitações.

Na história do Povo de Israel, *a mentalidade apocalíptica* aparece com o profetismo tardio, no exílio. Há traços da literatura apocalíptica no Livro de Daniel e em escritos judaicos intertestamentários, que não estão na Bíblia. A apocalíptica é uma reflexão sobre a vida e suas contradições em tempos de crise. Brota de uma fé radical em Deus, nos momentos de intensa perseguição. Conforme a corrente apocalíptica, o mundo é o palco de uma luta radical entre o Bem e o Mal, que estão personificados em figuras políticas e religiosas concretas, mas as transcendem.

O Livro do Apocalipse de João (Ap 1,1.4) compartilha dessa visão a partir da experiência da ressurreição de Jesus. Foi escrito por volta do ano 100, por um autor diferente do discípulo amado, do quarto Evangelho. Naquela época, a comunidade cristã sofria uma terrível perseguição do Império Romano. Muitos cristãos tiveram que pagar com a vida pela sua fidelidade a Jesus. O poder do Império e de suas religiões era tão forte que muitos desanimaram em sua fé. O livro é escrito para reafirmar a esperança na vitória de Deus e dos seguidores de Jesus.

O Apocalipse pinta a realidade com cores muito fortes. O autor imagina a história humana como um jogo, uma grande luta entre "o time de Deus" e "o time do Mal". Do lado do time de Deus jogam os cristãos que são constantes na sua fé. Lutam para anunciar o nome de Jesus e defender o Bem. Eles contam com o apoio da equipe de Deus, os seus anjos, que estão no céu. Do lado do time do Mal jogam as pessoas injustas, o poder político do imperador de Roma e os anjos do Tentador.

A luta do Bem contra o Mal assemelha-se a uma partida de futebol. À primeira vista, o jogo está feio. O time de Deus está perdendo por grande diferença. O outro time mostra muito mais força e até subornou o juiz da partida. Ele usa de violência para perseguir e destruir os aliados de Deus. Mas aqui vem a novidade! João do Apocalipse anuncia que, apesar de tudo, o time de Deus vai vencer, pois o capitão, Jesus Cristo, tem nas mãos a chave da vitória. Ele mesmo passou pela experiência da morte. Foi assassinado pelas forças do Mal, mas triunfou com a ressurreição (Ap 1,8.17s). Nos bastidores, na concentração, que o autor chama de "céu", Deus já venceu. Ele é o "dono da bola" da história. Mesmo que o poder do Mal aterrorize, intimide, seduza, engane e mate, ele tem seus dias contados. Vai acabar. Resta aos cristãos perseverar, resistir, lutar e confiar.

Vamos, agora, compreender o *gênero literário* deste escrito bíblico. O livro está repleto de símbolos e de figuras que assustam. O Apocalipse se assemelha a um sonho. Quando a gente sonha, as imagens parecem sem nexo. As pessoas, os lugares, as coisas, os fatos aparecem muito diferentes da realidade. Há sonhos que primam pela beleza. Outros metem medo e terror. Os psicólogos dizem que nos sonhos a pessoa refaz, a partir do inconsciente, as memórias passadas e as experiências atuais, seus desejos e suas esperanças. Não é fácil compreender um sonho, pois a história aparece cercada de enigmas que necessitam ser interpretados. No sonho, uma mesma imagem diz muitas coisas, dependendo do contexto. A água, por exemplo, pode significar prazer, relação com a mãe, origem, afeto, emoção, ou mesmo perigo.

Você já deve ter visto certos filmes, ou novelas, nos quais a história não segue a linha do tempo. O passado mistura-se com a atualidade e com as possibilidades futuras. É uma narração não linear. Assim também acontece no Apocalipse. Engana-se quem pensa que ele só prevê o futuro. Na realidade, João está escrevendo para os cristãos perseguidos pelo Império Romano e suas religiões dominadoras. Então, mistura imagens do passado, já conhecidas, como a da serpente, com analogias da situação que ele está vivendo, e lança sinais de esperança.

2. Análise de Apocalipse 12

a) O grande sinal (v. 1-2)

Leia Apocalipse 12,1-17. Veja como a narrativa se desenvolve. Observe os pontos a seguir para compreender melhor o texto.

Ap 12 começa como um sonho lindo. *Um grande sinal* aparece no céu (v. 1-2): uma mulher com a glória e o poder de Deus, pois está brilhando, vestida de sol. Lida de forma equilibrada com as forças da natureza, e o ciclo da vida, pois tem a lua debaixo dos pés. A mulher já recebeu de Deus a certeza da vitória, pois carrega uma coroa, sinal de poder real, e as doze estrelas evocam a totalidade do Povo de Deus, representada nas doze tribos de Israel.

Nem tudo é bonito no sonho. A mulher está grávida, vai dar à luz. Passa por momentos confusos e difíceis, de muita dor, mas sabe que eles são preparação para um novo tempo. Assim é o Povo de Deus neste mundo. Ele recebe do Senhor a glória e o poder para gerar o novo na história. Mas experimenta um parto doloroso. Na Bíblia, a dor de parto significa a crise que acompanha a passagem para uma situação nova, na qual a vida vai triunfar. Assim aconteceu com os discípulos de Jesus, quando acompanharam sua morte e ressurreição: choraram e se lamentaram, mas depois tiveram uma alegria incomparável (Jo 16,21s).

A imagem da mulher grávida pode também aludir a Maria, a mãe de Jesus, que deu à luz ao Messias e experimentou o tempo novo do Reino de Deus e da ressurreição de Jesus. Assim, primariamente, a mulher significa a comunidade cristã, o povo messiânico. Mas pode também se estender a Maria, mãe do messias.

b) O Dragão (v. 3-6)

Então, o sonho se transforma em pesadelo (v. 3-6). *Surge o Dragão*, literalmente um "bicho de sete cabeças", cheio de poder e força. Intimida a todos com o seu poder de destruição, representado nos dez chifres. Traz nas cabeças sete diademas, sinal que é respeitado como autoridade aparentemente perfeita e invencível. Quer devorar o filho da mulher, como as forças do Mal fizeram com Jesus, durante sua vida, a ponto de levá-lo à morte. Felizmente, o Senhor ressuscitado já está junto de Deus. O Mal não pode com ele.

A narrativa não segue a linha do tempo cronológico. No capítulo 12 do Apocalipse, o filho, logo depois de nascido, foi arrebatado para junto de Deus e de seu poder eterno (= trono). Na prática, Jesus, o filho de Deus encarnado, viveu neste mundo um longo tempo, anunciando o Pai e inaugurando a vinda do seu Reinado.

No Apocalipse, o "céu" não corresponde ao conceito clássico, como o que se contrapõe ao inferno. A palavra é a mesma, mas o sentido é diferente. Trata-se dos "bastidores da história", onde se joga a luta decisiva do Bem e do Mal, e não do lugar ou situação pós-morte reservado aos eleitos de Deus. Você imagina que o símbolo da maldade pudesse atacar Maria em pleno céu, como o entendemos tradicionalmente? Interpretar literalmente Ap 12 leva a um beco sem saída.

A mulher foge para o deserto, onde Deus lhe prepara um lugar e a alimenta por um tempo limitado. Quem é a mulher? O Povo de Deus, os seguidores de Jesus, que, como Maria, fazem a vontade de Deus e dão à luz ao Messias. Enquanto peregrinam neste mundo, os seguidores de Jesus passam pela dureza do deserto. Mas não estão sós, pois Deus os nutre com sua Palavra e seu Espírito. Na Bíblia, o deserto é lugar da tentação e do encontro com Deus, o espaço de purificação e crescimento, onde a pessoa e o povo têm a oportunidade de provar o Essencial.

c) A luta (v. 7-17)

A luta continua (v. 7-17). O Dragão, o dono do time do Mal, e seus guerreiros combatem contra os anjos de Deus e perdem a luta, nos bastidores (= céu). João tem claro que Deus já venceu a peleja. E os cristãos também, especialmente os que, como Jesus, são capazes até de morrer para serem fiéis ao Bem e à verdade. No entanto, a luta na terra vai ficar ainda mais forte. A mulher é perseguida de novo pelo Dragão, que intenta destruí-la. Felizmente, Deus vem em seu auxílio. Dá asas de águia à mulher. No deserto, ela é alimentada por Deus. A corrente caudalosa, vomitada pela Serpente, é tragada pela terra. O Apocalipse sinaliza que também a natureza colabora com aqueles que se empenham pelo Bem.

O final do relato é ainda mais forte: "Cheio de raiva por causa da Mulher, o Dragão começou a combater o resto dos filhos dela, os que observam os mandamentos de Deus e guardam o testemunho de Jesus" (v. 17). Faz lembrar da promessa de Gn 3,15s, de que a humanidade (= descendência da mulher) não vai mais ceder à tentação do Mal (= a Serpente) e que os dois estarão em luta constante. Mesmo ferida, a mulher esmagará a cabeça da Serpente, matando-a. No Apocalipse, a vitória sobre a Serpente (= o Dragão) virá do poder de Deus, através de um enviado (Ap 20,2s).

Muitas vezes nos sentimos como essa mulher no deserto: frágil, desprotegida, cercada pelo poder da maldade, mas envolvida e salva por Deus. O Apocalipse foi escrito para alimentar nossa esperança. Sabemos que, como Maria, recebemos a glória e o poder de Deus. Mas estamos num mundo de pecado, marcado também pela violência e tantas outras manifestações do Mal. Aliás, cada um de nós carrega um pouco de mulher e de Dragão, de Bem e Mal, de ternura e de violência. As dimensões de luz e trevas estão em proporções distintas em cada pessoa. À medida que crescemos na fé, na esperança e no amor solidário, passamos de forma mais clara para o time de Jesus. Deixamos de ser torcedores de arquibancada e entramos no jogo para valer. Maria, nossa companheira, nos assegura, junto com Jesus, que a vitória será de Deus e de seus aliados. O resultado será lindo: uma nova criação, um novo céu e uma nova terra. Dela participarão os seres humanos e todas as outras criaturas.

Em poucas palavras

O texto de Ap 12, primariamente, se refere à comunidade dos seguidores de Jesus, a Igreja perseguida, o grupo de homens e mulheres que se empenham pelo Bem, o Povo de Deus peregrino, que continuamente gera o Messias, sob a ação da Graça de Deus. Portanto, é um relato cristológico e eclesiológico. Traz uma mensagem esperançada: mesmo que o Povo de Deus esteja sofrendo para garantir o Bem e construir o novo na história, e o poder destruidor do Mal pareça mais forte, Deus está conosco, e sua vitória é garantida.

Secundariamente, Ap 12 também pode ser aplicado a Maria, pelo fato de ela ser mãe do Messias e imagem do Povo de Deus. A plasticidade das imagens e das analogias do Apocalipse permitem interpretações múltiplas e complementares.

Oração

Maria, nossa companheira,
Ajuda-nos a jogar no time de Jesus, a nos comprometer com o Bem e a justiça.
Livra-nos das seduções do Tentador, que nos arrastam para o Mal.
Fortalece nossa resistência nos momentos de perseguição e incompreensão.
Comunica-nos a luz de Deus, radiante como o sol, que habita em ti.
Fortalece nossa esperança, pois os tempos de hoje são difíceis como dores de parto.
Teu filho Jesus está de novo nascendo no mundo. O Dragão quer engoli-lo, mas a força de Deus é maior.
Obrigado por tua presença e ternura, que nos confirmam no caminho do Senhor.
Amém.

Articulando conhecimento e vida

1. Releia o texto de Ap 12. Valendo-se dele, aponte que elementos podem ser atribuídos a Maria e quais pontos dizem respeito ao Povo de Deus perseguido.
2. Medite Ap 12, colocando-se no lugar da mulher. Entre nesse "sonho de Deus" com a imaginação. Contemple a cena. O que ela lhe comunica?
3. Qual a mensagem de Ap 12 para os cristãos empenhados na luta pela justiça social e pela sustentabilidade do planeta?

Na rede

1. Procure na internet sobre o Livro do Apocalipse. Perceba como a grande parte do material disponível traz uma interpretação voltada para a segunda vinda de Jesus e o fim do mundo.

2. Veja o vídeo sobre o Apocalipse na série "Trem da mariologia" no *YouTube*. Ou acesse pelo nosso blog: <www.maenossa.blogspot.com>: no índice, busque "Vídeos de mariologia" e clique no link: "7. Maria ao pé da cruz e no Apocalipse". Se quiser, deixe depois seu comentário.

II. Outros textos bíblicos sobre Maria?

Talvez você já tenha ouvido falar de outros textos bíblicos que poderiam dizer algo sobre Maria, sobretudo nas Escrituras judaicas ou Antigo Testamento. Esses relatos foram escritos para falar explicitamente sobre a mãe de Jesus? Porque estão colocados na liturgia?

1. Textos da Escritura judaica

a) A serpente e a mulher

Porei inimizade entre ti e a mulher, entre a tua descendência e a dela. Esta te ferirá a cabeça e tu lhe ferirás o calcanhar (Gn 3,15).

Este trecho deve ser compreendido no seu contexto. Usando uma linguagem mitológica, o capítulo 3 do Gênesis tenta explicar a raiz do mistério do mal. O autor não está contando um fato histórico. Ele se serve de imagens literárias para refletir porque o ser humano, criado por Deus para um projeto tão lindo (o paraíso), se desencaminhou.

Após o pecado de Adão e Eva, Javé se dirige à serpente, à mulher e ao homem. O versículo 15 foi chamado de *protoevangelho*, ou seja: a primeira boa notícia para a humanidade, depois que ela cede ao poder do mal. Trata-se de uma promessa de esperança, que soa como profecia. O homem e a mulher, apesar de terem rejeitado a proposta do projeto de Deus, não permanecerão nesta situação. Não faz parte do projeto original de Deus que o ser humano permaneça sob o domínio do mal, longe do paraíso. O bem triunfará, quando a humanidade (= a descendência da mulher) destruir a fonte do veneno que a contamina. Essa luta, que se estenderá pela história, será difícil, com ferimentos e dores.

Voltemos ao texto. Quem esmagará a cabeça da serpente? A descendência da mulher. Mas não esclarece se vai ser uma pessoa individual ou uma coletividade. Os judeus que viveram fora da Palestina e fizeram uma tradução grega das Escrituras, chamada "versão dos Setenta", entenderam que um dos filhos da mulher realizaria essa esperança. Então, traduziram por "ele", em vez de "ela". Séculos mais tarde, São Jerônimo, que escreveu a versão latina da Bíblia,

111

chamada "Vulgata", talvez já influenciado pela sua experiência cristã, diz que "ela, a mulher," esmagará a cabeça da serpente.

A partir do século IV, cresce a interpretação de que Maria é a mulher que venceu o mal, por trazer Cristo ao mundo. No dizer de Santo Efrém: "Assim como a serpente tinha golpeado Eva no calcanhar, o pé de Maria a expulsou". Muitos séculos depois, as imagens da Imaculada Conceição representam Maria pisando na cabeça da serpente, mas não se diz que ela foi ferida pelo mal, como afirma o texto do Gênesis.

Portanto, originalmente, este versículo não é mariano. Posteriormente, a partir da experiência cristã, e com o crescimento da figura de Maria na comunidade, foi interpretado em chave mariana.

b) A profecia do nascimento do filho do rei

Pois bem, o próprio SENHOR vos dará um sinal: *Eis que a jovem conceberá e dará à luz um filho e lhe porá o nome de Emanuel*. Ele vai comer coalhada e mel até aprender a rejeitar o mal e escolher o bem. Pois antes de a criança aprender a rejeitar o mal e escolher o bem, a terra dos dois reis que te metem medo estará arrasada (Is 7,14s).

Veja o capítulo 7 de Isaías. Naquele tempo, depois do reinado de Salomão, o povo eleito estava dividido em dois diferentes reinos, o do Norte (Israel) e o do Sul (Judá). Ora, o rei Rason, de Aram, junto com o filho do rei de Israel, se uniram para atacar Jerusalém, a capital do reino de Judá. O rei Acaz ficou com muito medo. Então, o profeta Isaías, sentindo-se enviado por Deus, foi lhe dar coragem, dizendo que ele poderia pedir um sinal ou clamar com fé a Deus, e seria ouvido. O rei Acaz não quer seguir seu conselho. Então o profeta lhe faz ver que Deus está com ele através do sinal de que a mulher do rei já está grávida e terá um filho. Seu nome sinaliza a presença de Deus junto do seu povo. E o profeta diz mais ainda: antes que a criança chegue à idade de refletir, os dois reinos ameaçadores serão aniquilados.

O texto hebraico utiliza a palavra *almah*, que significa tanto a virgem quanto a mulher jovem. Não há dúvida que aqui se fala da jovem mulher do rei. Ora, a tradução grega dos Setenta usou o termo "virgem" (*parthenos*), pois normalmente as meninas jovens eram virgens. Bem mais tarde, Mateus se servirá dessa versão, no seu Evangelho, ao concluir o anúncio do anjo a José, na qual se anuncia a concepção virginal de Jesus. Ele faz uma releitura livre do texto de Isaías, modificando até mesmo o tempo verbal:

> Tudo isso aconteceu para se cumprir o que o Senhor tinha dito pelo profeta: *"Eis que a virgem ficará grávida e dará à luz um filho. Ele será chamado pelo nome de Emanuel*, que significa: Deus conosco" (Mt 1,22-23).

Portanto, o texto de Is 7,14 não diz respeito a Maria, e sim a sua releitura em Mt 1,22. A versão litúrgica da CNBB, utilizada na liturgia, faz uma interpolação dos dois textos, colocando no texto de Is 7,14 a palavra "virgem" e o tempo verbal no futuro.

c) Textos alegóricos marianos nas Escrituras judaicas?

Nas festas marianas utilizam-se textos bíblicos do Primeiro Testamento (ou Antigo Testamento), como se tivessem sido escritos para falar de Maria. Na realidade, eles são "alegorias", ou seja: figuras de linguagem, cujo sentido atual está muito além da intenção original do escritor. Algumas interpretações alegóricas encontram-se em autores da patrística nos primeiros séculos da Era Cristã, outras foram desenvolvidas mais tarde. Esses textos não foram originalmente escritos para falar de Maria. Vejamos quais são, mostrando seu sentido original e a posterior interpretação mariana:

- **Cântico dos Cânticos 6,10:** "Quem é esta que avança como a aurora que desponta, bela como a lua, incomparável como o sol, terrível como um exército em linha de batalha?". Trata-se de um lindo poema de amor, que elogia a amada Sulamita, com imagens fortes. É interpretado como uma alegoria para falar sobre a beleza e a força de Maria, que recebe em grande intensidade a graça divina e hoje está glorificada junto de Deus.

- **Judite 13,18:** "Tu és bendita, ó filha, pelo Deus altíssimo, mais que todas as mulheres da terra". Este cântico, colocado na boca de Ozias, exalta Judite, a mulher forte, que mostrou grande amor ao seu povo, coragem e uma estratégia inteligente ao matar Holofernes, chefe das tropas assírias. O versículo foi retomado por Lucas, no relato do encontro de Maria com Isabel (Lc 1,42).

- **Sabedoria 8,2-21:** o cântico do Livro da Sabedoria é colocado na boca de Salomão. Inicia-se assim: "Eu a amei [a sabedoria] e procurei desde a juventude fazê-la minha esposa, apaixonado pela sua beleza" (v. 2). A sabedoria é compreendida como a arte de orientar a existência pela vontade de Deus e assim agir com justiça, equilíbrio e bom senso. Neste capítulo, ela é comparada à mulher ideal, pela qual o rei se enamora e escolhe como esposa. Alguns grupos cristãos fizeram uma releitura deste texto e consideraram Maria como personificação da sabedoria, ou a mãe da sabedoria encarnada, que é Jesus.

- **Salmo 45,11s.18:** "Ouve, filha, inclina o ouvido [...] que agrade ao rei a tua beleza. Ele é teu senhor: curva-te diante dele" [...]. Farei recordar teu nome por todas as gerações, por isso os povos te louvarão para todo sempre". Trata-se de um salmo cuja segunda parte alude poeticamente à princesa que é introduzida na corte, como prometida em casamento ao rei. Incluída na Liturgia das Horas, no ofício comum de Nossa Senhora, o salmo é utilizado para celebrar a glória de Maria junto à corte celestial. Muitos versículos soam de maneira estranha se aplicados literalmente a Maria. Joias, ouro e ricas vestes estão muito longe da simplicidade e da pobreza da jovem de Nazaré...

2. Maria nos escritos paulinos

As cartas de Paulo não relatam praticamente nada sobre Maria, mãe de Jesus. O silêncio é compreensível. Grande parte das epístolas paulinas foi escrita antes dos Evangelhos. Ainda não estava desenvolvida a consciência a respeito do papel de Maria na comunidade cristã. Além disso, o próprio Paulo, pelo fato de não ter vivido com Jesus, relata pouquíssimos fatos a respeito de Jesus de Nazaré e sua missão de inagurar o Reino de Deus. Ele reflete sobretudo sobre o sentido da morte e da ressurreição de Jesus.

Há somente um texto de Paulo no qual se alude a Maria. Ela não é citada pelo nome, nem se diz nada de suas qualidades. Trata-se de Gl 4,4-5:

Quando se completou o tempo previsto, Deus enviou seu Filho,
nascido de mulher, nascido sujeito à Lei,
para resgatar os que eram sujeitos à Lei,
e todos recebermos a dignidade de filhos.

Portanto, Paulo não desenvolveu a reflexão acerca do papel de Maria na comunidade cristã. Alguns mariólogos maximalistas encontram nesses breves versículos grandes homenagens a Maria, mas tal parecer não tem apoio da maioria dos biblistas. Não há consenso a respeito do conteúdo mariano de Gl 4,4-5. O certo é que Paulo reforça a realidade da encarnação do Filho de Deus com a expressão "nascido de mulher".

Em poucas palavras

Com certeza, os textos bíblicos escritos explicitamente a respeito de Maria se encontram nos Evangelhos. No Livro do Apocalipse, pode-se atribuir uma interpretação mariana ao capítulo 12, mas ela seria secundária na intenção do autor. Relatos das Escrituras judaicas ou Antigo Testamento, tais como Gn 3,15 e Is 7,14, são fruto de interpretação posterior, a maioria servindo-se do recurso da alegoria. Portanto, não têm, originalmente, intenções mariais. Tal cuidado deve orientar a comunidade eclesial na liturgia e na catequese, para evitar um discurso sobre Maria fora de seu contexto e sem a devida fundamentação na Escritura Sagrada.

Na rede

1. Veja o vídeo que apresenta contribuições de estudantes de mariologia acerca de uma síntese de Maria na Bíblia. Encontra-se na série "Trem da mariologia" no *YouTube*. Ou acesse o blog: <www.maenossa.blogspot.com>, no índice, busque "Vídeos de mariologia" e clique: "8. Painel Síntese de Maria na Bíblia". Você pode também partilhar seu comentário.

2. Confira o texto que está disponível em: <www.maenossa.blogspot.com/2009/03/maria-na-biblia-panorama.html>. Faça, então, sua síntese pessoal sobre Maria na Bíblia.

Bibliografia básica

BOFF, C. *Mariologia social.* São Paulo: Paulus, 2006. p. 381-412.

BROWN, R. E. (org.). *Maria no Novo Testamento.* São Paulo: Paulus, 1985. p. 233-253.

DE LA POTTERIE, I. *María en el misterio de la alianza.* Madrid: BAC, 1993.

PIKAZA, X. *Amiga de Dios. Mensaje mariano del Nuevo Testamento.* Madrid: San Pablo, 1996. p. 214-258.

Texto complementar

Os diversos sentidos da figura da mulher em Ap 12

A mulher que aparece aqui, no último livro da Bíblia, é aquela de que se fala na primeira página da Bíblia, em conflito com a serpente (Gn 3,15). É Eva, a primeira mulher. É também a humanidade toda enquanto gera filhos que lutam contra as forças da morte e da maldição. É o Povo de Deus, chamado a defender a vida humana, transmitir a bênção de Deus a todos os homens e mulheres (cf. Gn 12,1-3) e consertar o mundo estragado pela maldição. A mulher (também) é Nossa Senhora, em que se afunilou toda essa luta contra a maldição e a morte. É Maria, a moça humilde e pobre de Nazaré, enquanto gera o Menino Jesus, esperança de libertação para todos.

Essa mulher, gritando em dores de parto, representa a esperança de vida que existe no coração de todos, sobretudo dos pobres. Esperança, ao mesmo tempo, frágil e forte. É frágil como a mulher na hora de dar à luz: não tem defesa nem pode lutar, pois está totalmente entregue a doar a vida nova a um novo ser humano. Mas por isso mesmo ela é forte, o ser mais forte do mundo! Sem as mulheres frágeis com coragem de dar à luz, a vida já teria cessado sobre a face da terra e nós não teríamos nascido.

Aquela luta, anunciada por Deus, desde a primeira página da Bíblia, atinge agora o seu ponto decisivo em Maria, que dá à luz o Menino Jesus. Maria representa todas as mães que geram filhos e que garantem, assim, o futuro da humanidade. (Representa também) as mães que lutam para transmitir aos filhos a sua esperança, a sua vontade imensa de ser gente. Simboliza todas as pessoas que acreditam no bem e na vida, que lutam para que a vida possa vencer a maldição que entrou no mundo pela serpente. Ela representa, sobretudo, o "povo humilde e pobre que busca a sua esperança unicamente em Deus" (Sf 3,12). (Sintetizado de: MESTERS, Carlos. *Maria, a mãe de Jesus.* 3. ed. Petrópolis: Vozes, 1987. p. 76-77.)

7
Maria: Bíblia, Tradição e dogma

Ao estudarem Maria na Bíblia, muitos cristãos sentem admiração e perplexidade. Entusiasmam-se por sua pessoa, ao descobrirem os traços principais da Mãe de Jesus: a perfeita discípula, seguidora de Jesus, irmã e mãe da comunidade, profeta da libertação, peregrina na fé e símbolo do cristão iluminado pelo Espírito. Experimentam também um desconforto, quando comparam os dados bíblicos com o que se diz de Maria na devoção e nos dogmas. Começam a se perguntar: não bastariam as afirmações bíblicas? Qual é a legitimidade do crescente aumento de espaço da pessoa de Maria na fé católica, produzindo tantos dogmas e devoções? Essas e outras questões afins só podem ser respondidas recorrendo a alguns princípios da teologia fundamental, tais como a lugar da Escritura no processo de interpretação da fé e a relação Bíblia-comunidade-Tradição.

Como diminuir o abismo entre a imagem de Maria na Bíblia e a compreensão reinante na comunidade eclesial? Os dados sobre Maria no Novo Testamento divergem muito da interpretação corrente, no meio dos fiéis. Em sermões, cantos, ladainhas, terços, comentários, celebrações ou "encontros de louvor", acentua-se a *maternidade* de Maria, como mãe de Jesus e nossa mãe. No Evangelho de Lucas, o valor recai no discipulado, em Maria como modelo de fé. A bem-aventurança central sobre Maria não diz respeito à maternidade biológica. Ao contrário, ela fez uma ruptura exigente, ao abandonar os privilégios de mãe mediterrânea e entrar humildemente no grupo dos seguidores de Jesus. Aí sua maternidade recobra pleno valor, ela reúne a comunidade em torno de Jesus, impelindo-a a fazer a sua vontade, como mostra o quarto Evangelho.

O culto a Maria assumiu dimensões gigantescas no Catolicismo. Que diferença enorme entre a sóbria imagem de Maria no Novo Testamento e as triunfantes celebrações marianas maximalistas! Para a comunidade das origens, Jesus Cristo, o Filho de Deus Pai e nosso irmão, ocupa todo espaço de reverência e culto. Estritamente falando, não há culto a Maria na Bíblia. Apenas uma breve reverência à sua pessoa na afirmação "Bendita és tu entre as mulheres" e "Bendito é o fruto do teu ventre" (Lc 1,42).

Há uma considerável distância entre a mensagem dos textos bíblicos sobre Maria e seu uso na evangelização. Citemos alguns exemplos. O relato das bodas de Caná não se centra na solicitude de Maria e na sua capacidade de intercessão ("peça à Mãe que o Filho dá"), mas na intervenção decidida dessa mulher para Jesus realizar o sinal que leva à fé. O texto de Jo 19,25-27, que alimenta a piedade popular de "Nossa Senhora das Dores", tem originalmente outra mensagem sobre Maria: a perseverança na fé e o anúncio de sua vocação de mãe da comunidade. A palavra profética de Simeão a respeito da espada que traspassará a alma de Maria (cf. Lc 2,35) se liga primeiramente à obediência da fé e a deixar-se julgar pela Palavra de Deus, e não ao futuro sofrimento da mãe diante da cruz do filho. E o que dizer do uso de Ap 12 na missa da Assunção, sabendo que o texto prioritariamente alude ao Povo de Deus (Israel e Igreja), referindo-se a Maria somente de forma derivada?

A problemática só se resolve com bom senso e sensibilidade pastoral, a partir da compreensão do lugar da Escritura no processo de interpretação da fé vivida pela comunidade eclesial.

I. Fato e interpretação

1. Gestos e palavras na revelação bíblica

O povo judeu e a comunidade cristã das origens tiveram uma experiência ímpar de Deus, que se fundamenta em fatos interpretados à luz da fé. Alguns eventos marcam a constituição e identidade do povo de Israel, como a libertação do Egito, a aliança no Sinai, a fixação na terra com a federação das doze tribos, o estabelecimento e a divisão do reinado, o surgimento do profetismo, a crise e a destruição dos reinos de Israel e de Judá, o exílio, a reconstrução de sua identidade, a resistência contra as invasões estrangeiras dos gregos e dos romanos. Para a comunidade cristã, o evento básico é a vida, a morte e a ressurreição de Jesus.

A fé judaico-cristã parte deste acontecimento fundador: *Deus irrompe na história, dá-se a conhecer por gestos e palavras e suscita uma resposta de vida.* Os fatos e suas interpretações foram fixados por escrito, durante longo processo. O povo de Israel e a comunidade cristã recebem, conservam com veneração, leem e interpretam as Sagradas Escrituras.

A busca dos significados dos textos se encontra no passado e no presente. Por mais objetivo que seja o estudo histórico sobre um relato do passado, as perguntas do pesquisador condicionarão a qualidade da resposta. Porque o sentido não ficou congelado no passado, ele é atual. Quando se aborda um texto do passado com amplo horizonte de perguntas, descobrem-se novos aspectos qualitativos.

A Bíblia testemunha contínuos processos de reinterpretação dos eventos, já submetidos à interpretação, de acordo com as mudanças de contexto da história do Povo de Deus. O caso mais evidente se encontra nas tradições Javista, Eloísta, Deuteronômica e Sacerdotal, que estão sobrepostas nos relatos dos livros do Pentateuco (Gênesis, Êxodo, Levítico, Números e Deuteronômio). É impressionante as diferenças de um mesmo fato, se narrado pela tradição deuteronômica, sob influência do profetismo, ou se contado pela tradição sacerdotal, com a grande preocupação pela pureza ritual. O mesmo Jesus Cristo é narrado com matizes tão diferentes pelos Evangelhos de Marcos e de João.

A reinterpretação dos fatos passados e dos textos que os narram cria novos elementos de discurso. Assim, a leitura *produz sentido*, em códigos novos que, por sua vez, geram outras leituras. O movimento em cadeia, como espiral ascendente, explora, sem nunca esgotar, a *reserva de sentido* do fato.

A Bíblia contém várias releituras dos fatos passados e dos próprios textos que narram os acontecimentos e refletem sobre eles. Quando coexistem várias releituras distintas, que creem ser a única autêntica, acontece o "conflito de interpretações". Depois que o conflito se resolve, toma-se consciência de que as releituras, embora em luta, apresentam elementos convergentes, pois partem dos mesmos eventos e textos, acumulam significações, produzindo, assim, uma fecunda exploração da reserva de sentido.

2. Cânon das Escrituras e novas interpretações

Num determinado momento da história do Povo de Deus, tanto Israel quanto a comunidade cristã sentiram a necessidade de definir quais textos seriam os parâmetros para a sua fé. Definiu-se, assim, o *cânon das Escrituras*, que, então, produz vários efeitos. Ao mostrar em que *acredita*, a comunidade que definiu o cânon exclui interpretações e rejeita grupos que lhe parecem ser infiéis. Nesse momento, predomina a clausura de sentido, com a sua correspondente força de seleção e exclusão. Quando os judeus definiram o cânon do que nós cristãos chamamos "Antigo Testamento", "Primeiro Testamento" ou "Escrituras judaicas", deixaram de fora uma série de escritos com sua respectiva linha de pensamento. Por exemplo: os textos apocalípticos do "1º Livro de Henoc", "2º Livro de Baruc", "4º Livro de Esdras", e alguns escritos sapienciais, redigidos originalmente em grego. E quando, nos primeiros séculos, se definiu o cânon cristão do que chamamos "Novo Testamento", excluíram-se vários escritos, denominados apócrifos, especialmente de tendência docética (que negavam a real encarnação e morte de Jesus) e gnóstica.

O cânon, embora privilegie o fechamento de sentido, dá margem também para a abertura de novos significados, que se chama polissemia. Como isso acontece? Ao incluir escritos de diferentes visões dentro de uma coletânea, eles deixam de ser elaborações independentes e se transformam em componentes de um grande texto. Assim, a visão de Paulo de que as obras da lei de nada valem, pois o decisivo é a fé (Rm 1,17.28) deve se compaginar com a de Tiago, que sustenta aparentemente o contrário: a fé sem obras é morta (Tg 2,14-26). A cristologia de Marcos, que caracteriza Jesus como o Messias que inaugura o Reino de Deus com seus gestos libertadores, deve se conjugar com a cristologia de João, que apresenta Jesus como o Filho de Deus, enviado do Pai. Ao se acoplar tantos textos num mesmo texto, amplia-se enormemente o campo de sentido, deixando em aberto a tarefa de articular interpretações até então díspares.

Ler os diversos textos bíblicos, um à luz do outro, complementando-se e criticando-se, tem valor enorme para a mariologia. Permite articular as visões de Marcos e de Lucas sobre a pessoa de Maria, que, tomadas isoladamente, seriam contraditórias. Quando se vê em conjunto os relatos bíblicos sobre Maria, conjugam-se vários perfis: a mulher convocada a deixar os privilégios da família biológica (Marcos); a mãe virginal do Messias (Mateus); a discípula ideal que ouve, acolhe, medita e realiza a Palavra de Deus; a peregrina na fé; a representante dos cristãos comprometidos com a nova sociedade; a mulher iluminada pelo Espírito Santo (Lucas); a mãe-irmã da comunidade, que a leva a realizar a vontade de Jesus (João), o símbolo da comunidade de fé que peregrina neste mundo, em meio à glória e à perseguição. Devido à intratextualidade, pode-se falar da "imagem bíblica" de Maria e não somente da visão de um autor bíblico.

II. Bíblia e Tradição na vida da comunidade

Quando se compreende o processo que levou à constituição dos Escritos e à configuração da Bíblia, pode-se situar adequadamente o papel da Tradição cristã.

1. Tradição: por que e para quê?

Em sentido amplo, a Tradição antecede a Escritura. Denomina-se Tradição (com T maiúsculo) o *movimento de trazer, conservar e transmitir conhecimentos e valores no correr da história do Povo de Deus*. A comunidade de fé, tanto o povo de Israel quanto a Igreja, vive a experiência religiosa, escreve os relatos inspirada pelo Espírito Santo, faz releituras e define o cânon das Escrituras. A Tradição teceu os fios dos relatos, deu-lhes a forma de textos revestidos de roupagens literárias múltiplas e agrupou-os no grande conjunto chamado "Bíblia". A comunidade define o sentido dos fatos e dos textos, identifica experiências e interpretações como fundantes para sua identidade e sua crença. Também abre novos significados (polissemia), por ser viva e buscar responder aos desafios de novos contextos.

A Sagrada Escritura orienta a comunidade cristã no correr da história, como parâmetro fundamental para novas e mais profundas interpretações. E assim a Igreja vai fazendo história, *a partir da revelação consignada nas Escrituras e interpretada pela Tradição*. Portanto, a Tradição não é uma entidade estranha que vem manchar, estragar ou deturpar a Escritura – embora isto possa acontecer em determinados momentos –, mas sim, usando uma imagem familiar, é mãe e filha da Escritura.

A Tradição é caracterizada como *a memória seletiva e coletiva da comunidade eclesial*. Por ser *memória*, traz o passado até nós, poupando cada nova geração cristã do trabalho de descobrir tudo a partir do zero. Relembra, tonifica, nutre. Enquanto *memória seletiva*, tende a destacar alguns aspectos da fé, por ser mais atual ou conveniente para a comunidade, deixando na sombra outros.

A Tradição realiza simultaneamente um movimento de continuidade e ruptura com o passado. *Continuidade*, porque é a mesma comunidade de fé que faz sua história, apoiando-se em balizas do passado. *Ruptura*, pois o presente impulsiona a redescobrir elementos da Tradição que foram esquecidos com o tempo e estimula a produção de novos significados para a atualidade. Vários fatores intervêm nesta tarefa de redescoberta, purificação e crescimento, como novas práticas sociais e eclesiais, a espiritualidade e a teologia.

Por fim, a Tradição, como *memória coletiva*, significa a soma do esforço conjunto e diferenciado de diversos atores eclesiais. Cada um desempenha seu papel: os fiéis, vivendo a fé no cotidiano, descobrindo interpretações mais ricas e provocativas; os teólogos, sistematizando, refletindo e elaborando; e a hierarquia, discernindo com eles e oficializando as interpretações legítimas. O problema reside em que, nos últimos séculos, os diferentes sujeitos eclesiais perderam seu protagonismo na Tradição. Os leigos deixaram de ser sujeitos ativos, recebendo passivamente o que lhes vinha do passado. Os teólogos reduziram sua atuação, devido à submissão ao Magistério, não ousando novas reflexões. O

Magistério foi considerado como a única instância produtora de Tradição. Ora, é necessário recuperar a dimensão positiva da Tradição, como movimento vivo da comunidade eclesial, diferenciando-a claramente do tradicionalismo, que congela o sentido da fé em expressões do passado.

2. A interpretação e o contexto

A relação entre Escritura e Tradição acontece em comunidades cristãs vivas e inculturadas que realizam o processo de interpretação da fé. Três forças, como pontas de um triângulo, intervêm na realização dessa tarefa: a Palavra de Deus, compreendida no horizonte da Tradição; os apelos do Senhor através dos *sinais dos tempos*; e as experiências da própria comunidade. Não se trata de algo rígido, e sim de um círculo em movimento. Os elementos se condicionam mutuamente. Nova leitura da Palavra de Deus possibilita maior sensibilidade aos *sinais dos tempos*, que por sua vez influencia novas práticas pessoais, sociais e eclesiais. O movimento pode se iniciar por outros vértices. Por exemplo: experiências humanas significativas e a consciência delas decorrentes fertilizam enormemente a leitura da Palavra de Deus e provocam novas práticas eclesiais.

Quem já observou a espiral de uma mola de relógio antigo deverá ter notado que se formam vários círculos, que vão se abrindo a partir do núcleo central. À medida que o movimento da espiral continua, parece voltar ao mesmo lugar, mas está num nível superior. A interpretação enriquecedora da Sagrada Escritura é como uma espiral, que acumula e produz sentido. Parece tocar os mesmos pontos, mas amplia cada vez mais sua compreensão. Ao mesmo tempo, continua referida ao ponto da origem da espiral, que é a revelação de Deus.

As experiências e opções de vida trazem condicionamentos positivos para a leitura da Palavra de Deus. Uma pessoa solidária com os outros encontrará na Sagrada Escritura muitos elementos que a estimulam à prática do amor. Quem já passou por terríveis sofrimentos e perseguições, compreenderá com luz nova as reflexões do Livro de Jó e se deixará iluminar pelo mistério da cruz de Jesus. A crescente consciência do papel das mulheres na sociedade ajuda a fazer uma leitura da Bíblia na ótica da reciprocidade, criando, assim, novas relações de gênero. A luta pela justiça e por melhores condições de vida permitirá compreender com intensidade a experiência do êxodo, a opção de Jesus pelos empobrecidos e a repercussão social da fé cristã.

A interação entre "Vida", "Bíblia" e "Tradição" acontece devido à ação do Espírito Santo tanto no texto escrito quanto na existência humana. Através de cada instância e na relação circular entre elas, Deus mesmo oferece seu amor, interpela à conversão e chama a realizar seu projeto de salvação, que tem a extensão da humanidade.

III. Maria na fé cristã católica

Na Tradição católica, Maria ocupa lugar especial. A Igreja reconhece sua atuação e presença, na comunhão dos santos, como "a mais perto de Deus e a mais próxima a nós". Nas décadas de 1960 e 1970, houve tentativas infrutíferas de reduzir drasticamente o lugar de Maria do campo da fé católica. Elas apresentaram o valor positivo de criticar manifestações maximalistas e purificar os devocionismos estéreis. Mas, por vezes, deixaram um enorme vazio.

A importância de Maria no imaginário católico é algo positivo, que deve ser acolhido e aperfeiçoado. Se este lugar ímpar de Maria na consciência eclesial é uma conquista da Tradição, a postura correta do teólogo e do agente de pastoral consiste em buscar compreender o seu valor, em vez de tentar suprimi-lo. A crítica aos exageros da piedade mariana está imbuída de amor pela comunidade eclesial e pela pessoa de Maria. Não consiste em espírito de destruição, mas aponta os elementos ambíguos e os riscos, em busca de expressões mais autênticas da fé cristã.

1. Bíblia + Tradição na mariologia

Os textos bíblicos indicam os traços básicos da figura histórica e simbólica de Maria de Nazaré. Auxiliam a manter a centralidade de Jesus na experiência de Deus, pois ele é o autor e realizador de nossa fé, que abriu um caminho novo e vivo através de sua humanidade (Hb 10,20). Os relatos da Escritura são a fonte revitalizadora da relação filial-fraternal da comunidade cristã com Maria. Oferecem balizas para delimitar o campo de interpretação cristão sobre a Mãe de Jesus e corrigem eventuais exageros.

A reflexão acerca de Maria vai além dos dados bíblicos, pois incorpora a memória coletiva e seletiva da Tradição, servindo-se da evolução do culto (liturgia e piedade) e do dogma. Por outro lado, a imagem bíblica de Maria permanece como centro irradiador, que legitima e reorienta a Tradição.

É legítima a interpretação marial que se distancia da intenção original dos autores sagrados? Não é fácil responder a essa questão, pois há conflito de interpretações entre exegetas e teólogos a respeito da mensagem central de muitos textos bíblicos. Um minimalista lerá a saudação do anjo "Alegra-te, Maria" (cf. Lc 1,28) como mero cumprimento ou parte do gênero literário. O maximalista, ao contrário, encontrará aí incomparáveis louvores à Mãe de Jesus, e verá nela a imagem realizada da Arca da Aliança, a plenificação da "Filha de Sião". O(a) mariólogo(a) equilibrado navega entre as duas correntes, atento para não ser tragado por nenhuma delas. E amplia sua reflexão teológica recorrendo ao resultado das pesquisas de biblistas e teólogos sistemáticos.

2. Critérios para ampliar o sentido dos textos bíblicos

É legítimo aceitar interpretações que extrapolem o sentido original dos dados bíblicos, desde que se respeitem algumas condições, tais como:

a) **Aceitar que o sentido original do texto não esgota as possibilidades de interpretação, mas analisá-las criticamente.** A produção de sentido continua com a história. No entanto, ela não pode crescer sem critérios ou limites, mesmo se movida por movimentos piedosos e bem-intencionados. A criação ou ampliação de significados deve estar sob o controle do campo de interpretação da fé cristã, que é delimitado pelo texto bíblico e pela Tradição viva da Igreja. Por maior que seja o amor a Maria, não se aceita que ela seja considerada uma deusa ou a quarta pessoa divina na Trindade.

b) **Sempre que possível, conciliar diferentes visões, para ampliar o leque de sentidos.** Embora haja conflito de interpretações, distintas leituras não são necessariamente excludentes. Por exemplo: o significado da espada que traspassa o coração de Maria, originalmente referente à obediência à Palavra de Deus, pode incluir o sofrimento de mãe e a perseverança na hora da cruz. Tal procedimento leva em conta a visão dos fiéis e também ajuda a dilatar seus horizontes.

c) **Ter consciência da perspectiva adotada.** Se um(a) teólogo(a) ou pastoralista quer chamar Maria de "Nova Eva", explicitar que não se trata da mensagem de nenhum texto bíblico, mas de ampliação de sentido, realizada pela comunidade cristã já a partir dos primeiros séculos. Poderá até citar Gn 3,15 e Jo 19,27, como se faz no capítulo VIII da *Lumen Gentium*, com a consciência de que está usando analogia e extrapolando o sentido original dos textos bíblicos.

d) **Acolher os "sinais dos tempos" das mudanças culturais e da situação existencial das pessoas e das comunidades como critério**

operacional para interpretações legítimas. Não basta que os dados bíblicos e da Tradição estejam corretos, do ponto de vista do(a) teólogo(a) ou do Magistério. Requer-se mais: que sejam Boa-Nova para as pessoas e estimulem a seguir Jesus hoje. Alguns exemplos: a crescente consciência da relação de reciprocidade entre homem e mulher leva a purificar o discurso tradicional sobre a maternidade de Maria, retirando-lhe os ranços patriarcais e machistas. Redescobre-se em Maria sua identidade de mulher e seguidora de Jesus, que vive numa comunidade de discipulado de iguais. A busca de espiritualidade em meio ao frenético ritmo das sociedades urbanas leva a caracterizar Maria como aquela que ensina a contemplar a Deus no cotidiano, meditando os acontecimentos e buscando seu sentido.

e) **Manter a centralidade de Cristo.** As interpretações dos textos bíblicos ou da Tradição da Igreja acerca de Maria devem resguardar o lugar central de Jesus Cristo, como nosso mestre e Senhor. No fundo, essas interpretações reportam ao Deus Trindade. Usando uma imagem da patrística, diríamos que Maria é como a lua que recebe e irradia a luz de Deus que reluz em Cristo. Qualquer devoção que ignore este princípio tende a se desfocar do centro, mesmo que esteja imbuída das melhores intenções.

IV. Por que dogmas?

Muitas pessoas imaginam os dogmas como um pacote fechado que o fiel católico tem que levar para casa junto com sua pertença à Igreja, ou o remédio indesejável que ele deve engolir sem mastigar, para não sentir o gosto amargo. Para a grande maioria dos cristãos, os dogmas seriam verdades de difícil compreensão, na área da doutrina ou da moral, determinadas pela autoridade máxima da Igreja, que devem ser acolhidas cegamente, sem questionamentos.

Há quem duvide da validade de dogmas na Igreja Católica, por diferentes motivos. Conforme a *Reforma Protestante*, a pretensão católica de propor dogmas contradiz a liberdade da consciência cristã e a prioridade absoluta do Evangelho. Indevidamente, dogmas imporiam a cunha da palavra de uma autoridade humana entre o cristão e o único mediador, Jesus Cristo. No pensar da Modernidade, ciosa da autonomia do sujeito, o dogma seria somente uma opinião discutível, formulada num contexto que já está superado. Como foi imposto de fora, por uma autoridade religiosa, a pessoa não reconhece no dogma algo que tenha significado existencial ou intelectual para si. Além disso, carece de validade, por não se submeter à investigação filosófica ou científica. Os dogmas teriam sido como uma "babá" para a humanidade, quando ela estava no estágio infantil. Mas, à medida que o ser humano alcança a etapa da maturidade da razão, os dogmas tornam-se dispensáveis.

Para muitos *cristãos leigos*, a vida de fé é determinada pela "experiência", o que envolve sentimentos, intelecto e prática. O dogma, ao contrário, aparece como algo empobrecedor e sem gosto experiencial. Em vez de fazer crescer os significados da experiência cristã, reprime-os. Os *cristãos empenhados com o ecumenismo* veem os dogmas com preocupação. Uma Igreja cheia de dogmas assemelha-se a uma velha senhora obesa com dificuldade de locomoção. Centrada nos seus achaques, paralisada pelas verdades acumuladas no passado, a anciã tem pouco ânimo para dialogar com o mundo e as outras Igrejas cristãs.

Afinal, por que surgiram os dogmas na Igreja? Eles ainda são atuais? De que forma?

1. Uma imagem para entender os dogmas

Era uma vez um lindo santuário no alto da montanha. Para lá acorriam muitas pessoas, de diferentes povos, culturas e nações. Multidões de peregrinos, ao longo do tempo, pisaram o chão da trilha que leva ao santuário. Retiraram o mato e abriram outros trechos. Aos poucos, foi-se fazendo uma estrada, pois os peregrinos descobriram que, tão importante quanto a meta a alcançar, é o caminho que conduz a ela. A estrada até o santuário era muito bonita. Embora houvesse espinhos, poeira, lama e buracos, podia-se ver a beleza do sol no meio da serra, respirar ar saudável, deixar-se penetrar pelo verde intenso das árvores e sentir odores de flores silvestres. Ao lado do caminho, sinuoso e belo, havia também precipícios e abismos.

Durante muito tempo os peregrinos iam ao santuário a pé ou em lombo de burro. Os séculos se passaram e surgiram carros e ônibus. Devido a muitos acidentes, os encarregados do santuário colocaram acostamento, antiderrapantes, sinais luminosos para a noite, protetores e placas. Certamente, a estrada era perigosa, pois alguns haviam errado o caminho e despencaram no abismo. Mas ela permanecia fascinante. Então, alguns acharam que era muito arriscado deixar a estrada do santuário assim. Levantaram muros nas encostas, colocaram quebra-molas e fixaram mais placas para indicar o caminho.

Ficou difícil caminhar por aquela estrada. Ela perdeu a beleza e a praticidade. Novos povos que faziam a romaria não entendiam as antigas placas.

Chamaram, então, técnicos para interpretar as placas, o que tornou o caminho mais difícil de ser percorrido. Alguns passaram a se preocupar exclusivamente com os muros de arrimo, as placas, as explicações, as advertências sobre os perigos, e se esqueceram de caminhar. Perderam de vista que a estrada levava ao santuário, lugar de encontro com o Deus que caminha com seu povo.

Então, alguns homens e mulheres iluminados perceberam o equívoco. Eliminaram aquilo que atrapalhava a estrada e deixaram apenas o que ajudava os romeiros. Assim, as pessoas voltaram a descobrir a beleza da estrada e a orar pelo caminho. Mais gente passou a ir ao santuário, e de lá voltava com o coração alegre e renovado.

Os dogmas são como placas que indicam o caminho de nossa fé. Foram criados para ajudar a comunidade eclesial a se manter no rumo do Santuário vivo, que é Jesus. Funcionam como balizas, sinalizadores, arrimos e proteção.

2. Os dogmas na história

Os grandes dogmas da Igreja surgiram nos primeiros séculos, para resolver questões de fé que não podiam ser esclarecidas somente pela Sagrada Escritura. Por exemplo: a Bíblia afirma que Deus é um só, o único criador de todos os seres. Mas ao mesmo tempo diz que Jesus é Filho de Deus. Há momentos em que Jesus afirma, no Evangelho de João: "Eu e o Pai somos um". Em outros, ele ora ao Pai, mostrando que o Pai é diferente dele. O mesmo se diga do Espírito Santo. O Espírito não é Jesus, mas vem do Pai. Como é possível entender que Deus seja um só, mas que também exista o Pai, o Filho e o Espírito? São três deuses?

As interpretações eram muito diferentes, apesar de as pessoas lerem o mesmo texto da Bíblia. Isso acontecia também por causa dos diferentes contextos culturais nos quais o Cristianismo se encarnou. No século IV, um grupo de cristãos defendia que Deus era um só, mas se mostrava de jeitos diferentes para nós, como um artista que troca de roupa e de maquiagem no teatro. Ele apareceria de maneiras diferentes, mas seria uma só divindade. Outros diziam que em Deus haveria escalas de importância. Deus Pai seria o Todo-poderoso, Deus Filho seria subordinado a ele, por fim viria o Espírito Santo. Foram necessários muita discussão e alguns concílios até a Igreja formular a doutrina que conhecemos hoje como "Santíssima Trindade". Ou seja: nós cremos que Deus é um só, em três pessoas. Elas têm igual dignidade, e estão em relação, umas com as outras: o Pai criador, o Filho redentor e o Espírito santificador.

Os dogmas centrais do Cristianismo foram formulados nos cinco primeiros séculos, através de concílios, para responder às questões vitais da fé. Estava em jogo o núcleo da identidade cristã: quem é Jesus, quem é o nosso Deus, como se articulam a humanidade e divindade em sua pessoa, como Cristo revela Deus. O conflito de interpretações chegou a tal ponto que se fez necessário matizar afirmações, estabelecer limites para certas posições e discernir qual leitura era mais fiel à revelação cristã. Os grandes concílios ecumênicos de Niceia, Éfeso, Constantinopla e Calcedônia resolveram grandes conflitos, especialmente na área da cristologia. Eles encerravam a discussão com um credo que sintetizava os pontos consensuais da comunidade cristã. Refutavam também as afirmações que, após discussão, eram reconhecidas como deficientes, incoerentes ou contrárias à experiência cristã. Daí os "anátemas" e a qualificação de "heresia" (literalmente: separado) para as posições não aceitas.

Na Idade Média, outros dogmas também foram definidos em sínodos e concílios. E, a partir do século XIX, somente pelos papas, após consultar os bispos. Assim aconteceu com os dogmas marianos da Imaculada e da Assunção. Nos últimos quatrocentos anos, no embate com os protestantes, os católicos reforçaram os dogmas e a Tradição, em detrimento da Sagrada Escritura. Valorizou-se o conhecimento da doutrina cristã, baseada nos dogmas. No catecismo, a criança tinha de memorizar as verdades de fé. Mas muitas vezes não entendia o que dizia. E foi crescendo a distância entre aquilo que as pessoas experimentavam pela fé e o que expressavam na doutrina.

O Concílio Vaticano II ajudou a compreender melhor o lugar e a função dos dogmas. Recolocou a Bíblia como fonte para a teologia e a liturgia. Mostrou como a Tradição legítima da Igreja interpreta a Escritura e fornece elementos necessários para a vivência da fé. Reconheceu que nem todos os dogmas têm o mesmo valor. Os mais importantes estão mais próximos do núcleo da experiência cristã. E isso é importante para o diálogo com outras Igrejas e religiões.

A revelação de Deus já chegou a seu ponto máximo em Jesus Cristo. Já não há mais novos livros revelados a serem escritos. A Bíblia se encerrou com o Apocalipse. Jesus deixou o Espírito Santo, que conduz a comunidade cristã à verdade plena. O Espírito recorda o que Jesus disse e ajuda a compreender muito mais (Jo 16,12-13). Portanto, a interpretação da revelação continua aberta. A Igreja, no correr de sua longa existência, assemelha-se a um grande rio, no qual as águas da única fonte, que é a Bíblia, vão se enriquecendo com a Tradição. Cabe ao Magistério – os bispos unidos ao Papa – regular esse processo de interpretação, que as comunidades produzem no correr de sua história, em diferentes épocas e culturas.

Os dogmas centrais do Cristianismo são, ao mesmo tempo, *infalíveis* e *reformáveis*. A infalibilidade reside no fato de que o dogma significa uma conquista irrevogável, que traz elementos vinculantes para a confessionalidade católica. No entanto, por ser uma formulação humana, condicionada pelo tempo, há elementos na linguagem e no esquema mental do dogma que são caducáveis e por isso necessitam ser reinterpretados, numa fidelidade criativa à Bíblia e à Tradição. A atualização do dogma visa a "suprir o descompasso da língua, aperfeiçoar as fórmulas usadas, purificar o esquema de pensamento, manter viva a verdade da revelação em sua relação com a existência humana e dar mais clareza e plenitude a esta verdade" (cf. Sagrada Congregação para a Doutrina da Fé, *Mysterium Ecclesiae*, junho de 1993). Há uma evolução da Tradição e do dogma, que diz respeito não somente à linguagem, mas a um aprofundamento do que Deus revelou. No dizer do Vaticano II:

> Esta Tradição, oriunda dos Apóstolos, *progride* na Igreja sobre a assistência do Espírito Santo: cresce, com efeito, a *compreensão* tanto das coisas como das palavras transmitidas, seja pela contemplação e estudo dos que creem [...], seja pela pregação daqueles que com a sucessão do episcopado receberam o carisma seguro da verdade. A Igreja, pois, no decorrer dos séculos, tende continuamente para a plenitude da verdade divina, até que se cumpram nela as palavras de Deus (*Dei Verbum*, n. 8).

Como Deus é uma realidade inesgotável e sempre nova, o dogma capta algo do mistério divino, mas de forma limitada. Necessita, assim, de novas abordagens no correr dos tempos, que explicam sobre Deus e seu projeto salvífico com a humanidade, sem ter a pretensão de estar pronunciando a palavra definitiva sobre isso. Embora exercite o intelecto, o dogma não se reduz a um conjunto de fórmulas frias e exatas, como uma equação matemática. Só se compreende a Deus deixando-se fascinar por ele, abrindo o coração, a mente e o entendimento para a luz e o calor de sua presença irradiante. Por isso, os dogmas também são expressão de louvor e reconhecimento a Deus, que é "sempre mais".

3. *Os dogmas mariais*

Os dogmas da maternidade divina, da virgindade, da Imaculada Conceição e da Assunção não são nem a palavra inicial nem a palavra final acerca de Maria. Considerar os dogmas como começo da mariologia incorre no erro de ignorar a figura de Maria de Nazaré, sua caminhada na fé, enfim, a sua dimensão humana e histórica. Constrói-se uma mariologia de privilégios, mostrando sempre o que Maria tem *a mais* do que nós, os seres humanos normais. Há enorme risco de se perder a centralidade de Jesus Cristo, tal como é proclamado na Bíblia e celebrado no culto. Elabora-se uma reflexão com "argumentos de conveniência", sem fundamento na Sagrada Escritura e que não resistem a um diálogo sério com outras Igrejas e religiões.

Concluir a mariologia com os dogmas tem mais vantagens, se toma-se a sério a reflexão bíblica e ecumênica sobre a Mãe de Jesus e se reflete sobre seu lugar na comunhão dos santos. No entanto, isso não significa encerrar o processo de pensar a fé. A teologia sistemática avança e a mariologia deve ir com ela. As reflexões da antropologia teológica nos últimos cinquenta anos trouxeram luzes novas para compreender o dogma da Imaculada Conceição, devido à revisão e ao aprimoramento dos conceitos de "criação" e "Pecado Original". A escatologia cristã, ao assumir uma visão unificadora sobre o corpo humano, e repensar as categorias de tempo e de espaço, estimularam a mariologia a reelaborar o dogma da Assunção.

Cada dogma marial revela algo sobre Maria, que está afirmado em gérmen nas narrativas do Novo Testamento e foi desenvolvido na Tradição eclesial. Como Maria está sempre referida ao Deus Trindade, cada dogma também traz à tona facetas da realidade divina. Por fim, Maria é uma pessoa que se tornou símbolo do seguidor de Jesus e a da própria comunidade eclesial. Por isso os dogmas marianos também descortinam elementos teológicos sobre o cristão e a Igreja.

A abordagem sobre cada dogma mariano começará com as perguntas que vêm da existência pessoal e da prática pastoral. A seguir, apresentaremos a base bíblica ou o horizonte bíblico que fundamenta o dogma. Em continuidade, faremos uma síntese sobre o contexto histórico que originou a afirmação dogmática. Por fim, apresentaremos a interpretação atual, com as consequências para a vida cristã.

Oração

Obrigado, Senhor, pois tu és o Deus da surpresa,
a comunicar-nos a novidade de tua Palavra,
mostrando-nos tua beleza sempre antiga e sempre nova.
Quanto mais te conhecemos, na vida, na Bíblia, na Tradição e nos dogmas,
mais nos reconhecemos peregrinos da verdade.
Livra-nos da tendência de aprisionar tua Palavra em nossos esquemas tão restritos.
Continua a dar-nos teu Espírito, para que ele nos conduza à verdade plena,
enquanto vivemos, pela fé, na esperança e na caridade. Amém.

Em poucas palavras

Deus se revelou a homens e mulheres, através de gestos e palavras, fatos e interpretações, na história de salvação. O processo de revelação alternou momentos de polissemia e clausura, ou seja, abertura e ampliação de significados e delimitação de sentidos. Experimentaram-se muitas releituras. Quando se definiu o cânon das Escrituras, houve um novo processo de clausura. Mas a intratextualidade permitiu também novas interpretações e ampliação do campo de sentido (polissemia).

A partir do texto revelado e consignado na Bíblia, a comunidade eclesial realiza processos enriquecedores de interpretação da Palavra. A Tradição, como um rio, origina-se na nascente da revelação. Incorpora em suas caudalosas águas o que a memória coletiva e seletiva da Igreja elabora e retém. E transmite-a às novas gerações.

A partir dessa compreensão viva da Tradição, sempre referida à Escritura, pode-se entender como a figura de Maria ampliou-se tanto no correr da história. Mas isso não legitima qualquer expressão do passado que chegou até os dias de hoje. É insano se aferrar igualmente a todas as expressões da Tradição, como se elas fossem divinas. A história caminha e o Espírito de Deus está continuamente agindo nela. Os processos de polissemia e clausura continuam a se realizar hoje.

A Tradição e os dogmas marcam balizas inegáveis no campo de interpretação da fé, mas eles não devem imobilizar a Igreja. Ao contrário, podem suscitar nos cristãos a consciência humilde de que o Senhor os está conduzindo à verdade plena por meio de expressões e compreensões que necessitam ser purificadas e evoluir. Na marialogia, Escritura, Tradição, dogmas e *sinais dos tempos* devem passar por uma relação de circularidade, considerando que a Bíblia é a fonte de toda teologia.

Com tal pano de fundo serão abordados nos próximos capítulos os quatro dogmas marianos: maternidade divina, virgindade, Imaculada Conceição e Assunção. Em cada dogma se mostrará o que ele revela sobre Maria e sobre Deus, bem como o que desvela a respeito do(a) seguidor(a) de Jesus, da Igreja e do próprio ser humano.

Articulando conhecimento e vida

1. Destaque as suas descobertas a respeito da relação entre Bíblia, Tradição e *sinais dos tempos*. O que elas ajudam a compreender sobre a interpretação atual acerca de Maria?
2. Qual era seu conceito sobre "dogma" antes de ler este capítulo? Sua compreensão modificou após a leitura?
3. Se você é estudante de curso de iniciação ou de bacharelado em Teologia, estabeleça relações entre o conteúdo deste capítulo e as disciplinas que já estudou, como a Teologia Fundamental, a Cristologia, a Teologia Bíblica ou a Introdução à Pastoral.

Na rede

1. Faça uma busca na internet sobre as palavras "Tradição" e "dogmas". Confronte com o que você descobriu neste capítulo.
2. Acesse o blog: <www.maenossa.blogspot.com>, e localize a analogia da *estrada do santuário*. Deixe ali o seus comentários pessoais.

Bibliografia básica

CROATO, J. S. *Hermenêutica bíblica. Para uma teoria da leitura como produção de significado*. São Paulo: Paulus, 1986.

GARCÍA PAREDES, J. C. R. *Mariología*. Madrid: BAC, 2001. p. 285-306.

MESTERS, C. *Por detrás das palavras*. Petrópolis: Vozes, 1982.

MURAD, A. *Este Cristianismo inquieto*. São Paulo: Loyola, 1994. p. 113-151.

SEGUNDO, J. L. *O dogma que liberta. Fé, revelação e magistério dogmático*. 2 ed. São Paulo: Paulinas, 2000. p. 181-226, 389-430.

TEMPORELLI, C. *Dogmas marianos*. São Paulo: Paulus, 2010. p. 12-17.

Textos complementares

1. *"Dogmas" no* Catecismo da Igreja Católica

88. O Magistério da Igreja faz pleno uso da autoridade que recebeu de Cristo quando define dogmas, isto é, quando propõe, de um modo que obriga o povo cristão a uma adesão irrevogável de fé, verdades contidas na Revelação divina ou quando propõe, de modo definitivo, verdades que tenham com elas um nexo necessário.

89. Existe uma ligação orgânica entre a nossa vida espiritual e os dogmas. Os dogmas são luzes no caminho da nossa fé: iluminam-no e tornam-no seguro. Por outro lado, se a nossa vida for reta, a nossa inteligência e nosso coração estarão abertos para acolher a luz dos dogmas da fé

90. A interligação e a coerência dos dogmas podem encontrar-se no conjunto da revelação do mistério de Cristo. Convém lembrar que "existe uma ordem ou 'hierarquia' das verdades da doutrina católica, já que o nexo delas com o fundamento da fé cristã é diferente". (Extraído de Catecismo da Igreja Católica.)

---

2. *Dogmas marianos: primeira abordagem*

Por fidelidade a suas origens mais remotas, o dogma deve permanecer como algo aberto, que responda aos anseios e às perguntas do Povo de Deus. Não remete a uma fórmula jurídica, e sim ao próprio mistério cristão, que não é mistério *lógico*, e sim mistério de *salvação*. Acompanha, além disso, a evolução dos tempos e as novas necessidades da sociedade e da Igreja, procurando relacioná-las com o mistério cristão. O que permanece no dogma é sua raiz, o mistério original do qual provém.

No terreno mariano, concretamente, os dogmas têm sido não apenas estudados do ponto de vista histórico, como também criticamente revisados a fim de afastar sua contestação, superar a insuficiência de seus enunciados e enriquecê-los com novos aspectos a partir das aquisições bíblico-teológicas e das interpretações das ciências humanas. O processo de revisão interessa aos quatro dogmas marianos.

Os dogmas marianos apresentam várias dificuldades hermenêuticas. É difícil harmonizar os dados que, com relação a Maria, procedem da Escritura, da Tradição patrística, da tradição teológica e do Magistério eclesial normativo ou dogmático. A mariologia, de fato, vem se desenvolvendo paralelamente à cristologia e à eclesiologia, e chegou nos últimos séculos a afirmações dogmáticas que têm sido consideradas, por muitos especialistas, audazes e sem precedentes.

Um critério a levar em conta ao interpretar uma definição dogmática mariana é considerar que se trata de uma escuta atenta, cordial, comprometida de determinado aspecto da revelação de Deus. Pois a revelação não deve ser entendida como uma realidade objetiva, semelhante a um depósito inerte, ou como um sistema de ideias totalmente constituído, a ser aprendido e transmitido sem tirar nem pôr absolutamente nada. A revelação é acontecimento em que transparece e age a presença misteriosa de Deus. É acontecimento passado, mas também presente, na medida em que essa revelação continua sendo oferecida e agindo, e o continuará fazendo pelos séculos dos séculos. A revelação é chamada a continuar acontecendo em todas as épocas, para todos os povos, até o fim dos tempos. A verdade da revelação se realiza progressiva e historicamente na medida em que é acolhida por diferentes gerações e comunidades humanas.

É frequente o tratamento isolado de cada um dos dogmas marianos, como se se tratassem de realidades paralelas ou separadas umas das outras. Segundo W. Kasper, os dogmas marianos proclamam *verdades paradigmáticas*, ou seja, que expressam simbólica, exemplar e tipologicamente outras verdades; exemplificam enunciados cristológicos, soteriológicos e eclesiológicos. Por isso reconhecemos uma autêntica hierarquia de verdades dentro da fé e dos dogmas da Igreja. E, ao mesmo tempo, uma profunda e íntima interconexão entre todos eles: os dogmas se iluminam e se relativizam mutuamente.

As afirmações dogmáticas devem ser entendidas em seu contexto histórico-cultural. Todas elas estão situadas numa determinada cultura e período, condição que afeta a revelação de Deus. Daí a necessidade de compreendê-las em seu sentido original, reatualizar e realocar sua verdade em novos contextos históricos e culturais. (Sintetizado de: TEMPORELLI, Clara. *Dogmas marianos.* São Paulo: Paulus, 2010. p. 12-17.)

8
Maria, mãe e virgem

Neste capítulo abordaremos os dois primeiros dogmas marianos. Eles foram formulados nos primeiros séculos do Cristianismo e guardam estreita relação com a reflexão sobre a pessoa de Jesus Cristo (cristologia). Para cada dogma, serão apresentadas a base bíblica, a origem da definição dogmática e a interpretação atual.

I. O dogma de "Maria, Mãe de Deus"

Os católicos recorrem a Maria muitas vezes, na oração, como Mãe de Deus e mãe dos cristãos. Acreditam que ela está tão perto de Deus e tão próxima aos fiéis que ouve seus pedidos, dá-lhes colo e zela pelo seu bem. Essa convicção é afetiva e relacional. À medida que se avança na compreensão da fé, aparecem alguns questionamentos. Como pode uma mulher receber o título de Mãe de Deus, que é o Criador, Salvador e Santificador de todos? É possível uma criatura ser mãe do Criador? Não estaria este dogma contaminado pelas religiões pagãs que veneram deusas mães? E se este dogma está na origem do Cristianismo, o que existe em comum com os ortodoxos e protestantes?

1. Base bíblica e origem do dogma

Todos os Evangelhos afirmam, sem sombra de dúvida, que Maria de Nazaré é a mãe de Jesus. Marcos lembra que o povo de seu povoado chamava Jesus de "filho de Maria" (Mc 6,3). Mateus, ao se referir à origem de Jesus, chama-a de "Maria, sua mãe" (Mt 1,18). Lucas conta, de maneira poética e cheia de símbolos, a anunciação do anjo de Deus a Maria, a futura mãe de Jesus (Lc 1,26-38). João nem a chama pelo nome. Diz somente: "a mãe de Jesus" (Jo 2,1 e 19,25). No entanto, como se mostrou nos capítulos anteriores, os evangelistas valorizam muito mais outras características de Maria do que o fato de ser mãe biológica de Jesus. Ela é apresentada como a perfeita discípula que ouve, medita e frutifica a Palavra; a peregrina na fé; a mulher perseverante no amor de Jesus até a cruz, a guia e mãe da comunidade. O único versículo que ressalta a maternidade de Maria está na saudação de Isabel: "Como mereço que a mãe do meu Senhor venha me visitar?" (Lc 1,43).

Depois da ressurreição, os seguidores de Jesus voltam a perguntar, de forma cada vez mais profunda, "quem é esse homem" e descobrem que na figura extraordinária do homem de Nazaré havia algo mais. Jesus era o próprio Filho de Deus encarnado. Uma novidade linda e incomparável! O quarto evangelista assim tematizou tal realidade: Deus nos amou tanto que enviou seu Filho para partilhar conosco da existência humana!

Nos primeiros séculos, o Cristianismo penetrou em várias culturas da Ásia e do Oriente Médio, que estavam sob o domínio dos romanos. Ao se inculturar, ele tomou muitos elementos do modo de pensar e de sentir desses povos, bem como seus símbolos. No Oriente, havia uma corrente de pensamento que fazia uma divisão radical entre o corpo e a alma, a matéria e o espírito. Era dualista, isto é, separava o ser humano em dimensões irreconciliáveis. Nesse grupo, destacavam-se os "gnósticos". Eles diziam que o ser humano é salvo pelo conhecimento da verdade (gnose). O espírito é luz, o corpo é treva. O que o ser humano considera como maldade do ponto de vista ético na realidade é a ignorância, que se origina da matéria.

Os gnósticos não admitiam que Jesus permaneceu no útero de Maria durante nove meses e nasceu envolvido em sangue e placenta, como qualquer outro bebê. Um ser divino não poderia ter sido contaminado com tantas coisas materiais! Então, imaginaram que Jesus nasceu de repente, como pura luz. Passou pelo corpo de Maria como uma luz atravessa um prisma ou uma fresta da janela. Ou, ainda, como a água passa rapidamente por um cano.

Os Pais e Mães da Igreja, que viveram nos primeiros séculos, reagiram duramente contra essa tendência espiritualista, que descaracterizava a encarnação do Filho de Deus, uma das mais belas verdades da fé cristã. Nesse sentido, eles sustentavam que a maternidade de Maria é real, verdadeira, concreta. O Filho de Deus se faz ser humano para que nós possamos provar mais intensamente da divindade. Veja esta homilia de Natal de Santo Atanásio (ano 373):

> Nosso Senhor Jesus Cristo, queridos irmãos, que criou todas as coisas desde a eternidade, se converteu hoje em nosso salvador, ao nascer de uma mãe. Quis nascer hoje no tempo, para conduzir-nos até a eternidade do Pai. Deus se fez homem para que o homem se fizesse Deus; hoje se faz homem o Senhor dos anjos para que o homem possa comer o pão dos anjos.

Quem não se emociona diante de um presépio, ao sentir que o Deus tão grande e infinito assume os limites da sua criação e nasce como uma criança frágil? Santo Efrém, que viveu também no século IV, diz que a encarnação de

Jesus Cristo, no útero de Maria, é o grande sinal de solidariedade de Deus com a humanidade:

> Um prodígio é a tua mãe! O Senhor entrou nela e se tornou um servo. Entrou nela aquele que é a eloquência mesma e nela se tornou mudo. Entrou nela o tom e forçou a sua voz ao silêncio. Entrou o pastor de todos e nela se tornou cordeiro [...] O seio da tua mãe subverteu a ordem das coisas. O criador de tudo nele entrou rico e dele saiu mendicante, nele entrou excelso e dele saiu humilde. Entrou como herói e no ventre tomou consigo a veste do temor. Nele entrou aquele que nutre a todos e aprendeu a ter fome, o que sacia a todos e aprendeu a ter sede. O que veste a todos deste seio saiu nu e privado de vestes.

Para ressaltar que Jesus de fato tinha passado por uma gestação normal, que era ser humano de verdade, alguns Pais e Mães da Igreja diziam que Maria é aquela que engravidou, esperou e parturiu (pariu) o Filho de Deus. Assim, Orígenes, Basílio e Epifânio usaram a palavra grega *Theotókos*, que literalmente significa "a parturiente de Deus". A palavra *Theotókos* aparece também em algumas orações a Maria. A mais antiga seria datada do final do século III, e se inicia assim: "Sob a tua proteção, nos refugimos, ó *Theotókos*!".

O dogma da maternidade de Maria surge no meio da discussão sobre a pessoa de Jesus. Os cristãos dos primeiros séculos buscavam compreender aquilo que acreditavam e debatiam apaixonadamente os temas religiosos. Uma questão ainda não resolvida era esta: Como Jesus, sendo verdadeiro homem e verdadeiro Deus, pode conciliar dentro de si duas dimensões tão diferentes? O Bispo Nestório e seus companheiros da Igreja de Antioquia defendiam que a humanidade e a divindade de Jesus eram realidades distintas e separadas. Usando uma analogia moderna, seriam como dois andares de uma casa, que se tocam pela laje. Em consequência disso, Nestório dizia que Maria só poderia ser denominada "parturiente de Cristo" (*Cristotókos*), e não "parturiente do Filho de Deus". Assim, a maternidade diria respeito somente à dimensão humana de Jesus, o andar térreo.

As afirmações polêmicas de Nestório provocam muita discussão e fortes reações. A problemática é resolvida parcialmente no Concílio de Éfeso, no ano 431. Seguindo o parecer de Cirilo de Alexandria, o Concílio reafirma a unidade da pessoa de Jesus. Em Cristo, há uma comunicação tão grande entre o humano e o divino que as realidades profundas vividas por Jesus de Nazaré tocam a sua divindade. Não foi somente a natureza humana dele que nasceu, cresceu, aprendeu, viveu, sofreu e se alegrou conosco e por nós. Assim, em consequência, Maria é mãe de Jesus Cristo, não somente de sua humanidade. Não se tratava somente de uma discussão entre duas pessoas, mas do conflito entre duas visões teológicas, representadas respectivamente pelas Igrejas de Antioquia e de Alexandria. Uma de tradição oriental, outra ocidental.

Veja um trecho da carta de Cirilo a Nestório, que foi assumida pelo Concílio de Éfeso:

> As naturezas (humana e divina) se juntam em verdadeira unidade, e de ambas resulta um só Cristo e Filho. [...] Pois não nasceu primeiramente um homem comum, da Santa Virgem, e depois desceu sobre ele o Verbo de Deus. Mas sim, unido desde o seio materno, se diz que se submeteu ao nascimento carnal, como quem faz seu o nascimento da própria carne. [...] Desta maneira, (os santos padres) não tiveram receio de chamar "mãe de Deus" à Santa Virgem Maria (*DS* 251).

O Concílio afirma, assim, que "Deus é segundo a verdade o Emanuel, e por isso a Santa Virgem é Mãe de Deus, pois deu à luz carnalmente ao Verbo de Deus feito carne".

Infelizmente, o Concílio de Éfeso foi conduzido de forma questionável, a ponto de realizar a votação de suas afirmações antes que uma parcela significativa de bispos pudesse chegar ao local da Assembleia. Condenou Nestório sem levar em conta o lado positivo da visão da Igreja de Antioquia, que enfatizava a necessária distinção entre natureza humana e divina em Jesus Cristo. Dois anos depois, a "fórmula da união" estabelece um consenso entre a visão das Igrejas de Alexandria e de Antioquia e assume a expressão de Éfeso com alguns matizes:

> Segundo a inteligência desta inconfundível união (da natureza humana e divina em Jesus Cristo), confessamos que a Santa Virgem é Mãe de Deus, devido ao Verbo de Deus ter se encarnado e feito homem e por haver unido consigo, a partir da mesma concepção, o templo que dela tomou (*DS* 272).

Mais tarde, no ano 451, o Concílio de Calcedônia resgata a contribuição de Nestório. Para evitar o equívoco de entender que Maria fosse a mãe da Trindade, o Concílio diz que ela é "Mãe de Deus segundo a humanidade", ou seja: ela é mãe do Filho de Deus encarnado.

O dogma da maternidade divina de Maria tem forte incidência na vida cristã. Teologicamente, pergunta como é a relação de Maria com a Trindade.

138

Também ajuda a compreender como essa dimensão materna diz respeito à comunidade eclesial e a cada ser humano. Ampliando a reflexão, pergunta-se o que Maria tem a dizer às mães de hoje.

2. Sentido teológico do dogma da Theotókos

Nosso Deus é comunidade. Ele se revelou como o Pai criador, o Filho encarnado e o Espírito que dá vida e santifica. Quando proclamamos "Maria, Mãe de Deus", afirmamos conforme o dogma que ela é *a mãe do Filho de Deus encarnado, portanto, da pessoa inteira de Jesus Cristo*. Maria não se tornou deusa nem entrou na Trindade como quarta pessoa, nem é a face humana do Espírito Santo. No entanto, como Deus Comunidade se oferece a nós, se comunica conosco através de Jesus e do seu Espírito, a maternidade de Maria toca cada pessoa divina.

Em relação a Deus Pai, Maria é uma filha predileta. Ela foi agraciada com ternura pelo Criador, que a moldou com especial carinho. Ao mesmo tempo, Maria concretiza, de forma humana, a eterna geração que o Pai realiza com o Filho, no seio da Trindade. Como toda mãe, ela é figura humana do amor criador de Deus-Pai. Ela continua sendo criatura, filha abençoada e iluminada pela luz da graça divina.

Em relação a Deus Filho, Maria é mãe, educadora e discípula. O seu relacionamento com Jesus supera os laços de família. Maria é mãe, mas sua missão vai mais além. Esteve junto de Jesus durante sua vida terrena e agora, glorificada, continua junto do Filho ressuscitado, na comunhão dos santos. Quando se diz, poeticamente, em alguns cantos, que Maria é "mãe do Criador", não se fala aí de Deus Pai, mas do Filho de Deus, que participa também da criação (Jo 1,2s). Maria é mãe de Deus Filho feito homem em Jesus Cristo. Sua maternidade não se aplica a Deus Pai nem ao Espírito Santo.

Maria é uma pessoa ***plena do Espírito do Senhor***. Como perfeita discípula de Jesus, ela acolheu o Espírito Santo, fez-se transparente a ele. Tornou-se um templo vivo de Deus e se transformou, por graça, na mãe do Messias. Só a docilidade ao Espírito Santo explica a maternidade biológica de Maria e o seu coração tão aberto a Deus. Como diz Santo Agostinho:

> Para Maria, ter sido discípula de Cristo foi mais do que ser mãe dele [...] Por isso também Maria é bem-aventurada, porque ouviu a Palavra de Deus e a guardou; guardou mais na mente a Verdade do que no seio a carne. Cristo é Verdade, Cristo é carne: Cristo Verdade na mente de Maria, Cristo carne no

seio de Maria. Vale mais o que se carrega na mente do que o que se carrega no ventre. O parentesco materno não teria ajudado em nada a Maria se ela não tivesse carregado Cristo de modo mais feliz no coração do que na carne.

Enquanto membro da comunidade cristã, Maria participa de Pentecostes (At 1,13s e 2,1). O Espírito derramado sobre o Povo de Deus se torna fogo que aquece a fé, energia que impulsiona o seguimento a Jesus. Maria tem especial intimidade com o Espírito Santo, que a fecundou para o nascimento de Jesus e transformou a comunidade em Pentecostes. Alguns místicos chamam Maria de "esposa do Espírito". Esse título tão belo deve ser entendido em sentido metafórico, para expressar a proximidade espiritual de Maria com o Espírito Santo.

Alguns(mas) teólogos(as) contemporâneos continuam refletindo sobre a relação de Maria com a Trindade. Outros ensaiam conclusões originais sobre Maria e o Espírito Santo, à luz da pneumatologia atual. Trata-se de um campo aberto, a ser explorado em sintonia com a teologia trinitária e a antropologia teológica. Assim, evita-se o equívoco de elevar Maria à condição de deusa e se aprofunda sobre a originalidade de sua pessoa.

3. Sentido antropológico da maternidade de Maria

Você já pensou que o Povo de Deus e cada cristão, em particular, participa da maternidade de Maria? Homens e mulheres são chamados a desenvolver traços maternos.

Quando nascemos, somos acolhidos na comunidade dos cristãos, que nos recebe como mãe. A Igreja-mãe gera novos filhos pela fé, pelo Batismo e pelo amor solidário. Como mãe, a comunidade cristã nutre seus membros por meio da oração, da Eucaristia e da vida fraterna. Quantas vezes, nos pequenos grupos, sentimos o colo e o aconchego de mãe. Somos ajudados, ouvidos, valorizados e educados. No seio da comunidade temos oportunidade de crescer como seres humanos e filhos de Deus.

A "opção preferencial pelos pobres" é uma das formas mais claras de a Igreja mostrar que é mãe. Ela se volta para os filhos mais necessitados, que estão privados de direitos elementares, como alimento, moradia, saúde, acesso à educação e reconhecimento de sua dignidade. A opção pelos pobres nasce de um amor de mãe, que exige tomar posições firmes de anúncio e denúncia, e realiza um serviço eficaz visando superar a pobreza e qualquer forma de exclusão.

A sociedade humana estabelece com o meio ambiente relações diversificadas e até contraditórias. Primeiramente, a Terra é nossa mãe, como lembram os povos indígenas. Do solo, das plantas e dos animais retiramos o nosso sustento. Somos filhos da terra e da água. A vida se mantém no planeta devido a um delicado e complexo equilíbrio de relações entre os seres abióticos (solo, água, ar, energia do sol) e os seres vivos. Água, ar, micro-organismos, insetos, plantas, pássaros, peixes, mamíferos e tantas outras criaturas compartilham conosco da "teia da vida". Mais ainda: eles nos antecedem, preparam e garantem a viabilidade da nossa existência, nos envolvem e nos protegem, como mães e irmãos.

De outro lado, o ser humano intervém incisivamente sobre o meio ambiente, e o modifica, à medida que faz cultura e cria civilização. Considerando-se "senhor da natureza", age muitas vezes de forma equivocada, como a madrasta má de um conto de fadas. Sem consciência do resultado de seus atos, promove a destruição do ciclo da vida. Por isso torna-se cada vez mais urgente resgatar a nossa dimensão filial e fraterna em relação ao meio ambiente. Isso se traduz por uma expressão simples e bela: *cultura do cuidado*. Implica superar a visão utilitarista e imediatista e promover a sustentabilidade, para que o planeta continue habitável e a humanidade tenha um futuro viável.

Santo Ambrósio, no século IV, dizia que cada cristão é mãe como Maria, pois gera Cristo na sua alma, no seu coração. A sociedade atual está marcada pela violência, pelo egoísmo, pela dureza nas relações humanas, pela degradação do meio ambiente. Mas também há sinais esperançosos de práticas solidárias, relações humanas que acolhem e integram as diferenças, crescente consciência ecológica e empenho pela cultura da paz. Neste momento, precisamos desenvolver atitudes maternas, uns para com os outros, e para todos os seres. Quanto mais cultivarmos a ternura, a intuição, o cuidado, a acolhida, o zelo pela vida ameaçada, mais estaremos realizando a dimensão materna do ser humano. Isso vale para homens e mulheres. E Maria, nossa mãe na fé, ajudará nessa tarefa.

4. Maria, Mãe de Jesus de Nazaré

O que significou para Maria de Nazaré ser mãe na Palestina, no século I? O que essa experiência da maternidade tem em comum com tantas mulheres que a vivem atualmente? Vamos destacar aqui algumas características da maternidade humana de Maria que servem de inspiração para as mães de hoje. Trata-se de uma interpretação existencial, servindo-se da teologia.

Maria, a mãe amorosa. O povo diz que ser mãe é muito mais do que colocar um filho no mundo. Normalmente, ninguém se transforma em mãe da noite para o dia. A gestação prepara o corpo e a mente da mulher para receber o bebê. Maria provou, efetiva e afetivamente, uma gravidez humana normal. Experimentou a expectativa da vinda do filho desejado. Experimentou os nove meses de espera, durante os quais o filho já dá mostras de presença, movimentando-se dentro dela. Assumiu passo a passo sua missão, com as forças e os sonhos de uma jovem mulher. Fez a opção de ser mãe, respondendo ao apelo de Deus. Durante a gravidez, comunicou sentimentos de amor, paz e acolhimento ao feto que se desenvolvia.

Maria provou a alegria de ver o filho recém-nascido, de sentir-se geradora de vida e colaboradora de Deus no dom da criação. Teve o prazer de amamentar o bebê Jesus e estabelecer fortes laços afetivos com ele. Olhou-o tantas vezes com o silencioso, intuitivo e penetrante olhar de mãe. Alimentou-o com seu leite materno, nutriu-o, tomou-o nos braços, acolheu-o com calor humano. Supriu-lhe as carências básicas de alimento e afeto. Esse amor deu ao Menino Jesus as condições para uma vida futura sadia, integrada e alegre. Jesus teve como mãe uma mulher muito humana, que desde o útero materno o acolheu, e o fez crescer como gente.

Maria, a educadora de Jesus. Nos primeiros anos da vida de Jesus, Maria dispensou-lhe os cuidados maternos. Cuidou dele: deu-lhe banho e comida, estimulou seus primeiros passos, enxugou seu pranto, zelou de sua saúde. Ensinou-lhe a falar e a ouvir, a estabelecer as relações com as pessoas. O mistério da encarnação do Filho de Deus não é mágico. Jesus passou por todas as etapas de crescimento de uma criança e necessitou de bons pais educadores, que foram Maria e José.

Jesus adolescente, aos 12 anos, tem com os pais uma relação que inclui ao mesmo tempo a obediência e a independência. Na perda e reencontro no templo, Maria repreende o Filho, usando de sua autoridade materna: "Filho, por que agiste assim conosco? Olha, teu pai e eu estávamos, angustiados, à tua procura" (Lc 2,48). Jesus responde-lhe com firmeza, mostrando, de maneira antecipada, a consciência da sua missão em relação ao Pai e ao Reino de Deus (Lc 2,49). Diante dessa afirmação inesperada, Maria e José respeitam o filho, que começa a escapar do controle deles. Jesus não lhes pertence mais. Embora não compreendam o alcance das suas palavras (Lc 2,50), eles não o seguram para si, como fazem os pais autoritários ou inseguros. Somente pessoas maduras são capazes de aceitar o crescimento do filho, oferecendo-lhe uma autonomia crescente, pois acreditam na educação oferecida.

José e Maria mantêm com o filho uma relação educativa, na qual Jesus adolescente aprende a reconhecer os limites. Depois da cena do templo, "Jesus desceu, então, com seus pais para Nazaré e era obediente a eles. [...] E Jesus ia crescendo em sabedoria, tamanho e graça diante de Deus e dos homens" (Lc 2,51). Não há indefinição de papéis, como acontece nas relações nas quais os pais renunciam à sua função de educadores, por medo de serem autoritários ou repressores. Maria e José constroem uma saudável relação educativa com Jesus, dando-lhe as condições necessárias para seu crescimento humano e espiritual.

Maria, seguidora de Jesus e mãe da comunidade. Em toda relação de mãe e filho, chega o momento em que se fazem necessárias rupturas e mudanças de papéis. A mãe não pode continuar a tratar o filho como criança e ele tem que aprender a ser dono de si mesmo e se tornar independente. Isso também aconteceu com Jesus. Quando se tornou adulto, deixou a família e começou sua missão pública. Maria passou pela crise de perceber que, para Jesus, não importava mais a família biológica, mas sim a nova família dos seus seguidores (Mc 3,31-35). E ela descobriu o seu novo lugar porque não tinha feito da maternidade um privilégio, mas um serviço. Como não estava apegada à função materna, assumiu com inteireza a nova missão de fazer parte do grupo dos seguidores de Jesus. Depois, foi constituída pelo próprio Jesus como mãe da comunidade.

Maria, a mãe que ama sem reter. Amor de mãe é muito bom, mas pode fazer mal se não for equilibrado. Algumas mães protegem tanto os filhos a ponto de impedir que se desenvolvam como adultos. Amor sem critério pode sufocar o(a) filho(a). Outras nutrem sentimentos de ciúme e posse, pois psicologicamente não conseguem cortar o cordão umbilical. Há, ainda, mães que se dedicam demais aos filhos e não reservam tempo para si mesmas. Não se dão o direito de descansar, de cuidar do corpo, de fazer algo gratuito. Quando tentam fazer isso, sentem-se culpadas. Aprenderam que "ser mãe é padecer no paraíso do lar". O papel de mãe toma conta de toda a sua pessoa. Estão sempre preocupadas com os filhos, cansadas, nervosas. O fantasma da "mãe ideal" as persegue. Essa exigência constante, da família e de si própria, pode conduzir a um esgotamento físico e psicológico. O amor materno, quando é exagerado, prejudica a todos. Oprime os filhos, desgasta a mãe e exime o pai de sua responsabilidade.

Os Evangelhos mostram Maria como uma mãe tranquila. Ela ama sem reter. É mulher que sabe assumir outras funções na comunidade cristã, a serviço dos outros. Em Caná (Jo 2,1-11), nenhum dos dois se trata reciprocamente como mãe e filho. Seu papel se transformou. Maria agora é a mulher, figura feminina da comunidade. Exercita seu serviço materno como companheira, em favor dos amigos e servos de Jesus.

A cena de Maria junto à cruz (Jo 19,25-27), tão alimentada na piedade popular pela figura de "Nossa Senhora das Dores", reforçou nas mulheres mães a ideia de que a maternidade é uma cruz, um contínuo sofrimento. Ora, há valores heroicos nas mães dedicadas, mas a atitude de sempre "se matar pelos filhos" não é humana nem cristã. A morte de cruz significou para Maria o trágico e doloroso momento de perda do filho, no qual toda mãe sofre. Mas também trouxe algo positivo: dali surgem novas e calorosas relações com a comunidade cristã. Maria é confirmada como irmã *na* comunidade e mãe *da* comunidade. Participará com os cristãos da alegria da ressurreição e do tempo novo do Espírito. A figura de Maria ensina que mãe é um ser humano, não uma supercriatura. Não foi "feita para sofrer", mas para experimentar a vida, no que ela tem de belo e de desafiador.

5. *O dogma no diálogo ecumênico*

A maternidade divina de Maria é o dogma que encontra mais consenso entre as Igrejas cristãs devido à base bíblica e ao fato de ser formulado num concílio ecumênico dos primeiros séculos. Para a Igreja ortodoxa, *"Theotókos* não é um título opcional de devoção, mas a pedra de toque da verdadeira fé na encarnação. Negá-lo é colocar em questão a unidade da pessoa de Cristo como Deus encarnado" (Kallistos Ware). A pessoa e a vocação de Maria só podem ser compreendidas à luz de Jesus.

Na visão dos ortodoxos e católicos, o Filho está presente na criação, na redenção e recapitulação, junto com o Pai e o Espírito. Maria é a Mãe de Cristo, nosso Senhor e Deus. Por extensão, considera-se que ela é mãe de toda a humanidade e toma parte na doação de vida para toda a criação.

Bem mais complicada é a posição dos protestantes. Historicamente, vários reformadores importantes aceitaram atribuir a Maria o título de *Theotókos*, mas rechaçaram o que os católicos chamam de "maternidade espiritual". Martinho Lutero tem clareza sobre a maternidade divina:

> O artigo que afirma que Maria é Mãe de Deus é vigente na Igreja desde
> os inícios e o Concílio de Éfeso não a definiu como novo, porque é já uma

verdade sustentada no Evangelho e na Sagrada Escritura [...] Essas palavras (Lc 1,43; Gl 4,4) com muita firmeza sustentam que Maria é verdadeiramente a Mãe de Deus.

A "fórmula da concórdia" da Igreja luterana, após a morte de Lutero, em 1557, diz: "[...] nós cremos, ensinamos e confessamos que Maria é justamente chamada Mãe de Deus e que o é verdadeiramente". Posição semelhante assume o reformador suíço Zwinglio: "Maria é justamente chamada, a meu ver, genitora de Deus, *Theotókos*". Já Calvino, embora aceitando o termo, prefere falar de "Mãe de Nosso Senhor" (*Cristotókos*). Os teólogos protestantes que aceitam o título *Theotókos*, como Karl Barth, preocupam-se em mantê-lo no contexto cristológico que lhe deu origem. Insistem que a maternidade divina de Maria não é privilégio humano, mas fruto da Graça de Deus.

Portanto, muitos aceitam o título de *Theotókos* (a parturiente de Deus) para Maria, desde que permaneça em relação com Jesus e não a eleve acima da condição humana. O problema para o diálogo ecumênico se coloca quando os católicos proclamam a "maternidade espiritual" de Maria. O Papa João Paulo II, na encíclica *A mãe do Redentor [Redemptoris Mater]*, usa em profusão este termo:

> Efetivamente, a mediação de Maria está intimamente ligada à sua maternidade e possui um caráter especificamente maternal, que a distingue da mediação das outras criaturas [...] Tal função é, ao mesmo tempo, especial e extraordinária. Ela promana da sua maternidade divina e pode ser comprendida e vivida na fé somente se nos basearmos na plena verdade desta maternidade. Sendo Maria, em virtude da eleição divina, a Mãe do Filho consubstancial ao Pai e "cooperadora generosa" na obra da Redenção, ela tornou-se para nós "mãe na ordem da graça" (*RM*, n. 38).

A rejeição à mediação materna de Maria tem sua origem em dois elementos da experiência de fé das Igrejas protestantes. Quanto ao primeiro, eles afirmam que Jesus Cristo é o único mediador que nos conduz ao Pai (cf. 1Tm 2,5). Essa mediação é única e exclusiva. Daí, relativizam a "comunhão dos santos" e não aceitam a prática de dirigir preces aos santos e a Maria. O segundo diz respeito à teologia da graça. Lutero e Calvino questionavam a atitude de pretender acumular méritos diante de Deus. O ser humano é justificado somente pela fé, entrega confiantemente nas mãos de Deus e não pelas obras da lei (Rm 3,27s). Como vive sempre na possibilidade de voltar à situação de pecado, só a graça de Deus lhe possibilita entrar no caminho da salvação. Na visão protestante, não se consente que seres humanos, contingentes e pecadores como nós, se coloquem à frente da comunidade cristã como "modelos operativos" a serem seguidos, muito menos como motivo de invocação e oração.

A teologia católica reconhece hoje o valor da afirmação da "justificação pela fé", tal como a formulou Lutero. Cristãos de diferentes Igrejas sustentam a prioridade da iniciativa de Deus, imerecida da nossa parte. Devem estar alertas para evitar as tentativas humanas de manipular a Deus, de comercializar a graça divina, que permanece como doação gratuita. Por outro lado, na visão católica, não há competição entre a graça divina e a ação humana. Tudo o que somos e realizamos depende da graça de Deus. Ele quis contar com nossa resposta ativa. Somos colaboradores do único mediador que é Jesus.

O Catolicismo entende a atuação materna de Maria como um serviço permanente à comunidade cristã. Ela não substitui a de Cristo, não eleva orgulhosamente o ser humano nem subestima a soberania da Palavra de Deus. A maternidade espiritual de Maria é puro serviço, oferta, trilha que aponta e conduz para o único caminho: Jesus (Jo 14,6). No entanto, na vida dos fiéis e de alguns movimentos eclesiais, a maternidade espiritual de Maria apresenta o risco de perder a centralidade de Cristo. A mãe se torna mais importante do que o Filho.

"Mediação materna" soa como termo impreciso, do ponto de vista teológico, depois que o Vaticano II afirmou claramente a única mediação de Cristo. Maria coopera de maneira admirável nessa mediação, mas não é, em sentido estrito, mediadora (*Lumen Gentium* 60-62). Seria melhor utilizar outra palavra, como "serviço materno" ou "acompanhamento materno" de Maria. Mas a questão da "maternidade espiritual" não se limita ao termo adotado. Em fidelidade ao Evangelho e ao dogma, importa ter claro que a maternidade de Maria não é um mero privilégio, devido à sua experiência biológica de ser mãe de Jesus. A condição de mãe do Filho de Deus encarnado não a eleva ao *status* de deusa.

O dom da maternidade de Maria tem sua raiz na graça de Deus, que contempla Maria e a cumula de amor divino. Maria responde com o máximo de suas forças ao convite divino, na fé e através da fé, tornando-se mãe e discípula de Jesus. Enquanto membro da comunidade-Igreja, ela exercita uma missão materna, que é puro serviço e nada retém para si. Como Abraão representou no Antigo Testamento a figura do "Pai na fé" e nem por isso perdeu suas características humanas, assim Maria pode ser considerada a nossa "mãe e companheira na fé", no horizonte cristão. Sua maternidade a coloca, antes de tudo, na comunidade de seus irmãos e irmãs, que, ontem como hoje, enveredam pelo fascinante caminho do seguimento de Jesus.

Oração

Maria, Mãe de Jesus, nosso Senhor e salvador!
Tu, mãe e educadora do Filho de Deus encarnado, Jesus de Nazaré.
Nós te agradecemos por teres ensinado Jesus a andar, a falar, a caminhar e,
especialmente, a amar.
O teu olhar amoroso de mãe, o teu sorriso, o teu colo e a tua presença de qualidade
marcaram a personalidade e a missão de Jesus.
Obrigado, porque aprendeste a ser mãe, amando sem reter o teu Filho.
Ensina-nos a viver os traços da maternidade, como o afeto, a ternura,
o cuidado e a intuição. Amém

Em poucas palavras

O dogma da maternidade divina de Maria surgiu no meio da discussão sobre a humanidade e a divindade de Jesus. A questão não estava centrada em Maria, mas trouxe consequências para a marialogia. O Concílio de Éfeso, no ano de 431, depois completado por Calcedônia, sustenta que Maria é a parturiente (em grego: *theotókos*) de toda a pessoa de Jesus Cristo, enquanto filho de Deus encarnado.

Maria não é *"mãe* de Deus", em sentido estrito, porque uma criatura não pode ser mãe do Criador. De maneira precisa, dizemos que ela é "a *mãe* do Filho de Deus encarnado". Compreendemos a maternidade divina de Maria no horizonte da teologia trinitária. Maria é a filha querida de Deus Pai, simbolizando a participação de cada ser humano na filiação divina, a partir de Jesus Cristo. Em relação a seu filho Jesus Cristo, Maria é mãe, educadora e discípula. E, por fim, Maria é "contemplada" pelo Espírito. Ela se torna templo espiritual e corporal do Espírito Santo.

O dogma de Maria Mãe abre uma série de possibilidades de interpretação. Comporta grande carga polissêmica, amplo leque de significados diferentes e complementares. Maria é mãe, em relação a nós, cristãos, a partir da paternidade-maternidade de Deus e da filiação na comunidade cristã. Sua missão materna parte da fé e conduz à fé. Cria atitudes de adoção e engajamento, como sinaliza o quarto Evangelho. Olhando para Maria Mãe, a Igreja compreende sua dimensão materna, de gerar e criar filhos na fé e exercer a solidariedade para todos os seres humanos, a começar dos que mais necessitam.

À luz dos estudos contemporâneos sobre a dimensão psicológica e cultural da maternidade, a marialogia está superando uma visão idealista sobre Maria e as mães. Dessa forma, contribui para o processo de libertação de muitas mulheres, que padeciam sob o mito da "mãe perfeita".

Maria-mãe é referência simbólica e efetiva para todo ser humano, homem ou mulher, chamado a cuidar das relações humanas e a zelar pela "teia da vida" no nosso planeta. Há uma analogia entre Maria-mãe e a *maternidade planetária*. Todo ser humano é intrinsecamente filho e mãe, mesmo que não gere e nutra um outro ser humano. Somos filhos e amigos da Terra. Dela recebemos os nutrientes, o ar, e a energia, e estabelecemos múltiplas relações com todos os seres. A Terra nos gera e nos sustenta como mãe. E, à medida que assumimos a consciência planetária, cuidamos dela, como o filho cuida de sua mãe. Esse é o princípio básico da ecomarialogia. Maria, filha predileta de Deus Pai-Mãe, assume uma missão materna, que passa a ser referência para todo ser humano, na relação com seus semelhantes e com todos os seres.

Articulando conhecimento e vida

1. Resuma, com suas palavras, a dimensão teológica e existencial da maternidade divina de Maria.
2. Com quais atitudes e gestos você exercita a dimensão materna, na sua existência?
3. Como uma nova visão sobre Maria-mãe modifica o discurso pastoral sobre as mulheres e as mães?

Na rede

1. Veja o vídeo sobre o dogma da *Theotókos* na série "Trem da mariologia". Acesse: <www.maenossa.blogspot.com> e busque no índice: "Vídeos de mariologia". A seguir, clique no link "9. Dogma Maria, Mãe de Deus". Partilhe seu comentário na rede. É possível também acessar diretamente no *YouTube*.
2. Procure na internet outros textos sobre o dogma de "Maria, Mãe de Deus". Compare com a visão apresentada neste livro. Identifique as semelhanças e diferenças e posicione-se.

Bibliografia básica

BADINTER, E. *Um amor conquistado. O mito do amor materno.* Rio de Janeiro: Nova Fronteira, 1985. p. 9-27, 58-87, 241-396.

BOFF, C. *Mariologia social.* São Paulo: Paulus, 2006. p. 457-473.

DE FIORES, S. *Maria en la teología contemporânea.* Salamanca: Sígueme, 1991. p. 495-512.

FORTE, B. *Maria, a mulher ícone do mistério.* São Paulo: Paulus, 1991. p. 184-214.

MEO, S. Mãe de Deus – Dogma, história e teologia. In: *Dicionário de mariologia.* São Paulo: Paulus, 1995. p. 780-790.

MEUNIER, B. *O nascimento dos dogmas cristãos.* São Paulo: Loyola, 2005. p. 90-103.

MURAD, A. *O que Maria tem a dizer às mães de hoje.* 3. ed. São Paulo: Paulus, 2003.

OTT, H. Maria nel mistero del Verbo incarnato. Una prospettiva protestante. *Theotokos* 3 (1995) 585-594.

SÖLL, G. *Storia dei dogmi Mariani.* Roma: LAS, 1981. p. 108-113, 152-164.

TEMPORELLI, C. *Maria, mulher de Deus e dos pobres. Releitura dos dogmas marianos.* São Paulo: Paulus, 2010. p. 23-75.

Texto complementar

Sentido teológico e antropológico do dogma da **Theotókos**

O Filho de Deus nasceu de mulher, recebeu dela uma carne como a nossa, uma substância como a nossa. A compreensão do mistério de Jesus, o Filho de Deus feito homem, comportava uma forma peculiar de entender a maternidade de Maria. A Igreja confessou – em sua ortodoxia – que Jesus é o Filho de Deus, consubstancial ao Pai e consubstancial a nós, em unidade de pessoa. Por isso, dada a intercomunicação entre sua natureza divina e humana (comunicação de idiomas), Maria é autêntica *Theotókos*.

Portanto, no dogma da *Theotókos* ressalta-se Maria como Mãe de Deus segundo a carne, o que significa superar o dualismo da filosofia helenística e introduzir pessoalmente a Deus na humanidade concreta e em sua história, rompendo dessa forma com toda concepção espiritualista. Na afirmação de que Maria é mãe histórica de Jesus, Filho de Deus, não pode existir idealismo nem separação de corpo e espírito. Esse dogma nos situa no coração da realidade humana, que nasce e se expressa sempre em concreto, abrindo-se dessa forma ao dom da vida e ao destino da morte.

O dogma de Maria, Mãe de Deus, inscreve-se no caminho que vai de Niceia (Jesus tem natureza divina) a Calcedônia (Jesus tem natureza divina e humana). Afirma que Jesus é Deus transcendente sendo um homem concreto. Tal é o *dogma,* o princípio fundamentador da fé que ilumina a história humana ao afirmar que Deus existe e se identifica com um homem concreto, com sua própria carne e sangue, ou seja: com sua humanidade marcada pelo nascimento e a morte.

De tal modo isso é verdade que Deus acaba sendo revelado como a vida originária que se encarna por Maria na carne concreta da história. Por isso, buscar a Deus é descobrir sua presença na própria história e na realidade humana, nos acontecimentos que se sucedem no âmago da história. Eis o que manifesta o Concílio de Éfeso por meio do dogma cristão da *Theotókos,* dogma que nos leva além de qualquer intenção espiritualista.

Com respeito à proclamação de Éfeso, observamos:

- A maternidade divina acontece, segundo Éfeso, no momento do processo genético da concepção e do parto. Qualquer outro aspecto concernente ao desenvolvimento psicológico e pedagógico da maternidade, como a relação entre mãe e filho, é estranho às preocupações em que se desenvolveu o Concílio.
- A reflexão teológica de Éfeso, mais do que ilustrar as diversas perspectivas bíblicas da maternidade de Maria, se detém no prólogo de João e na referência de Paulo aos Gálatas (4,4-5).
- O documento carece de toda referência ao Espírito Santo e a sua ação na maternidade divina.
- A partir da proclamação da *Theotókos,* foi esquecida durante um período longo a realidade humilde e evangélica de Maria como serva do Senhor.

Este dogma não pretende resolver problemas sobre a família de Jesus, a concepção virginal ou a mediação mariana; apenas ressalta algo que estava na raiz do Evangelho e constitui o pressuposto de todas as cristologias e mariologias: o Verbo de Deus se fez carne em Jesus; Maria é Mãe de Deus em sua função concreta – histórica, pessoal, frágil e arriscada – de gerar e acompanhar educacionalmente Jesus, o Cristo.

A formulação original relativa à maternidade divina de Maria teve um lento e gradual desenvolvimento, tanto em sua terminologia como em seu conteúdo. Enquanto nos três primeiros concílios o tema aparece como um corolário da encarnação do Verbo, o Concílio Vaticano II engloba o mistério total da pessoa e da missão de Maria. Em Éfeso e Calcedônia, a preocupação era esclarecer a legitimidade e a propriedade da *Theotókos.* Em Constantinopla e no Vaticano II, foi desenvolvida a perspectiva e a finalidade da encarnação como acontecimento salvífico. A maternidade divina e salvífica foi lida e aprofundada no Vaticano II, que indicou novas perspectivas, dimensões e critérios que iluminam a reflexão teológica.

A maternidade de Maria nos fala da vocação da humanidade à fecundidade plena e da recuperação do corpo como condição em que convergem o querer de Deus e o desejo humano. Pode, também, nos proporcionar as diretrizes de uma evangélica libertação feminina, onde o masculino e patriarcal renuncie ao desejo de domínio e poder baseado na prepotência e na violência do mais forte, que falsifica e perverte as estruturas, organizações e instituições de qualquer tipo.

Maria, em sua função maternal, não é a imagem de uma mulher submetida, dependente, nem de uma deusa, e sim a imagem da pessoa que foi a mais próxima e mais unida ao divino por ter sido plenificada pelo Espírito Santo, e por encarnar o Verbo de Deus. Sua vida nos desafia a despertar o sentimento maternal como atitude que permite a outras pessoas viver e crescer, que respeita a liberdade e a responsabilidade das outras.

A partir dessa atitude de ser em relação, que dá a vida de maneira fecunda e ativa, a mulher e o homem podem crescer no terreno das relações e da mútua dependência, e em autonomia humana. O processo maternal de Maria, que também inclui o *Magnificat,* chama-nos a resistir aos poderes dominantes a partir da criatividade que nasce do amor. Assim, a maternidade de Maria, a *Theotókos,* pode ser inspiração tanto para a mulher como para o homem. (Sintetizado de: TEMPORELLI, Clara. *Maria, mulher de Deus e dos pobres. Releitura dos dogmas marianos.* São Paulo: Paulus, 2010. p. 70-75.)

II. Maria Virgem

Durante muitos séculos a figura da Mãe de Jesus foi tranquilamente associada à virgindade. Os Evangelhos de Mateus e Lucas narram que a concepção de Jesus aconteceu por obra do Espírito Santo, sem a participação de ser humano do sexo masculino. O credo cristão elaborado nos primeiros séculos e professado por católicos, ortodoxos e várias Igrejas protestantes afirma que Jesus foi concebido e nasceu de Maria Virgem. Tal identificação entre Maria e virgindade foi tão forte no Catolicismo que nos países de língua espanhola Maria é tradicionalmente chamada de "A Virgem".

No entanto, o dogma da virgindade de Maria suscita questionamento e gera polêmica. Vários pesquisadores da história e da antropologia mostraram que a imagem da "Virgem Maria" foi usada como modelo ideal da mulher na sociedade patriarcal e sexista para fortalecer o poder masculino. Tal estereótipo reduziu a mulher a duas alternativas: ser mãe, restar confinada ao espaço da casa e estar voltada unicamente para satisfazer ao marido e cuidar dos filhos; ou ser virgem consagrada. Além disso, ao se associar os dois dogmas, "Maria Mãe e Virgem" se tornou um modelo inatingível para as mulheres concretas, já que nenhuma outra mulher consegue reunir ao mesmo tempo as duas características. Para quem considera a sexualidade como uma dimensão imprescindível na existência humana, soa como se a Igreja tivesse criado o dogma para manter a repressão sexual das mulheres na sociedade machista (patriarcal).

No ambiente católico, não faltam discussões acaloradas quando se fala acerca da virgindade de Maria e há muitas posições a respeito do assunto. Catequistas de crisma e professores de ensino religioso confessional têm grande dificuldade em tocar neste tema com adolescentes e jovens, pois estes estão fortemente influenciados pela erotização promovida pela sociedade de consumo. De outro lado, uns grupos católicos voltam a defender a virgindade de Maria como modelo de castidade para as jovens. E ainda há muitos(as) leigos(as) com uma postura de indiferença diante do dogma da Virgindade. Afirmam que não mudaria nada para sua fé se Maria permaneceu virgem ou se tivesse vida conjugal normal com José. Importante seria sua inteireza, a fé e a entrega a Deus, independentemente da opção pelo celibato.

Abordar o tema não é fácil, pelo fato de que no mesmo dogma estão contidas três diferentes afirmações: a concepção de Jesus aconteceu sem que houvesse uma relação sexual ou qualquer outra forma de intervenção humana (concepção virginal), Maria posteriormente fez a opção de vida de se manter virgem (virgindade perpétua) e aconteceu algo extraordinário no momento do nascimento de Jesus (virgindade no parto).

As dúvidas sobre a concepção virginal afloram no ambiente científico da Modernidade. Para a medicina e a biologia, ela é inexplicável. Como pode uma mulher gerar um filho do sexo masculino sem a presença de espermatozóides? Como ela permanece virgem depois do parto?

No horizonte cristão, o questionamento sobre a concepção virginal veio da teologia bíblica. Descobriu-se que a "verdade" na Bíblia está sobretudo na mensagem, no sentido teológico, e bem menos nos fatos brutos, na descrição literal de um acontecimento. Para transmitir a experiência de fé, o escritor bíblico, inspirado pelo Espírito Santo, se serve de vários gêneros literários. Usa formas de escrever de seu tempo e de sua cultura. Ora, nos relatos de infância de Mateus e Lucas, nos quais se encontram as informações sobre a virgindade de Maria, a intenção teológica predomina sobre os simples fatos. Muitos estudiosos da Bíblia perguntam, nesse contexto, se a concepção virginal de Jesus realmente aconteceu ou se é apenas uma imagem para expressar que o nascimento de Jesus é pura graça, um presente de Deus para a humanidade.

Já a virgindade perpétua de Maria apresenta problemas no diálogo com as outras Igrejas cristãs, dada a ambiguidade das afirmações bíblicas. As Igrejas protestantes aceitam a concepção virginal, como está nos Evangelhos. Mas sustentam que Maria teve outros filhos com José, apoiadas nos textos que falam sobre os irmãos de Jesus. E a virgindade no parto se defronta com questões de natureza biológica e cultural, além de se originar de uma narração questionável do apócrifo *Protoevangelho de Tiago*, elaborado por um grupo herético que foi rejeitado pela Igreja.

O dogma da virgindade de Maria foi formulado no II Concílio de Constantinopla, no ano 553, que no credo, afirma: "O Filho [...] desceu do céu e encarnou-se da (na) santa, altamente celebrada, Mãe de Deus (*Theotókos*) e sempre Virgem Maria".

O dogma católico da virgindade de Maria tem três componentes. Diz que Maria Virgem concebeu Jesus por ação do Espírito Santo, sem ter relações sexuais com José (concepção virginal); que ela fez uma opção pelo celibato por toda a vida (virgindade perpétua), e que aconteceu algo extraordinário no momento do parto (virgindade no parto). Vamos ver separadamente cada um deles.

1. A concepção virginal

A concepção virginal não é um assunto tranquilo entre os biblistas. Basicamente, há hoje três correntes de pensamento teológico. A primeira considera que a concepção virginal é um acontecimento inegável, pois é narrado por Mateus e Lucas. Os dois evangelistas se diferenciam em muitos aspectos nos relatos de infância, mas são concordes neste ponto. Ironicamente, grupos católicos tradicionais e evangélicos se encontram aqui nesta posição, embora com intenções diferentes. Os primeiros defendem ferrenhamente a concepção virginal, porque esta se relacionaria com outros privilégios de Maria, como a pureza, a Imaculada Conceição e a Assunção. A concepção virginal serve para provar que Maria é mulher especial e única na história. Já os evangélicos herdeiros do fundamentalismo defendem a concepção virginal porque reforça a crença em Jesus como único salvador e Filho de Deus. Mas isso não implica em nenhum mérito para Maria, pois se trata de pura iniciativa de Deus. Ambos os grupos veem na concepção virginal um milagre, intervenção extraordinária de Deus na história.

A segunda posição defende que a virgindade de Maria não é fato histórico, mas somente uma metáfora. Trata-se de uma figura de linguagem. Tecnicamente, se diz que é um *teologúmenon*: uma imagem que aponta para uma mensagem. Entre as pessoas que se amam, é comum usar metáforas. Se o homem exclama para sua amada: "Minha flor!", não está dizendo que ela tem caule, pétalas e espinhos. Afirma que ela é bela, cheirosa e terna. Conforme essa corrente de pensamento, a concepção virginal careceria de provas históricas. Dela deve-se reter somente a mensagem, pois não se sabe efetivamente o que aconteceu. Além disso, parece mais coerente com a real encarnação do Filho de Deus que a concepção de Jesus se desse numa relação conjugal. Deus age respeitando as leis da natureza que ele mesmo criou. Influenciado pelo espírito científico moderno, esta linha de pensamento tende a minimizar os pretensos fatos milagrosos da Bíblia, mostrando que eles normalmente seguem o curso da natureza e da história.

A terceira corrente de interpretação considera a concepção virginal como um acontecimento histórico-salvífico relacionado à encarnação do Filho de Deus. Trata-se de um símbolo real: um fato que transcende a si mesmo, com uma significação mais profunda. A mensagem central da concepção virginal não é de natureza sexual, mas sim cristológica.

Deve-se purificar a compreensão da concepção virginal de um ranço que percorreu séculos. Segundo o mariólogo Stefano De Fiores, é falsa uma prévia associação da virgindade de Maria com a sua santidade, como se uma possível vida sexual de Maria com José significasse perda da graça divina ou da sua pureza. Em princípio, não há um nexo necessário entre ser mãe do Filho de Deus e a virgindade. Decisivo para a santidade e a maternidade de Maria é a sua fé, como opção radical de entrega a Jesus e ao Reino.

A concepção virginal quer dizer que a *encarnação de Jesus é uma nova criação de Deus, um presente divino à humanidade*. Não desvaloriza as relações sexuais entre casais que se amam e constroem um projeto de vida em comum. Mas, isto sim, anuncia a radical novidade do amor de Deus, quando traz seu Filho ao mundo. Deus poderia ter realizado a encarnação de Jesus a partir de uma relação conjugal entre José e Maria. Isso não diminuiria em nada a divindade de Jesus e a santidade de Maria. No entanto, aconteceu de forma diferente, por pura graça e iniciativa de Deus, e a participação de Maria.

Mateus e Lucas, que apresentam tantas diferenças nos relatos da infância de Jesus, coincidem ao falar da concepção virginal. Segundo eles, não é José que engravida Maria (Mt 1,16.18-25; Lc 1,31.34s; 3,23. Jesus é concebido realmente (Mt 1,20; Lc 1,35) pela ação do Espírito Santo. Não se trata, no entanto, de uma relação sexual de uma virgem com uma divindade masculina que substitui o homem, como acontece nos mitos de várias culturas, como a grega. A única origem humana de Jesus é Maria, virgem que se torna mãe (Mt 1,16-25; Lc 1,27.35).

Embora tenham muitos elementos simbólicos, os Evangelhos da infância de Jesus (Mt 1-2 e Lc 1-2) não são lendas ou mitos, mas uma reflexão que parte de acontecimentos verdadeiros. A concepção virginal não seria uma invenção piedosa, mas algo real, em que a comunidade cristã crê. Não há problema em conciliar a concepção virginal com a humanidade real de Jesus. O Filho de Deus encarnado passa da condição divina para a condição humana (Fl 2,6-9) depois que é concebido pelo Espírito Santo. No dizer do famoso teólogo luterano Karl Barth, a concepção virginal é a porta de entrada da sua humanidade, como a ressurreição é a porta de saída, ao reencontro com o Pai. O pensamento da maioria dos mariólogos atuais e o ensino oficial da Igreja Católica convergem para a terceira posição, que considera a concepção virginal simultaneamente como fato e símbolo.

2. A opção celibatária de Maria

O evangelista Mateus diz que José não teve relações com Maria até que o Menino Jesus nascesse (Mt 1,25). O verbo "conhecer" aqui tem o sentido de intimidade amorosa, como em outros lugares da Bíblia. Depois, a Escritura não fala mais nada sobre uma possível vida conjugal dos dois. Os católicos dizem que ela continuou virgem e os protestantes, que Maria teve outros filhos. Quem tem razão? De onde se origina a crença de que Maria fez uma opção de celibato e permaneceu virgem depois que Jesus nasceu?

A Igreja Católica afirma que Maria não teve outros filhos além de Jesus. Conforme já vimos no Evangelho de Marcos, a expressão "irmãos de Jesus" não pode ser tomada em sentido unívoco, literal. Ao menos dois "irmãos" de Jesus, Tiago e Joset, provavelmente não são filhos de sua mãe, mas de outra Maria (cf. Mc 6,3, comparado com Mc 15,40 e 16,1). Quanto aos outros irmãos e irmãs de Jesus, a dúvida continua.

Embora considerem a Bíblia como Palavra de Deus, os católicos também levam em conta a Tradição cristã, aquilo que a Igreja, inspirada pelo Espírito, selecionou e aprofundou na sua experiência e sustenta como parte de sua crença. Guardam com especial carinho o testemunho e os documentos de homens e mulheres que viveram e interpretaram a fé desde os inícios, como Clemente, Justino, Irineu, Inácio de Antioquia, Perpétua e Felicidade, Cirilo de Jerusalém, e tantos outros. Eles são chamados de "Pais e Mães da Igreja".

Os cristãos dos primeiros séculos reconheciam que Maria era especialmente abençoada por Deus e que ela viveu a Boa-Nova de Jesus até a sua raiz.

Através de sermões, orações, hinos litúrgicos, cartas e outros depoimentos da patrística, percebe-se que foi crescendo a convicção de que Maria, por opção de vida, dedicou-se de corpo e alma à causa de Jesus e do Evangelho, renunciando à vida conjugal com José e a ter outros filhos. A sua maternidade já não podia se limitar à família. Como membro e mãe da comunidade cristã, Maria consagrou-se de forma radical a Deus, abraçando livremente a castidade. Eles acreditavam que Maria não teve outros filhos, por opção própria, por desejo de se consagrar mais intensamente a Deus. E buscaram, então, explicar as palavras de Bíblia sobre os "irmãos de Jesus".

A primeira explicação diz que "irmãos de Jesus" significa "parentes próximos", pois no Oriente os laços familiares são muito estreitos. Às vezes, na Bíblia, um parente próximo é denominado "irmão". Por exemplo: Abraão, tio de Lot (Gn 11,31), chama-o de "irmão" (Gn 13,8). Moisés considera como irmãos os seus compatriotas hebreus (Ex 2,11).

A segunda interpretação é antiga, mas as fontes não são dignas de confiança. Ela diz que os irmãos de Jesus eram filhos de um primeiro casamento de José. Portanto, seriam "meio-irmãos" de Jesus. Os apócrifos *Protoevangelho de Tiago* e *Evangelho da Infância de Maria* contam que o viúvo José, que era idoso e tinha vários filhos, foi escolhido pelos sacerdotes para tomar conta de Maria, que era virgem consagrada a Deus. O apócrifo *História de José, o carpinteiro (HJC)* nomeia os filhos de José: Judas, Joset, Tiago, Simão (os mesmos descritos em Mc 6,3 como irmãos de Jesus), Lísia e Lídia (*HJC* II,3). Mais ainda: afirma que José morreu com 111 anos (*HJC* X). Basta fazer uma simples conta, considerando que José teria morrido antes de Jesus partir para a vida pública, para concluir que, segundo este apócrifo, ele se casou com Maria com a idade aproximada de oitenta anos! Mais um motivo para não levar a sério as informações de apócrifos.

A terceira explicação diz que os "irmãos de Jesus" eram seus primos. Essa versão se espalhou com Epifânio e Agostinho, nos séculos IV e V. Eles aproximam o texto de Mc 15,40 (cita a mãe de Tiago e Joset longe da cruz) com Jo 19,25 (lembra a presença junto à cruz de uma irmã de Maria) Agostinho considera que a mãe de Tiago e Joset, conforme Marcos, é a irmã de Maria citada por João. Ou seja: Tiago e Joset, chamados "irmãos de Jesus", são filhos da irmã de Maria. Logo, primos carnais de Jesus. Assim, por ampliação, todos os "irmãos de Jesus" seriam filhos de sua tia e de seus tios.

Gregório de Nissa († 394) foi o primeiro Padre que, interpretando a leitura da anunciação, propôs explicitamente que Maria haveria feito o voto de castidade anteriormente à revelação do anjo. Tal ideia foi assumida posteriormente por Agostinho. Ele é responsável pela divulgação da versão de que Maria teria feito um voto de virgindade antes da anunciação. Mas tal hipótese não tem apoio na Escritura.

À medida que a Vida Consagrada cresceu e se afirmou na Igreja, aumenta a associação entre "virgindade perpétua" e "santidade" em Maria. Até do ponto de vista semântico, a mesma palavra grega (*fthorá*) servia para exprimir tanto a "desvirginização" como a corrupção do pecado. Interpretou-se que a virgindade de Maria era uma confirmação de sua eleição divina e de sua santidade total. Ela foi tomada como o modelo de consagração virginal para homens e mulheres.

Os estudiosos da Bíblia e da história da Igreja têm voltado ao assunto da virgindade de Maria, e há muito ainda para se descobrir. A Igreja Católica e as Igrejas ortodoxas sustentam que os "irmãos de Jesus" não são filhos de Maria e que ela, por livre opção, se consagrou a Deus pela castidade.

3. A virgindade no parto

É impossível explicar, com detalhes, o que aconteceu com o corpo de Maria no momento do parto. Tradicionalmente, associou-se à virgindade no parto a ausência de dores e a integridade do hímen, mas não há declaração oficial da Igreja sobre isso. No capítulo VIII do documento conciliar *Lumen Gentium*, se afirma que a maternidade de Maria "não lesou a sua integridade [virginal], mas antes a consagrou" (n. 57). O texto do Concílio Vaticano II evita entrar em detalhes de natureza física.

Não sabemos em que consistiu a ação gratuita de Deus no nascimento de Jesus. Os Pais e Mães da Igreja dos primeiros séculos não caíram na armadilha de buscar explicações "ginecológicas". Ao contrário, usaram sempre imagens, para deixar lugar ao mistério de Deus.

A virgindade no parto apoiou-se no apócrifo *Protoevangelho de Tiago*. Trata-se de um texto gnóstico, que desvaloriza a corporeidade e nega o nascimento real de Jesus. Conforme esse relato, aos três anos Maria foi levada para o templo, onde viveu com outras virgens. Quando alcançou doze anos, para não manchar o templo com sangue, devido à sua primeira menstruação, Maria é entregue a um viúvo. José é indicado por um milagre: da vara por ele sustentada sai uma pomba, que pousa sobre sua cabeça. Mais tarde, Maria concebe por ação do Espírito Santo. A gravidez se torna pública. José e Maria são levados ao tribunal. São provados, e se livram por ação de um milagre. No momento do parto, José busca uma parteira. Quando volta com ela, vê somente uma luz e o filho recém-nascido. A parteira conta a Salomé que viu um parto virginal. Esta não acredita, e quer "ver para crer". Ao fazer o teste, tocando a genitália de Maria, seu dedo se resseca. Ela dá um grito, e pede perdão. O dedo volta, então, à condição normal. Vê-se que é um relato cheio de elementos mitológicos, de mentalidade mágica. Outros apócrifos também falam assim da virgindade e do parto sem dor. Querem comunicar, através de imagens, que Maria superou a maldição do pecado de Eva, não sofrendo dores de parto (Gn 3,16).

Santo Agostinho sustenta que a virgindade não se limita às marcas no corpo, mas diz respeito à opção das pessoas. Certa vez, algumas virgens consagradas foram violentadas sexualmente por um grupo de bárbaros. E então perguntaram a Agostinho como ficaria a situação delas. O santo respondeu que cada uma delas continuava virgem, desde que fosse o seu desejo, de se consagrar dessa forma a Deus.

A "virgindade no parto" tem grande força simbólica. Em Gn 3,16 se diz que uma das marcas do pecado no mundo é a dor de parto e a dominação do homem sobre a mulher. A interpretação metafórico-simbólica do dogma nos diz que, no nascimento de Jesus, foi quebrada essa maldição. Ele é o novo ser humano, que abre para nós um caminho original, cheio de bênçãos, no qual serão superadas a dominação e a dor, a começar do nascimento.

4. Sentido atual do dogma da virgindade de Maria

Certa vez, um pregador de retiro foi orientar o dia de oração para leigos e consagrados. Pediram que ele falasse sobre "Maria, Virgem e mãe, modelo dos cristãos". Ele se perguntou: "Agora estou numa enrascada. Como Maria pode ser modelo de virgindade para as pessoas casadas e modelo de mãe para os que fizeram voto de castidade?". Pensou, rezou, e assim preparou a motivação da oração. Numa bela manhã de domingo, na Casa de Retiro, chamou todo o grupo para caminhar em silêncio no meio de uma matinha. Quando estava no centro do bosque, tomou um pouco de terra virgem e úmida, da qual nascia uma bela flor do mato. Fez passar nas mãos de cada um. Mandou todos tirarem os calçados e caminharem de pé no chão, e disse:

> Vocês estão vendo e tocando, com os pés e as mãos, a terra virgem. Sintam sua umidade, o potencial de vida que ela tem, o seu cheiro bom. Maria, a

Mãe de Jesus, é terra virgem. Ela recebeu uma bênção especial do Senhor, que a fez ser uma criatura encantadora. Deixou-se fecundar por Deus. Reservou o melhor de si, seu corpo e seu coração, para Jesus e o Reino de Deus. A virgindade de Maria nos diz quem é o ser humano diante do Senhor. Somos como a terra virgem e inexplorada, cheia de viço e com potencial imenso, para sermos fecundados pelas sementes do amor de Deus. Tudo pode acontecer quando a gente se entrega a ele. Uns se tornam fecundos cultivando o amor com seu companheiro ou companheira, gerando e educando filhos. E também dando frutos bons na Igreja, no lugar de trabalho, no local de moradia, na sociedade. Outros se tornam fecundos entregando-se a Deus, em comunidade, através da consagração religiosa e da dedicação exclusiva à evangelização.

Em poucas palavras

O dogma da virgindade de Maria apresenta muitos significados, diferentes e complementares:

- *Sentido cristológico:* a concepção virginal sinaliza que Jesus é um ser verdadeiramente novo, dom gratuito de Deus, nova criação no Espírito. Não se trata de uma demonstração ou prova, mas de um sinal eloquente da Graça do Senhor. Originalmente, o dogma da virgindade de Maria estava centrado em Jesus. E deve-se manter este sentido predominante, enriquecendo-o com os posteriores.
- *Sentido salvífico:* Deus escolhe meios pobres para realizar a salvação (1Cor 1,17-25). A virgindade, considerada maldição pelos judeus, foi abraçada por ela como forma de desapego (cf. Lc 1,48). A encarnação e a redenção chegam até nós por meio da disponibilidade ao dom de Deus. A impotência do corpo virgem de Maria é figura da pobreza da humanidade para realizar sua própria salvação sem a graça divina. Alerta as pessoas orgulhosas, autossuficientes, demasiadamente racionais e convencidas de si mesmas, que Deus não se dobra aos seus esquemas. "[...] para Deus nada é impossível" (Lc 1,37). O Senhor não age assim para competir com os seres humanos, mas para que descubram a gratuidade e beleza da vida, para acolher como dom imerecido a iniciativa divina.
- *Sentido existencial:* a virgindade de Maria é expressão de sua consagração total a Deus, "de corpo e alma". Ela inspira a todos aqueles que, por livre-iniciativa, colocam-se diante do Senhor e dos irmãos e irmãs, com o compromisso de castidade. Os consagrados não são seres perfeitos nem melhores do que os outros. Recebem de Deus um chamado diferente e se colocam a caminho do seguimento de Jesus, reconhecendo-se humanos e frágeis, mas também seduzidos e alimentados pela beleza de Deus.
- *Sentido antropológico:* a virgindade de Maria ilumina a questão sobre quem é o ser humano diante de Deus: um terreno virgem, pleno de possibilidades, onde tudo pode acontecer. A humanidade, em Maria, chegou ao ponto máximo de plasmar em suas entranhas o próprio Filho de Deus. Quando reinterpretado, este dogma ajuda a superar

preconceitos machistas e moralistas, que consideram o corpo como pecaminoso, e a mulher, lugar de tentação e desvio. Em Maria, o corpo humano, especialmente o da mulher, se tornou para sempre o espaço onde o Espírito do Altíssimo pousa e faz morada. Todo ser humano, independente de sua condição e identidade sexual, tem esta dimensão virginal. É chamado a se tornar templo de Deus e fazer-se espaço aberto de multiplicação das sementes do Reino.

Oração

Maria, terra virgem toda aberta e disponível para Deus.
Guia a todos nós, homens e mulheres, solteiros, enamorados, casados e celibatários, na tarefa de fazer de nosso corpo templo de Deus, manifestação carnal da divindade.
Dá-nos um coração generoso e criativo, que, como terra virgem,
acolhe e faz germinar as sementes de Deus no mundo. Amém.

Articulando conhecimento e vida

1. Resuma, com suas palavras, os três componentes do dogma da virgindade de Maria, classificando-os por ordem de importância teológica.
2. Releia o texto sobre o sentido atual do dogma. O que ele inspira para sua existência cristã?
3. Quais questionamentos o dogma da virgindade suscita, na prática pastoral? Como respondê-los a partir do nosso estudo?

Na rede

1. Há muita discussão a respeito dos "irmãos e irmãs" de Jesus. Seriam de fato irmãos de sangue, filhos de José e/ou de Maria? Ou se trataria dos primos de Jesus? Não seriam simplesmente parentes próximos? Pesquise na internet sobre o assunto e analise: quem escreve (Igreja ou grupo eclesial), quais fundamentos bíblicos e eclesiais utiliza, se o enfoque é dialogal ou polêmico. Para iniciar, tome o texto do biblista católico francês François Refoulé, que está condensado no blog: <www.maenossa. blogspot.com>. Para encontrar o texto, busque no índice: "Irmãos de Jesus". A seguir, confronte com outros textos da rede.
2. Persiste a polêmica em torno da concepção virginal e da opção celibatária de Maria. Leia o texto do conhecido mariólogo italiano Stefano De Fiores, traduzido e sintetizado no Artigo "Maria Virgem" em <www.maenossa.blogspot.com>. Procure outro texto na internet, compare os dois e, então, elabore sua opinião sobre o tema.

Bibliografia básica

DE FIORES, S. *María en la teología contemporânea*. Salamanca: Sigueme, 1991. p. 451-466.

_____; SERRA, A. Virgem. In: *Dicionário de mariologia*. São Paulo: Paulus, 1995. p. 1300-1344.

NAVARRO PUERTO, M. La paradoja de María, madre-virgen. *Ephemerides Mariologicae* 45 (1995) 93-110.

VV. AA. *¿Mariología en crisis? Los dogmas marianos y su revisión teológica*. Barcelona: Soc. Mariológica Española, 1978. Dogma de la virgindad. (Estudios Marianos XLII.)

TEMPORELLI, C. *Maria, mulher de Deus e dos pobres. Releitura dos dogmas marianos.* São Paulo: Paulus, 2010. p. 77-135.

Textos complementares

Veja em: <www.maenossa.blogspot.com>, "Maria Virgem".

9
Imaculada Conceição

Os dois últimos dogmas marianos, Imaculada Conceição e Assunção, apresentam algumas dificuldades comuns. São questionados quanto à sua *legitimidade*, pois não têm base bíblica direta, não vêm responder a questões centrais da identidade da fé cristã, como acontece com a maioria dos dogmas, nem foram proclamados em Concílio Ecumênico. Muitos perguntam, ainda, pela sua *conveniência*. Para que esses dogmas, se o Cristianismo viveu tão bem sem eles durante tantos séculos? Por que sobrecarregar a Igreja com mais dogmas, dificultando, assim, o diálogo ecumênico? Além disso, os dogmas da Imaculada Conceição e da Assunção foram formulados numa mentalidade mariana triunfalista. Usaram os chamados argumentos de conveniência, cuja lógica hoje é questionável, pois não parte da revelação divina, mas sim da razão humana, que, em nome de Deus, pode chegar a conclusões questionáveis. Basicamente, funcionavam assim: *Deus podia fazer algo especial em Maria. Convinha a Deus que o fizesse. Logo, fez!*

As circunstâncias da definição desses dogmas não foram as mais favoráveis: Bíblia esquecida, ausência de diálogo com o mundo moderno, centralização do poder na Igreja e maximalismo mariano. O Cristianismo católico poderia viver, como de fato viveu durante dezenove séculos, sem esses dogmas. Nas Igrejas ortodoxas, a total santidade de Maria e sua glorificação no final da existência foram incorporadas nas manifestações religiosas, sem necessidade de dogmas.

Apesar de todas essas limitações, a definição dogmática confirmou o que já era aceito por boa parte do povo católico e se desenvolveu no correr de séculos, pela devoção mariana. Além disso, após a proclamação dogmática, é impossível voltar atrás. Hoje, somos chamados a reinterpretar os dogmas da Imaculada Conceição e da Assunção considerando a Tradição viva da Igreja, os avanços da reflexão teológica e a experiência cristã no mundo contemporâneo.

O dogma da Imaculada Conceição parece fácil de ser aceito no horizonte católico, porque compreendemos que Maria é uma pessoa completamente iluminada por Deus, o templo humano onde o pecado não entra e a Graça habita com intensidade única. Bem antes de se tornar dogma, já se cultuava Maria como "Nossa Senhora da Conceição". Na América Latina, encontram-se antigas

161

estátuas barrocas da Conceição, vindas de Portugal ou da Espanha no tempo da colonização. Em vários lugares do Brasil, as estátuas de Maria são chamadas simplesmente de "imagem da santa". O povo intui, sem ter estudado teologia, que Maria é toda santa, toda de Deus.

Este dogma apresenta dificuldades de compreensão e suscita mal-entendidos. Muitas pessoas pensam que Maria de Nazaré, pelo fato de ser Imaculada, não teve as dúvidas, as crises e as dificuldades das pessoas comuns. Seria como uma santa que nasceu adulta e não precisava crescer. Em ambientes mais críticos surgem perguntas como: se Maria nasceu sem pecado, sua vida tem algum mérito? Não foi mais fácil para ela servir a Deus do que para nós, que somos pecadores e temos que lutar duramente contra nossas forças negativas? Por que ela recebeu esse privilégio? Não seria melhor que ela fosse um ser humano normal? Dessa forma, poderia ser um modelo inspirador mais próximo da gente, pois modelo inatingível não é eficaz.

Para os protestantes e ortodoxos, o dogma da Imaculada Conceição fere o princípio cristão de que todos somos pecadores (Rm 3,23) e necessitamos da graça salvadora de Deus em Jesus Cristo. Que autoridade tem um Papa para obrigar a crer em algo que não está na Bíblia nem encontra parecer unânime da Tradição eclesial? Além disso, o dogma carece também de legitimidade, pois não foi definido por um Concílio Ecumênico.

Apesar de todos esses percalços, vejamos qual é o conteúdo positivo da "Imaculada Conceição".

I. Uma longa história

1. Horizonte bíblico

Não há um texto bíblico que afirme claramente a Imaculada Conceição. Em Gn 3,15 se promete que a descendência da mulher esmagará a cabeça da serpente. Como já vimos, não é originalmente um texto mariano, mas anúncio esperançoso dirigido a toda a humanidade. Em Lc 1,28, na saudação do anjo, se diz somente que Maria é especialmente agraciada por Deus (em grego: *Kehari-tomene*), o que foi traduzido pela Bíblia latina como "cheia de graça". Daí não se pode concluir simplesmente que, se Maria é cheia de graça, então pecado nenhum nela habitou. Logo, ela seria *imaculada*.

Pode-se encontrar na Bíblia somente um *horizonte de compreensão*, que ajudará a situar o dogma num contexto teológico mais amplo. Afirma-se que

162

existe uma prioridade do chamado divino, anterior à existência biológica. E em Cristo a graça venceu o pecado. Seriam os seguintes textos:

> Deus nos escolheu, antes da fundação do mundo, para sermos santos e íntegros diante dele, [...] (Ef 1,4).

> Antes de formar-te no seio de tua mãe, eu já te conhecia, antes de saíres do ventre, eu te consagrei [...] (Jr 1,5).

> Desde o seio materno, o SENHOR me chamou, [...] (Is 49,1 – Segundo cântico do Servo).

> Onde, porém, se multiplicou o pecado, a graça transbordou (Rm 5,20).

Como se chegou até a definição dogmática? Vamos fazer uma breve síntese histórica.

2. O caminho até o dogma

Nos primeiros séculos do Cristianismo, desenvolve-se o paralelismo simbólico entre Maria e Eva, compreendidas como a virgem desobediente (Eva) que leva a humanidade ao mal e a virgem obediente (Maria) que abre o caminho para o bem. Nasce também a devoção mariana. Os Pais da Igreja, como Irineu e Orígenes, falam da perfeita santidade de Maria e ao mesmo tempo sinalizam que ela peregrinou na fé.

O pano de fundo no qual se jogará posteriormente o dogma é a discussão de Pelágio com Agostinho, no século V. Para os seguidores de Pelágio, o ser humano pode se salvar pelo próprio esforço. Assim, Jesus seria um modelo ético e não o redentor do pecado. Agostinho, ao contrário, baseado em São Paulo e na sua dura experiência existencial de luta contra o mal, sustenta que a humanidade está marcada pelo "Pecado Original" de Adão. Ela necessita ser salva por Cristo, em virtude da graça. O Pecado Original seria transmitido de geração em geração, através da relação sexual. Jesus foi poupado dele devido à concepção virginal. Agostinho afirma a total ausência de pecados atuais em Maria, mas não de Pecado Original.

No século VIII, surge no Oriente a Festa da Concepção de Maria, que era celebrada como devoção no dia 9 de dezembro. No século seguinte, é introduzida na Itália bizantina. E na virada do primeiro milênio começa a se difundir no Ocidente, sobretudo na Inglaterra. Dali se espalha para a França, a Espanha e a Itália de tradição ocidental.

Vários escritores medievais supunham que Maria teria sido purificada do Pecado Original em vista da concepção de Jesus. Mas quando? À medida que cresce a devoção mariana, avança o movimento retroativo que identifica em qual momento Maria teria recebido essa graça especial: na anunciação – imediatamente antes da anunciação – depois do nascimento – durante a gestação – no primeiro instante de sua concepção. A questão suscita discussões teológicas que se polarizam em duas escolas de pensamento: os maculistas e os imaculistas, protagonizados respectivamente por dominicanos e franciscanos. Segundo os maculistas, Maria teria sido purificada do Pecado Original durante a gestação. Para os imaculistas, no momento da concepção. Nesse caloroso debate, resgata-se a contribuição de Santo Anselmo de Cantuária († 1109). Ele afirma que a ação redentora de Cristo se estende a todos, em diferentes tempos e lugares.

O beneditino Eadmer de Cantuária escreve no século XII o "Tratado sobre a Conceição da Beata Maria Virgem". Utiliza uma imagem que depois se tornou famosa: a concepção imaculada de Maria seria como a castanha que sai de um fruto espinhoso (o pecado) sem ser ferida por ele. Eadmer cunhou o "argumento de conveniência", que foi utilizado muitas vezes nos séculos seguintes: "Deus queria e podia fazê-lo. E se o quis, fez".

Séculos mais tarde, o franciscano Duns Scot († 1308) cria a expressão "pré-redenção" e considera que a graça de Cristo atuou de forma preventiva em Maria, pois prevenir é melhor que curar. No correr dos séculos, cresce a devoção à Imaculada Conceição, especialmente promovida por ordens religiosas. Vai se espalhando pelas dioceses a prática do Ofício e da Missa da Imaculada, embora sem aprovação do Vaticano, que só dará um sinal de aceitação no século XV. Dessa época há dois documentos eclesiais pró-imaculada: o do confuso Concílio de Basileia (1431-1449) e a constituição apostólica de Sixto IV em 1477.

No século XVI, Lutero rejeita a visão medieval da remissão dos pecados, baseada em méritos e ritos religiosos. Enfatiza a justificação que vem somente pela fé em Cristo. Lutero leva ao extremo a visão de Agostinho, ao defender que o ser humano está definitivamente marcado pela força do mal, a ponto de comprometer a sua consciência. Somente a entrega nas mãos de Jesus pode libertá--lo. O justo vive da fé, não de suas obras! O Concílio de Trento, em contrapartida, nas sessões do ano de 1547, rebate as teses de Lutero no "Decreto sobre a Justificação" (*DS* 1520-1583). Afirma que o ser humano, por causa do Pecado Original, carrega consigo uma divisão interna, chamada concupiscência, que o fragiliza e o leva a ter atitudes más e cometer pecados. Trento não se detém na questão da Imaculada para não se dividir internamente *(DS* 1516). Os séculos seguintes, na esteira da Contrarreforma e da reação à Modernidade nascente, serão marcados por grande euforia mariana na Igreja Católica. Enaltecem-se, cada vez mais, os privilégios de Maria.

A crença na Imaculada Conceição não foi consensual no correr da história da Igreja. Grande devoto de Maria, São Bernardo de Claraval († 1153) não a aceitava, por considerá-la incompatível com a universalidade do Pecado Original. O extraordinário teólogo dominicano Santo Tomás de Aquino († 1274) sustentava que Maria teria sido purificada do Pecado Original durante a gestação. Nas Igrejas ortodoxas, que são mais tradicionais que a católica, a concepção imaculada de Maria pode ser objeto de louvor, mas não dogma. Aceitar que Maria seja "Toda Santa" *(Pan-ágia)*, não implica a crença na Imaculada Conceição (veja a citação nos "Textos complementares", no final deste capítulo).

No século XIX, aumenta visivelmente a devoção a Maria, como um distintivo dos católicos. Na Aparição da Medalha Milagrosa, a Catarina Labouré em 1830, está escrito: "Ó Maria, sem pecado original, rogai por nós". Em 1848, o Papa Pio IX encarrega uma comissão de teólogos de examinar a questão. Os bispos são consultados e a maioria aceita a proposta da proclamação dogmática. Insatisfeito com o resultado do trabalho em andamento, o Papa constitui outra comissão, em 1852, a qual define os critérios para uma definição dogmática. Com base nesse parecer, no dia 8 de dezembro de 1854 é proclamado o dogma da Imaculada Conceição, com a bula *Inefabilis Deus*.

> [...] A doutrina que sustenta que a beatíssima Virgem Maria foi preservada imune de toda mancha da culpa original no primeiro instante de sua concepção, por singular graça e privilégio de Deus onipotente, em atenção aos méritos de Cristo Jesus Salvador do gênero humano, está revelada por Deus e deve ser, portanto, firme e constantemente crida por todos os fiéis *(DS* 2803).

II. O que significa "Imaculada Conceição"

1. A visão que herdamos

O dogma da Imaculada Conceição foi formulado numa visão de teologia da Graça e de Pecado Original que experimentou revisão e ampliação nos últimos tempos. Na ocasião, considerava-se Adão e Eva como personagens históricos. A ideia de "Pecado Original" foi difundida num contexto coisista e pouco existencial, como "mancha". A redenção de Cristo era entendida pontualmente, devido ao sangue derramado na cruz.

Ora, a Bíblia não usa a expressão "Pecado Original", cunhada séculos depois por Agostinho, no século V. O relato da queda, em Gn 3, foi formulado provavelmente pela corrente sacerdotal, no exílio da Babilônia. Procura responder à questão que angustiava os judeus: Por que não fomos fiéis aos apelos do Deus da Aliança? De onde vem o mal?

Olhando o conjunto da Sagrada Escritura, percebe-se que o relato da Queda tem pouco impacto em grande parte dos livros da Bíblia, até porque foi escrito mais tarde. O texto de Rm 5, usado para legitimar a visão literal sobre a origem do mal, na realidade mostra a superioridade de Cristo sobre a figura de Adão. Paulo parte de uma crença compartilhada pelos judeus na época (origem do mal a partir de Adão), para afirmar a vitória redentora de Cristo, que se estende a toda a humanidade: "Onde, porém, se multiplicou o pecado, a graça transbordou" (Rm 5,20).

A visão tradicional católica ocidental, amadurecida na Idade Média, não desenvolve suficientemente a dimensão positiva da criação em Cristo. Enfatizava o pecado de Adão e Eva e não a pessoa de Jesus. Alguns elementos mitológicos se misturam ao discurso teológico. Vejamos a seguir como se apresentou a visão sobre a criação e o Pecado Original nos últimos séculos.

A semelhança do ser humano com Deus reside em sua alma espiritual. Deus criou Adão fora do paraíso (com dons naturais) e depois o colocou no paraíso, onde ele passou a gozar de maiores dons (preternaturais e sobrenaturais). Dom significa uma dádiva, recebida gratuitamente de Deus. Dom *natural* é o que faz parte da essência de um ser, como a razão no homem. Dom *preternatural* é o que excede a natureza. Assim, em relação ao corpo, Adão e Eva gozavam de imortalidade e ausência de sofrimento. Em relação à alma, tinham maior domínio do espírito e elevada ciência. Pois uma alma sã leva a ausência de sofrimento corporal. Por possuírem uma alma sã, Adão e Eva tinham imortalidade corporal. Depois de viver algum tempo na terra, sem passar pela morte, eles iriam viver no céu.

Dom *sobrenatural* é o que ultrapassa as exigências de qualquer natureza criada. Trata-se da graça de Deus. Com esse dom o ser humano viveu no paraíso, na intimidade de Deus (estado de graça), em estado de completa felicidade. Antes do pecado, era íntegro e harmonioso, em estado de pureza e graça, possuindo atributos superiores à sua própria natureza. Com o Pecado Original, perdeu os dons preternaturais e sobrenaturais. Os dons naturais também ficaram comprometidos, devido à concupiscência, que não é pecado, mas leva o ser humano a pecar.

Nesse contexto, Maria imaculada recebe um privilégio de Deus, de ser preservada da mancha do Pecado Original. Trata-se de uma pré-redenção. A ação redentora de Cristo em Maria não a cura. Antes, previne. E prevenir é melhor que remediar.

2. Ampliando a compreensão sobre "Pecado Original"

Para entender hoje o dogma da Imaculada Conceição, não basta coletar frases da Tradição eclesial e repeti-las fora do seu contexto, pois algumas delas não fazem parte do núcleo vinculante de fé nem são compreensíveis na cultura contemporânea.

As pessoas marcadas pela mentalidade científica não aceitam a ideia de um casal em estado de perfeição no início da história, que depois teria regredido, por causa de uma falta cometida no passado longínquo. As pesquisas históricas e arqueológicas apontam na direção contrária. A humanidade experimentou um lento e tortuoso processo de amadurecimento e evolução. O eclodir da consciência ética exigiu vários milênios.

A pesquisa bíblica das últimas décadas, com o apoio explícito do Magistério da Igreja, na encíclica *Divino Afflante Spiritu*, de Pio XII (*DS* 3825-3831), e na constituição dogmática *Dei Verbum*, do Vaticano II (*DS* 4201-4235), reconhece a importância da crítica textual e distingue os gêneros literários na Sagrada Escritura. É consenso que Gn 1-11 não trata de fatos históricos constatáveis, e sim de uma reflexão poética e simbólica sobre o lugar do ser humano neste planeta e a origem do mal, à luz da fé, utilizando elementos literários do seu contexto cultural.

A interpretação atual do dogma da Imaculada Conceição leva em conta a reflexão contemporânea sobre "quem é o ser humano à luz da revelação divina". A marialogia se alinha com a antropologia teológica, a teologia da Graça e a reflexão sobre a salvação cristã (soteriologia), evitando, assim, a desarticulação em relação ao conjunto da visão cristã sobre Deus e o mundo.

O relato de Gn 2 apresenta de forma simbólica o sonho de Deus para a humanidade. Se ela tivesse aceitado a oferta do Deus Criador-Salvador, tudo seria diferente. Haveria harmonia entre os seres humanos, sintonia com Deus, respeito e relação tranquila com o ecossistema, nascimento e morte sem trauma. Já o capítulo 3 narra sobre a raiz do pecado do mundo: o ser humano, que cede ao desejo de autossuficiência (orgulho, insensatez). A soberba leva-o a considerar--se igual a Deus, negando sua condição de criatura. A expressão "conhecedores do bem e do mal" (Gn 3,5) traduz o desejo equivocado de plena autonomia, a pretensão de ultrapassar os limites de criatura e querer ser como Deus. O pecador percebe-se nu e tenta se esconder de Deus (Gn 3,7-8). A nudez aqui não tem conotação sexual. Significa que, quando alguém se afasta de Deus, torna-se indigente, desamparado e impotente.

Gênesis 3–11 mostra como a atitude de romper a sintonia com Deus e de se negar a dialogar com ele leva à destruição das relações humanas. Caim mata seu irmão Abel (Gn 4,1-13), a torre de Babel é um projeto megalomaníaco, os seres humanos não conseguem falar a mesma língua e não se entendem mais (Gn 11,4-8). Mas, apesar de tantos equívocos, Deus continua cuidando e protegendo a humanidade (Gn 3,21; Gn 4,15) e oferece novas oportunidades, como faz com Noé (Gn 7–9). Já o capítulo 12 do Livro do Gênesis mostra que nem tudo está perdido, pois Abraão, pela fé, ouve o apelo de Deus e acredita na sua promessa. Não se trata agora de olhar para o passado, e sim de alimentar a esperança no futuro.

Na longa Tradição eclesial que refletiu sobre o tema da Graça e do Pecado, o documento do Concílio de Trento é o mais importante sobre o Pecado Original (consulte *DS* 1511-1515). Quatro séculos depois, o Concílio Vaticano II apresenta sinteticamente uma perspectiva atual sobre o tema, confirma os principais pontos de Trento e supera a compreensão literal. Não fala de Adão como personagem histórico. Reconhece a fragilidade do ser humano e a necessidade da salvação em Cristo (ver *Gaudium et Spes*, n. 13, nos Textos complementares).

Podemos resumir assim uma visão sobre o Pecado Original:

a) Na Bíblia, a descrição da situação do pecado está subordinada à mensagem libertadora da salvação. A narração sobre o Pecado aparece como o contraste para mostrar a luz da graça libertadora de Cristo. O centro de interesse é o diálogo salvífico de Deus conosco, não o Pecado. Além disso, o "Pecado Original" não é a única causa dos males da humanidade. Os seres humanos são pecadores e solidários no pecado. Produz-se uma corrente que se expande e influencia a decisão individual. É o "pecado do mundo". Por isso, os cristãos, acolhendo a iniciativa divina, se empenham para edificar uma sociedade na qual os valores do Reino de Deus se manifestem nas relações humanas e nas estruturas sociais, políticas e econômicas.

b) O que se chamou de "Pecado Original" expressa três dimensões da nossa condição atual:

- Há uma força negativa que atinge o ser humano na sua constituição mais profunda. Não é simplesmente uma mancha, algo externo. Previamente à decisão livre, manifesta-se uma situação de não salvação, de escravidão da liberdade, de tendência para o pecado.

- Trata-se de um condicionamento negativo em conexão com toda a comunidade humana no correr da história. Na verdade, uma solidariedade que pode ser orientada para o bem ou para o mal.

- Ele se traduz em cada ser humano como fraqueza e tendência a pecar (concupiscência).

O ser humano, privado da Graça de Deus, é incapaz de optar por ele, pois isso implica atitudes dialógicas e unificação da própria vida. Somente com a iniciativa gratuita de Deus o homem e a mulher podem se unificar e entrar no caminho da evolução humano-espiritual.

3. Beleza e ambiguidade do ser humano

Todos os seres que existem (água, solo, ar, energia do sol, micro-organismos, plantas e animais) foram criados em Cristo, pela Palavra (Jo 1,1-2). A diferença qualitativa do ser humano reside na consciência de si, na linguagem e na liberdade, que possibilitam captar e acolher o convite de Deus de participar de sua vida. Tal aceitação é decisiva!

Esta é a boa notícia, esquecida durante séculos: todos os seres humanos são criados em Cristo. Estão marcados pelo sopro de vida do Criador e pela abertura ao *sentido* da existência, pois o Verbo dá direção e inteligibilidade a todos os seres, de forma especial aos humanos: "[...] existe um só Deus, o Pai, do qual vêm todos os seres e para o qual nós existimos. Para nós também existe um só Senhor, Jesus Cristo, pelo qual tudo existe e nós igualmente existimos por ele" (1Cor 8,6).

Denomina-se essa realidade de Graça Original. No dizer do mesmo Paulo: "Nele [Cristo], Deus nos escolheu, antes da fundação do mundo, para sermos santos e íntegros diante dele, [...]" (Ef 1,4). Cada criança que vem a esse mundo nasce com uma bênção original de Deus. O Senhor cria todos os seres humanos, independentemente de sua futura pertença religiosa, para serem felizes e colaborar na felicidade dos outros. Essa é a etapa que nos prepara para a comunhão plena com Deus, na vida eterna.

Cada homem ou mulher se desenvolve com o tempo, constituindo-se como pessoa no correr da existência. Aprende a amar e a ser amado, recebe a fé de outros e a assume como sua. Você já pensou como é fascinante sermos, até a hora da morte, aprendizes da arte de viver? Homens e mulheres constroem suas vidas sob as coordenadas do tempo cronológico e do espaço físico. São condicionados pela cultura de onde nascem e vivem. Nesse processo de aprender com a vida até os erros têm lugar, como oportunidade de superação e crescimento. Portanto, a finitude constitui algo essencial ao ser humano, pois ele é criatura e não um Deus. Ser finito, limitado pelo tempo e pelo espaço, sujeito ao ciclo de vida e de morte, estar condicionado pela sua cultura, não diz respeito ao pecado, mas ao fato de ser criatura.

Já no útero da mãe a criança está recebendo, em doses distintas, amor e desamor, acolhida e rejeição, afeto e violência. Somos todos solidários no bem e no mal. Ninguém começa sua vida a partir do nada. Todo ser humano está sujeito a inúmeros condicionamentos de sua etnia, do núcleo familiar, da língua e da cultura onde está inserido.

Pela fé, reconhecemos que somos parte de um grande projeto amoroso de Deus, que estamos marcados por sua Graça e pela corrente positiva de amor, bondade, acolhida, de tantos seres humanos que vieram antes de nós. Mas o mundo também tem violência, mentira e maldade, que contagiam cada pessoa que nasce. Ao começar a existir, já estamos sob a ação de forças positivas e negativas, de vida e de destruição, e interagimos com elas.

Há algo na história pessoal, comunitária e planetária que danifica os belos projetos do Senhor. Não vem de Deus e é difícil localizar sua origem. Trata-se do mistério do Mal e da iniquidade. Ele está espalhado na humanidade e repercute dentro de cada um. Introduz no ser humano uma contradição profunda: somos seres finitos, chamados a evoluir com o Universo. Mas muitas vezes freamos esse processo e nos negamos a crescer.

Cada ser humano tem dentro de si desejos, tendências e impulsos. Eles são bons, desde que integrados num projeto de vida. Quando isso não acontece, torna-se ocasião de crescimento do mal. Vejamos alguns exemplos:

- Cada um de nós necessita acreditar em si e exercitar sua liberdade, de forma a ser aceito e respeitado pelos outros. É uma forma básica do poder. A pessoa fraca e impotente contribui pouco nas relações humanas. Mas o poder também é perigoso. Um pai autoritário pode deixar muitas feridas nos filhos. Um político poderoso e corrupto prejudica a nação e faz aumentar a exclusão social.

- Todo ser humano busca prazer ao se relacionar, ao comer, ao se divertir. Uma das formas mais intensas de prazer é a sexual. A relação entre homem e mulher é bela e querida por Deus. Mas o sexo desequilibrado, sem afeto e respeito, alimenta o individualismo e a violência.

- Gostamos de nos vestir bem, ter as coisas para usar, usufruir de serviços que tornem a vida mais prática e agradável. Mas quando esse desejo se torna desordenado, decaindo no consumismo, cria pessoas dependentes e apegadas às coisas, que chegam a ponto de arruinar a vida para comprar o que encontram.

Para o ser humano, é difícil integrar desejos e pulsões e colocá-los a serviço de um projeto de vida. Os impulsos do ter, do prazer e tantos outros têm grande poder de sedução e podem afastá-lo de Deus. A teologia chamou essa divisão interna de "concupiscência". Ela tem dimensões individuais, coletivas e culturais.

Nossa liberdade está comprometida pelo pecado e precisa ser libertada. São Paulo lembra essa divisão interna dizendo que o ser humano quer realizar o bem, mas acaba fazendo o mal que não deseja (Rm 7,14-24). Somos seres fragmentados. Mas nós cremos na vitória da Graça de Jesus Cristo, que nos liberta de todas as cadeias (Rm 5,8 e 8,1-4). A "graça original" de Deus, que nos cria e nos salva, é mais forte do que o Pecado Original, e nos ajuda a superar pecados e falhas.

O "Pecado Original" não é um pecado em sentido estrito, mas em sentido analógico. Não se trata de um ato cometido livremente, contra Deus e o seu Reino, relacionado com a orientação fundamental e as atitudes da pessoa. Com essa expressão reconhecemos que existe uma ausência de mediação de graça em cada um de nós e nas nossas relações. Precisamos da Graça de Cristo, que cura, eleva e nos orienta para Deus. O Pecado Original não faz parte do sonho de Deus, e sim da atual condição humana, que sofre a ação do mistério do mal e consente com a iniquidade. Que o ser humano seja limitado e necessite aprender e crescer, isso faz parte de sua característica de criatura. Que ele se deixe arrastar pelo mal e se negue a crescer no bem constitui o grande paradoxo de sua condição atual.

"Salvação" é palavra-chave no Cristianismo. Ela significa a relação entre Deus e o ser humano, que o liberta de situações negativas, cura-o no âmbito corporal e espiritual, confere sabor e sentido à sua existência e dá-lhe direção positiva, rumo ao encontro definitivo com a Trindade. Salvação diz respeito a *salvar de* algo (do pecado e dos males) *para* algo (seguir a Jesus, contribuir para que este mundo seja melhor, crescer na intimidade com Deus).

Deus não só nos oferece coisas, bens, graças, mas ele mesmo se oferece a nós, vem ao nosso encontro, mesmo que não mereçamos. Tal processo de transformação e iluminação do ser humano só se realiza quando ele, também sob a ação da mesma graça, acolhe a iniciativa de Deus. Portanto, a graça e a salvação expressam uma relação dialogal, onde existe uma proposta divina e a correspondente resposta humana. Vida oferecida e vida acolhida na fé, no amor solidário e na esperança.

A salvação vem Deus, de sua iniciativa completamente gratuita. Mesmo não se tratando de uma relação de iguais, o Senhor chama o ser humano para fazer uma aliança com ele, para constituir-se como um povo, para ser sinal e testemunho de sua luz no mundo. Diante de tamanha generosidade divina, só nos resta expressar com gratidão e alegria que o Senhor faz maravilhas em nós e por nós.

Quando Deus oferece a salvação em Cristo? Não somente na cruz. A criação já é o primeiro ato salvífico de Deus, pois ele constitui o ser humano como sua criatura e potencial interlocutor. Os principais momentos da caminhada do Povo da Deus, narrada nas Escrituras judaicas, são grandes momentos de um processo de salvação: a libertação do Egito, a constituição da Aliança, a caminhada no deserto, a posse da terra, o surgir do movimento profético, a volta do exílio etc. Com a vinda de Jesus, chegamos à plenitude do tempo (Gl 4,4), o tempo da salvação! Os Evangelhos atestam que a salvação de Deus em Jesus acontece em diferentes momentos. O nascimento de Jesus é salvífico, pois o próprio Filho de Deus veio morar no meio de nós (Jo 1,14). Toda a prática de Jesus, em gestos e palavras, é salvadora, pois liberta homens e mulheres do Mal e dos males, chama-os a fazer parte do grupo de seus seguidores e inaugura o Reino de Deus. Assim, Jesus pode dizer para Zaqueu: "Hoje aconteceu a salvação para esta casa, [...]" (Lc 19,9).

A morte de Jesus na cruz é o ápice do processo salvífico oferecido por Deus, pois revela o Amor em sua radical intensidade: "[...] tendo amado os seus que estavam no mundo, amou-os até o fim" (Jo 13,1). Paulo, a partir da imagem do escravo alforriado, diz que a morte de Jesus na cruz é redentora, ou seja: nos liberta da escravidão dos pecados e nos faz livres para amar a servir a Deus e aos irmãos (Ef 1,7; Gl 5,1.13-14). Por fim, a ressurreição de Jesus é salvadora, pois somente com ela a morte ética e o pecado são vencidos (1Cor 15,20-22).

172

Portanto, a vida inteira de Jesus é salvadora: o nascimento, sua missão com gestos e palavras, a morte na cruz e a ressurreição.

Como entender, então, a Imaculada Conceição com esse pano de fundo da Graça Original, do Pecado Original e da salvação-redenção em Cristo?

4. Imaculada Conceição: a inteireza de Maria de Nazaré

O dogma da Imaculada Conceição deve ser compreendido no horizonte da teologia da Graça. Toda iniciativa vem de Deus. E ele age gratuitamente, por simples amor, e não por causa de qualquer mérito humano prévio. E a graça só se torna efetiva, realizando assim o projeto salvífico de Deus, quando o ser humano acolhe a proposta divina. Existe, portanto, um diálogo, não somente de palavras. Sem a resposta humana, que é possibilitada pelo mesmo Deus, a Graça não se consuma na história.

O dogma da Imaculada Conceição afirma que o segredo de Maria, mãe, educadora e perfeita discípula de Jesus, que respondeu a Deus de maneira total, tem sua raiz na Graça. Ela recebe do Senhor um dom especial. Nasce mais integrada do que nós, com maior capacidade de ser livre e acolher a proposta divina. Entre graça de Deus e liberdade não há competição. Ao contrário, quanto mais o ser humano se deixa iluminar por Deus, mais é livre para resistir ao assédio do mal e aderir ao bem. Assim aconteceu com Maria! Imaculada significa inteireza, liberdade profunda em Deus, que significa bem mais do que o livre-arbítrio para fazer escolhas. Essa liberdade é ao mesmo tempo dom (recebido gratuitamente de Deus) e conquista (cultivado dia a dia, confirmado em cada opção, a ponto de constituir um projeto de vida).

O fato de Maria ser imaculada não lhe tira a necessidade de crescer na fé, pois isso é característica do ser humano, que necessita aprender e evoluir. Maria não nasce prontinha. Também é aprendiz da existência. Há momentos em que ela não entende o sentido pleno dos fatos e das palavras (Lc 2,49-50). No correr da vida, Jesus a surpreende muitas vezes ao mudar os paradigmas familiares (Mc 3,31-35). Mas, diferentemente de nós, Maria trilha um caminho sempre positivo, sem falsos desvios ou atoleiros. Maria realiza sua vocação pelo caminho da fé, em meio a crises e dificuldades. Ela também teve que fazer correções de rota no correr da vida. Experimentou processos de mudança, de conversão. Não do mal para o bem, mas do bem para um bem maior.

Maria é pré-redimida pelo Verbo de Deus. Ela recebe sua graça salvadora numa intensidade maior do que nós, o que lhe dá forças para integrar tendências e pulsões. Conquista, assim, uma inteireza admirável. Exerce melhor sua missão de perfeita discípula, educadora e mãe do Messias. Com maior liberdade interior, Maria desenvolve profundamente suas qualidades humanas e espirituais, tornando-se criatura santa, não fragmentada, dona de si, aberta a Deus. Portanto, o fato de ser imaculada não a torna menos humana. Ao contrário. Ela realiza a utopia da "nova humanidade", do ser humano integrado que cresce na fé, na esperança e no amor, sem amarras.

Maria conviveu com gente de seu clã no povoado de Nazaré e depois, ao seguir Jesus, teve contato com vários tipos de pessoas, embora limitada pela sua condição de mulher na sociedade judaica. Na convivência humana, esteve sujeita aos condicionamentos e influências diversas, desde criança. Sua liberdade desabrochou e se desenvolveu neste contexto ambíguo de bem e mal, que constitui todo grupo humano. Nesse sentido, ela teve que rejeitar o "pecado social" no seu tempo, discernir o sentido dos fatos, enfrentar a "concupiscência coletiva" e construir seu projeto de vida, iluminada pelas palavras e pelos gestos de Jesus. Se na primeira etapa de sua vida Maria desempenha o papel de mãe e educadora de Jesus (Lc 1,31), na segunda etapa ela se torna sua discípula (Lc 11,27-28). E na terceira, após a morte e ressurreição de Jesus, assume a missão de membro (At 1,14) e mãe da comunidade cristã (Jo 19,26-27).

Mais do que ninguém Maria experimentou a salvação em Cristo, que é um processo: na sua concepção imaculada, no caminho de vida que percorreu até se tornar adulta, ao receber o anúncio de Deus e responder positivamente, ao fazer parte do evento do nascimento de Jesus, ao educar Jesus, ao se colocar humildemente como membro da nova família dos seguidores, no momento da cruz e na preparação ao Pentecostes. Portanto, Maria foi redimida por Cristo não somente no momento de sua concepção, mas em toda sua existência. A salvação oferecida por Deus se torna nela salvação acolhida e realizada no correr da vida, pelo "sim" generosamente renovado. E isso é uma lição de vida para todos os que se comprometem a seguir a Jesus como discípulos e missionários.

Maria Imaculada altera o conceito corrente de "privilégio". Uma pessoa especialmente dotada, de beleza estonteante ou inteligência invejável, de saber conquistado, com muito poder ou fama, tende a se distanciar dos outros e a subestimá-los. Ao olhar orgulhosamente para si próprio, o privilegiado se torna um narcisista: "Espelho meu, existe alguém melhor que eu?". Maria, ao contrário, ensina que tudo o que recebemos é dom e se destina a ampliar a rede do Bem, a estender o Reino de Deus sobre a terra. O singular privilégio da Imaculada Conceição é um dom especial, ao qual Maria respondeu com maior intensidade ainda, colocando-se a serviço de Jesus e da causa do Reino de Deus. Essa mensagem de vida vale para todos, independentemente de sua crença: Tudo o que somos, temos e conquistamos visa a contribuir na construção da teia da vida, da corrente do Bem, na qual todos os seres estão intimamente relacionados e são interdependentes.

Para cristãos que provam a inconstância na fé, a fragmentação, a força do mal que os domina, a reincidência no pecado, pode ser que Maria Imaculada não seja um modelo operativo próximo. Nesse caso, eles podem recorrer ao exemplo de outros santos que, trilhando caminhos tenebrosos, fizeram esforços enormes de conversão e experimentaram mudança radical de vida. Para eles, Maria Imaculada não é ponto de partida, mas de chegada. Pois o Deus que cria do nada também recria a partir do caos e das trevas.

5. *Metáforas sobre Maria Imaculada*

Um missionário vai celebrar a Festa da Imaculada Conceição numa comunidade do interior. Pensa consigo mesmo: "Como vou falar de mistério tão grande e complicado? Se começo com 'Pecado Original' e 'Concupiscência', vou trazer mais confusão que explicação". Então, indo para a igreja, percebe que há muitas goiabeiras na região. Começa a pregação: "Meus irmãos e minhas irmãs! Quem tem pé de goiaba em casa?". Quase todos levantam a mão. Ele continua:

> Vocês já viram como as goiabas são saborosas, cheirosas, vermelhas e bonitas? Mas, infelizmente, as nossas goiabas têm muito bicho. O bicho de goiaba as estraga. Como seria bom se todas as nossas goiabas fossem grandes, bonitas, doces, sem bicho.

> Dentro do seu projeto, Deus queria que cada um de nós fosse como uma goiabeira sem bicho. Deus sonhou que fôssemos como árvores bonitas, cheias de bons frutos de bondade, amor e justiça. Mas cada um de nós sabe que não é assim. Sentimos o pecado que nos atrapalha, como o bicho de goiaba. A festa de hoje nos dá muita esperança, pois nos diz que Deus fez uma criatura humana, do jeito que ele sonhou para todos. Uma pessoa que não se deixou contaminar pelo egoísmo, pelo comodismo, pelo orgulho, pela ilusão do poder. Uma árvore cheia de frutos bons. É claro que Maria recebeu uma bênção especial de Deus. Mas ela soube desenvolvê-la, fazê-la crescer. Goiabeira sem bicho, mas sem fruto, não vale nada. Maria soube aproveitar todo o amor de Deus, que ela recebeu, e o transformou em frutos bons.

Não somos imaculados, como Maria. Temos pecados, que nos atrapalham a vida. Mas cada um recebe a graça e a bênção de Deus, para ser uma árvore vistosa, com folhas, flores e frutos. Alguns têm muita erva-de-passarinho nos galhos e bicho nos frutos. Deus nos acolhe e nos ama assim mesmo, pois é misericordioso. Podemos olhar para Maria e pedir a ela, que é toda cheia de Deus, que nos ajude nesta caminhada. Vamos cantar juntos:

Imaculada, Maria de Deus, coração pobre acolhendo Jesus.
Imaculada, Maria do povo, mãe dos aflitos que estão junto à cruz.
Um coração que era sim para a vida, um coração que era sim para Deus.
Um coração que era sim para o irmão, Reino de Deus renovando esse chão.

Anos mais tarde, o mesmo missionário foi convidado a falar para um grupo de alunos do Ensino Médio numa escola católica na cidade. Ele se deu conta que não poderia usar a imagem da goiabeira para aqueles jovens urbanos. As poucas goiabas que eles conheciam não tinham bichos, pois eram tratadas com agrotóxicos. Eram frutas belas, mas sem sabor... Então, quando passou pelo laboratório de informática da escola, teve uma inspiração. E explicou assim o dogma para os alunos:

Gente, vocês trabalham com computador e sabem o que é um vírus. Ninguém sabe de onde vem, mas ele atrapalha muito. Pode estragar os programas, os textos, os vídeos e as músicas. Cada um de nós é como um computador potente, forte, rápido, criado por Deus para executar bons e criativos trabalhos, como também para se divertir com *games* e navegar na internet. Mas, estranhamente, a gente vem ao mundo com tendências ruins e negativas. Se não tomamos cuidado, elas se alastram em nós, como vírus de computador.

Maria, a Mãe de Jesus, foi criada por Deus como um computador sem vírus. Estava sempre conectada com o Bem. É claro que um computador vazio não faz nada. A gente precisa de programas (*softwares*) para realizar tarefas ou se divertir. Assim foi Maria. Deus deu o *start* na vida dela. Criou-a cheia de luz e vida e não permitiu que ela fosse contaminada com o vírus da maldade. E ela desenvolveu ao máximo tudo o que recebeu de Deus. Que figura fascinante é Maria! Ela se tornou a imagem virtual de todo ser humano inteiro, maduro, feliz, capaz de amar e ser amado, realizado.

Os dois casos do missionário, um do campo e outro da cidade, nos ajudam a compreender que o dogma da Imaculada Conceição nos diz algo sobre Maria e sobre cada um de nós. Confirma que ela é uma criatura especial que alimenta em nós a esperança na vitória da graça de Deus sobre o mal e o pecado.

Oração

Obrigado, Senhor, por nos teres dado Maria imaculada.
Olhando para ela, sentimos a alegria de ver uma da nossa raça,
humana e limitada como nós, mas transbordante de Graça.
Olha, Senhor, pela humanidade manchada pela violência, pelo consumismo,
pela pobreza, pela falta de sentido para viver.
Dá-nos a graça de integrar os nossos desejos, pulsões, tendências e afetos.
Liberta nossa liberdade.
Acolhe a cada um de nós, santos e pecadores, e transforma-nos em servidores
da Boa-Nova, como Maria. Amém.

Articulando conhecimento e vida

1. Retome os principais conceitos teológicos que ajudam a compreender o dogma da Imaculada Conceição: Graça original, Pecado Original, Concupiscência, Redenção/salvação. A partir daí, faça sua síntese pessoal: o que é o dogma da Imaculada Conceição?
2. A partir da sua cultura local, do ambiente em que você vive e atua, crie uma analogia (figura literária) para explicar o dogma da Imaculada Conceição.
3. O que significa para sua vida cristã a Imaculada Conceição?

Na rede

1. Veja o vídeo sobre o dogma da Imaculada Conceição na série "Trem da mariologia". Acesse: <www.maenossa.blogspot.com> e busque no índice: "Vídeos de mariologia". A seguir, clique no link "10. Dogma Imaculada". Partilhe seu comentário na rede. É possível também acessar diretamente no *YouTube*.
2. Procure na internet outros textos sobre o dogma da Imaculada Conceição. Compare com a visão apresentada aqui. Identifique as semelhanças e diferenças e posicione-se.
3. Se você quiser cantar a música "Imaculada Maria de Deus" e partilhar com seu grupo, acesse: <www.maenossa.blogspot.com> e busque "Imaculada".

Bibliografia básica

ANDRADE, B. *Pecado original ou graça do perdão?* São Paulo: Paulus, 2007. p. 85-119.

COMISSÃO INTERNACIONAL ANGLICANO-CATÓLICA. *Maria;* graça e esperança em Cristo. São Paulo: Paulinas, 2005. Maria como exemplo de graça e esperança, p. 42-50.

COSTA, S. R. (org.). *Imaculada. Maria do povo, Maria de Deus.* Petrópolis: Vozes, 2004. Contextualização histórica: p. 31-67. Aspectos teológico-pastorais: p.161-172.

DE FIORES, S. Teologia da Imaculada Conceição. In: *Dicionário de mariologia.* São Paulo: Paulus, 1995. p. 610-616.

FRANÇA MIRANDA, M. *A salvação de Jesus Cristo.* São Paulo: Loyola, 2004. p. 69-96.

GRUPO DE DOMBES. *Maria no desígnio de Deus e a comunhão dos santos.* Aparecida: Santuário, 2005, p. 141-147.

TEMPORELLI, C. *Maria, mulher de Deus e dos pobres. Releitura dos dogmas marianos.* São Paulo: Paulus, 2010. p. 137-187.

Textos complementares

1. Beleza e ambiguidade do ser humano: a visão do Vaticano II

A Sagrada Escritura ensina que o homem foi criado "à imagem de Deus", capaz de conhecer e amar seu Criador, e por este constituído senhor de todas as criaturas terrenas, para as dominar e delas se servir, dando glória a Deus. Deus, porém, não criou o homem só: desde o princípio "os criou varão e mulher" [Gn 1,27], e a sua união constitui a primeira forma de comunhão entre pessoas. Pois o homem, por sua própria natureza, é um ser social, que não pode viver nem desenvolver as suas qualidades sem entrar em relação com os outros. Como lemos ainda na Sagrada Escritura, "Deus viu tudo quanto havia feito, e era muito bom" [Gn 1,31].

Estabelecido por Deus em estado de justiça, o homem, seduzido pelo maligno, logo no começo da sua história abusou da própria liberdade, levantando-se contra Deus e desejando alcançar o seu fim fora de Deus. Embora conhecendo a Deus, não o glorificou como Deus, mas o seu coração insensato obscureceu-se e ele serviu à criatura, preferindo-a ao Criador.

Assim, o que a revelação divina nos dá a conhecer concorda com os dados da experiência. Quando o homem olha para dentro do próprio coração, descobre-se inclinado também para o mal e imerso em muitos males, que não podem provir de seu Criador, que é bom. Muitas vezes, recusando reconhecer Deus como seu princípio, perturbou também a devida orientação para o fim último e, ao mesmo tempo, toda a sua ordenação, quer para si mesmo, quer para os demais homens e para toda a criação. O homem encontra-se, pois, dividido em si mesmo. Desse modo, toda a vida humana, quer individual, quer coletiva, apresenta-se como uma luta dramática entre o bem e o mal, entre a luz e as trevas. Mais: o homem descobre-se incapaz de repelir por si mesmo as arremetidas do inimigo: cada um se sente como que preso com cadeias.

Mas o Senhor em pessoa veio para libertar e fortalecer o homem, renovando-o interiormente e lançando fora o príncipe deste mundo [cf. Jo 12,31], que o mantinha na servidão do pecado. Ora, o pecado diminui o homem, impedindo-o de atingir sua plena realização. À luz dessa revelação, encontram sua explicação última a vocação sublime e a profunda miséria que os seres humanos simultaneamente experimentam. (Concílio Vaticano II, Constituição *Gaudium et Spes*, n. 12-13.)

2. Visão ortodoxa: a santidade total de Maria

Para a Igreja ortodoxa, a concepção imaculada de Maria pode ser objeto de louvor, mas nunca poderá ser dogma. Maria, como ser humano, conserva o Pecado Original, ainda que sua pecaminosidade resulte inativa. À semelhança do que ocorre num pecador arrependido, Maria é purificada para converter-se em Mãe de Deus, ainda que permaneça solidária à raça humana perante Deus. Assim, prefigura o fato de que o *Logos* de Deus teria de carregar o pecado do mundo, pois "Deus se fez pecador" (cf. 2Cor 5,21), sem resultar por isso pecador.

Desse modo, garante-se a identificação com a humanidade pecadora e, ao mesmo tempo, se afirma e se converte em realidade a vocação imaculada a criar uma humanidade nova, fruto da graça. Os ortodoxos não têm dificuldade em exaltar a *Theotókos* como virgem e mãe imaculada, mas sim em considerá-la, do ponto de vista dogmático, isenta de Pecado Original. [...] A pessoa de Maria é o arquétipo da pessoa humana: pecadora e, ao mesmo tempo, santificada por e na comunhão eclesial dos santos. Com a Imaculada Conceição se introduz uma separação entre Maria e a humanidade no aspecto mais decisivo e delicado da salvação. É preciso conservar cuidadosamente a relação dialética entre pecado original e graça santificante de Deus. (Síntese de: NISSIOTIS, Nikos. Maria na Igreja ortodoxa. Revista *Concilium* 188 [1983].)

---

3. Sentido atual do dogma da Imaculada

A Imaculada Conceição é o resultado da relação íntima e fiel entre Deus e Maria; de uma relação na gratuidade do amor; de uma relação na qual se conjuga a liberdade de uma escolha e um chamado, com a resposta livre, fiel e contínua por parte de uma criatura. O sentido profundo dessa mensagem dogmática não está tanto na ausência de pecado quanto na plenitude e presença da graça que Deus outorga a Maria; a ausência de pecado é a consequência dessa presença amorosa e eficaz.

Que Maria esteja livre do pecado original não a exime de estar presente nela tudo que é autenticamente humano, com seus diversos dinamismos; também ela participa do caráter opaco da existência, da condição de ser uma mulher numa cultura e sociedade que lhe nega o acesso à Torá e a relega ao silêncio, uma mulher numa aldeia pequena e sem relevância; uma mulher casada com um artesão de um meio rural, dedicada aos trabalhos próprios da casa e da família, ou seja: levando a mesma vida comum e simples de suas vizinhas. Também ela sentia as diversas paixões humanas com suas tendências. Contudo, à diferença de nós, conseguia integrá-las e orientá-las conforme o plano de Deus, no gozo da abertura a ele, efetivada em sua entrega generosa aos outros e na luta contra o mal. As contradições, os sofrimentos decorrentes da fidelidade à graça nela presente, assume-os de tal modo que, longe de anulá-la, de fechá-la em si mesma, lhe possibilitam crescer.

Karl Rahner, em seu livro *Maria, Mãe do Senhor,* apresenta a Imaculada Conceição como a cheia de graça e a perfeitamente redimida. Que Maria seja a "cheia de graça" e tenha-se visto livre do Pecado Original não implica privá-la ou negar-lhe sua humanidade. Mas apenas ressaltar que o Deus da Vida plenificou de tal modo seu ser que se tornou mais forte nela a luta pelo bem do que o ceder às forças do mal; mais o projeto de Deus do que a debilidade humana. E isso foi vivido por Maria, não por meio de um esforço voluntarista, mas sim por graça de Deus e resposta livre de sua parte. Nessa resposta sua pessoa se plenifica, cresce, brilha e ilumina.

Tampouco é negada a bondade do mundo criado nem a do ser humano. Maria não apresenta a si mesma como a perfeita, mas, pelo contrário, como a humilhada, e desde essa verdade é resgatada pelo Deus que nela realiza maravilhas. A partir dessa contemplação e compreensão ela é proclamada no Evangelho e na Igreja como a "cheia de graça". A Imaculada Conceição é Maria de Nazaré, que uma vez mais revela a opção de Deus pelos pobres. Trata-se da história de um chamado e de uma resposta.

Este dogma mariano também proclama que o bem é anterior ao mal, a graça é mais forte que o pecado; e que esta graça é patrimônio de todos, pois, como afirma Karl Rahner: "[...] em Maria e em sua Imaculada Conceição fica patente que a misericórdia eterna abraçou desde seu princípio o homem e, portanto, também a nós, para que ressalte de maneira nítida que Deus não nos deixou sozinhos". A Imaculada nos devolve um olhar de esperança, nos ajuda a confiar nas forças do bem, da verdade, da justiça, sobre as forças do mal, da mentira e da opressão. Essas podem até vencer de imediato, mas não são imunes e acabarão vencidas; cedo ou tarde o tribunal da história faz justiça. As situações, as instituições, as pessoas são dinâmicas e, como tais, podem ser transformadas: para isso basta crer e deixar espaço ao Deus da Vida, para que venha nos socorrer. (Sintetizado de: TEMPORELLI, Clara. *Maria, mulher de Deus e dos pobres. Releitura dos dogmas marianos.* São Paulo: Paulus, 2010. p. 174-176.)

10
O dogma da Assunção

A assunção de Maria, festejada no dia 15 de agosto, tem diferentes nomes, como Nossa Senhora da Boa Viagem, Nossa Senhora da Glória e Nossa Senhora da Abadia. Para muitos católicos, tal celebração aumenta sua devoção a Maria. Protestantes e ortodoxos, por sua vez, não aceitam o dogma, pelas razões semelhantes ao dogma da Imaculada, que apresentamos no início do capítulo anterior.

Vejamos como o dogma da Assunção chegou a ser proclamado na Igreja, o contexto de sua formulação e seu sentido atual, a partir da Bíblia e da teologia contemporânea.

I. O dogma de Assunção

1. Um pouco de história

A Sagrada Escritura nada afirma a respeito do final da vida de Maria. O quarto Evangelho, na cena da cruz, que enfatiza o sentido teológico e nem tanto o fato histórico, mostra que Maria foi adotada pela comunidade cristã como mãe (Jo 19,27), ao ser acolhida na intimidade do discípulo amado. Lucas narra que ela estava junto com o grupo que se preparava para a vinda do Espírito Santo, em Pentecostes (At 1,13s e 2,1). Então, o perfil bíblico da Maria após a morte-ressurreição de Jesus pode ser assim resumido: ela é presença na comunidade cristã, como membro especial e mãe.

A Bíblia não conta os detalhes a respeito de onde viveu seus últimos dias aqui na terra, quando ela morreu e com que idade. A tradição cristã herdou diferentes versões a respeito do lugar de moradia de Maria, após a ressurreição de Jesus. No entanto, nenhum deles é totalmente confiável, do ponto de vista histórico.

O texto *Vida de Maria*, do monge oriental Epifânio, datado do século VIII, diz que ela residia em Jerusalém, na casa de João, o Teólogo, no monte Sião ou Getsêmani, vivendo lá numa comunidade com outras pessoas (art. 26). Entre elas, mulheres de várias províncias; algumas tinham sido liberadas de espíritos imundos e outras simplesmente abraçaram a fé. Provavelmente, também a espo-

181

sa de Paulo (art. 22). Maria teria morrido com 72 anos (art. 25). Na mesma linha, o apócrifo *Trânsito de Maria*, do pseudo-Militão de Sardes, de data imprecisa (entre os séculos IV a VIII), narra que Maria vivia em Jerusalém, na casa de seus pais, no Monte das Oliveiras (v. 2).

Outras tradições, também de origem oriental, afirmam que Maria viveu em Éfeso, para onde se deslocou com o evangelista João, após o cerco e a destruição de Jerusalém. Lá passou seus últimos dias, morreu e foi assumida na glória divina. Em 1881, um pesquisador católico encontrou algumas ruínas a oito quilômetros ao sul da antiga cidade de Éfeso, atualmente pertencente à Turquia. A construção atual, edificada por volta de 1950 sobre os marcos das ruínas, assemelha-se mais a uma capela do que ao local de moradia. A partir daí, iniciaram-se peregrinações à "casa de Maria" (*Meryemana*). Os relatos da vidente Catarina Emmerich, falecida em 1824, que descrevem detalhes do dia a dia de Maria na casa de Éfeso, não servem para testificar essa hipótese, pois contêm muitas informações improváveis e fantasiosas. Dentre elas, inclui na vida de Maria práticas religiosas inexistentes no seu tempo, como a Via-Sacra, o Ofício Divino e até a "Extrema-Unção", que ela teria recebido do apóstolo João. Portanto, não há consenso sobre o lugar onde Maria teria passado os últimos anos de sua vida.

Nos primeiros séculos, os cristãos tinham muito cuidado em guardar os restos mortais dos santos, especialmente dos apóstolos e dos mártires. Não há, no entanto, nenhuma notícia sobre o corpo de Maria. No final do século IV já se encontram referências à festa devocional da "dormição de Maria" e do túmulo vazio, em uma capelinha de Jerusalém.

Alguns Pais da Igreja falam de "glorificação de Maria" ou "exaltação de Maria". Trata-se de testemunhos isolados, que não representam o pensamento eclesial dominante naquele momento. Segundo Efrém (séc. IV e V), o corpo virginal de Maria não sofreu a corrupção depois da morte. Para Epifânio (séc. VI), Maria já deve possuir em sua carne o Reino dos Céus. A Escritura não se refere a esse assunto. Haveria várias possibilidades para o final da vida de Maria: o martírio (associada com a imagem da espada em Lc 2), a simples morte, ou que "ela tenha permanecido em vida, já que para Deus nada é impossível". Mas, "ninguém sabe qual teria sido o fim terreno da Mãe de Deus".

No século VI, começa a difundir-se no Oriente a celebração do trânsito ou dormição de Maria, fixada para 15 de agosto pelo imperador Maurício. Tal tradição passa para Roma no século VII, com o Papa Sérgio I, sem caráter oficial. Na Igreja copta, a celebração da morte e ressurreição de Maria acontece em 16 de janeiro e 9 de agosto. Pouco a pouco o tema da dormição (*koímêsis*) é substituído pelo da assunção (*análêpsis*). Assim, no século VIII, a partir do crescimento da devoção mariana, surge a devoção da assunção de Maria na França e na Inglaterra. Naquela época, diferentes manifestações devocionais brotavam nas Igrejas particulares e conviviam, sem qualquer caráter de obrigação.

Entre o final do século IV e o século VIII, num contexto devocional, contaminado por religiosidade mágica, cheia de lendas e fantasias e sem apoio da Bíblia, escrevem-se os apócrifos sobre o *Trânsito de Maria* para o céu. É difícil precisar a data de cada um. Além disso, há muitas versões (códices), com vários acréscimos de narrativas, o que torna difícil identificar qual é o texto original. Os diferentes manuscritos têm em comum os seguintes pontos:

- Maria recebe o anúncio de sua morte com antecedência.

- Milagrosamente, todos os apóstolos se reúnem em torno de seu leito.

- Maria morre como qualquer outro ser humano.

- Durante o enterro, os judeus mostram-se hostis.

- Depois do sepultamento, Jesus ressuscita Maria, que, então, é levada ao paraíso.

Segundo esses apócrifos, Maria passou pela morte. Ela não teria sido arrebatada ao céu, de corpo e alma, como se difunde posteriormente na literatura devocional católica. De acordo com a concepção grega, somente a alma de Maria entra na glória do céu, pois o corpo não é digno para isso (veja o resumo do apócrifo *Trânsito de Maria*, de Pseudo-Militão de Sardes, nos "Textos complementares", no final deste capítulo).

Durante muitos séculos o povo cristão celebrou, em forma de devoção, que Maria estava junto de Cristo, toda glorificada, mas não havia consenso sobre o que teria acontecido com ela no final de sua vida.

Depois da definição do dogma da Imaculada Conceição (1854), houve um forte movimento mariano para que a crença devocional da assunção de Maria fosse transformada em dogma. Assim, a proclamação dogmática da Imaculada é relativamente recente. Aconteceu em 1950, com o Papa Pio XII. A bula papal *Munificentissimus Deus* não entra em detalhes se Maria morreu ou não. Embora faça alusão a textos bíblicos, está calcada nos argumentos de conveniência. A grande razão teológica é que Maria, a Mãe de Deus, está estreitamente unida a seu Filho e compartilha de seu destino. Vive tamanha união física e espiritual a ponto de ser coparticipante da obra redentora de Cristo. Como a ressurreição foi o epílogo da salvação realizada por Cristo, assim também era conveniente a participação de Maria através da glorificação de seu corpo virginal. Eis o núcleo da afirmação dogmática: "Definimos ser dogma divinamente revelado: que a Imaculada Deípara, sempre Virgem Maria, cumprido o curso de sua vida terrena, foi assunta em corpo e alma à glória celestial" (*DS* 3903).

A palavra *assunção* significa "ser assumido(a) por alguém". Na teologia tradicional se distingue a *ascensão* de Cristo da *assunção* de Maria. O Cristo glorificado, ao terminar sua missão na terra, volta para o Pai que está no céu. Embora o texto de Lucas diga que Jesus é levado para o céu (Lc 24,51; At 1,9), atribuiu-se ao Filho de Deus encarnado e glorificado uma função ativa, pois ele retorna para a condição de onde veio. Já para Maria, como criatura, atribui-se uma função passiva: ela é assumida por Deus na sua Glória. Maria não entra no âmbito da eternidade por sua própria conta, mas sim devido à ação salvífica de Deus.

2. A Assunção à luz da escatologia

Nós cremos que a vida, que Deus nos deu para cultivar, não termina com a morte. Jesus, o ressuscitado, garante que Deus nos oferecerá algo melhor, uma vida glorificada, em comunhão com a Trindade e com nossos irmãos e irmãs. Deus concede a todos a possibilidade de ressuscitar, de entrar na "vida eterna". Como será essa vida transfigurada não se sabe com detalhes. Cremos que vai ser muito melhor do que a atual e libertada dos condicionamentos desta vida finita. A escatologia, disciplina teológica que se ocupa da morte e da vida eterna, ajudará a compreender a assunção no quadro mais amplo.

a) Visão bíblica

As Escrituras judaicas testemunham um longo processo de evolução da fé, a respeito da vida eterna. Nos escritos mais antigos, não há referência à vida após a morte. Deus promete aos seus eleitos realidades humanas palpáveis, como a descendência e a terra (Gn 12,1-2; Ex 3,7-10). Se o povo for fiel a Deus e seguir sua aliança, terá neste mundo a felicidade e a paz. Nesse contexto se entende o belo discurso de Dt 30,15-20. Javé põe diante do povo a vida e a morte, e lhe pede para escolher a vida. As palavras "vida" e "morte" não têm sentido literal, mas sim ético-espiritual. Não se trata de morte biológica, pois escolher a morte não significa suicídio, mas quer dizer: traçar o caminho do mal, abandonar a aliança com Deus, cultivar atitudes e praticar atos contrários ao projeto da Aliança.

Para os judeus, o ser humano não é simplesmente um composto de corpo e alma. Criado por Deus a partir do barro da terra, participa da materialidade de todos os outros seres (Gn 2,7.19). Toda a criação é muito boa! A vida é como um sopro divino, que anima o homem, a mulher e os outros seres vivos. Enquanto "imagem e semelhança" de Javé, o ser humano tem a responsabilidade de continuar a obra criadora de Deus e cuidar do seu jardim (Gn 2,15).

Nos primeiros séculos de sua experiência religiosa, os judeus acreditavam que, quando alguém morria, iria descansar no Xeol, um lugar escuro no fundo da terra (Sl 88,3s.11; Is 38,10s.18s). Como a morte é inevitável, um sinal de bênção consiste em viver muitos anos. À medida que avança em sua experiência espiritual, o povo de Israel desenvolve a crença de que esta vida é pouco para realizar as promessas de Deus. Nos séculos III e II a. C. eclode a esperança de que Javé vai libertar os justos do domínio da morte e despertá-los do sono do Xeol (Sl 49,16; Sl 16,10). Segundo a corrente apocalíptica, isso somente acontecerá no final dos tempos (Dn 12,2s.13).

Com algumas exceções da literatura sapiencial, quando os escritos bíblicos falam do ser humano compreendem-no como uma unidade plural. Varia o acento, a forma de considerá-lo. Assim, no Cântico de Maria, quando se diz "A minha alma engrandece o Senhor [...]" (Lc 1,47), não se refere a uma parte da pessoa de Maria, que se oporia ao corpo, e sim ao núcleo profundo de sua pessoa. De mesma forma, ao proclamar: "[...] e meu espírito se alegra em Deus meu Salvador" (Lc 1,47), diz-se da pessoa inteira dela, enquanto sintonizada com o divino.

A Sagrada Escritura, quando enfatiza a fraqueza humana ou a autossuficiência que conduz alguém à existência sem sentido, usa a expressão "carne" (Sl 78,39; Is 40,6). Não se deve confundir "carne" com "desejo sexual" ou algo semelhante. Paulo usa a expressão "segundo a carne" e "segundo o espírito" (Rm 8,5-13). No primeiro caso, ele caracteriza o ser humano fechado ao projeto de Deus, sem prioridades na vida, egoísta, levado pelos seus próprios desejos e tendências destruidoras. No segundo caso, trata-se do cristão que cultiva valores profundos e caminha na fé, na esperança e no amor solidário. Podemos afirmar que o apelo de "escolher a vida ou a morte" de Dt 30,15-20 corresponde à "existência segundo o espírito ou segundo a carne" em Rm 8.

Os seguidores de Jesus fizeram uma experiência única, que mudou o rumo de suas vidas. Após a grande tristeza e decepção com a morte de Jesus, tiveram a graça de testemunhar que ele estava vivo! Na ressurreição, Jesus entra para o nível da existência glorificada. Os relatos dos Evangelhos sobre a ressurreição mostram que o Cristo ressuscitado é o mesmo Jesus, pois os discípulos podem comer com ele e tocar nele (Jo 20,27). Mas o corpo do ressuscitado é completamente diferente do nosso. As pessoas só podem reconhecer Jesus se têm fé nele (Jo 20,14-16). Até os seus discípulos não o identificam à primeira vista (Lc 24,13-16). Jesus não é nenhum fantasma, mas entra na casa com as portas trancadas (Jo 20,19). Como é que ele pode continuar o mesmo e ser tão diferente? Aí está uma das novidades da ressurreição. É uma forma de vida completamente nova, glorificada, muito além do que se pode imaginar.

Os cristãos descobrem que a ressurreição de Jesus, enquanto existência nova, assumida e transformada radicalmente por Deus, é o prenúncio da ressurreição de todos aqueles que morreram em Cristo. Jesus é o primogênito de toda criatura, aquele que esteve morto e agora vive, o primeiro ressuscitado (1Cor 15,20; Cl 1,18; Ap 1,5.18). Ele tem a chave da morte, em duplo sentido: venceu as forças do mal na história e entrou no âmbito da Vida que não se decompõe e tem um final feliz. Vida eterna!

Paulo, no capítulo 15 da Epístola aos Romanos, mostra a importância da ressurreição de Jesus para os cristãos. Ele evita explicar como será a realidade dos ressuscitados. Prefere utilizar analogias. Diz que nesta vida semeia-se um corpo que se degrada fisicamente, mas com a ressurreição o corpo será revestido de incorruptibilidade. É como a semente de uma planta. Na semente já estão os elementos fundamentais da futura árvore, mas ela será qualitativamente diferente (1Cor 15,35-43). Nesse capítulo, Paulo não usa nenhuma vez a expressão "corpo e alma". Para ele, é a pessoa inteira que ressuscita, não uma parte dela.

Baseados na Bíblia, deve-se entender o dogma da assunção de Maria a partir da ressurreição de Jesus e da promessa de ressurreição para todos os que nesta vida seguem seus passos e fazem sua vontade. A esperança da ressurreição se volta para a totalidade do ser humano, em suas múltiplas dimensões.

b) A forma "dual" de compreender a morte e a vida eterna

Os cristãos, no correr dos séculos, elaboraram uma reflexão de como seriam as últimas realidades depois da morte, as quais foram chamadas de "Novíssimos". Aos dados da Bíblia foram acrescentadas a concepção da imortalidade da alma (Platão) e a teoria hilefórmica de Aristóteles. Trata-se de uma visão sobre o ser humano e seu destino e que influencia até hoje a maneira de pensar a vida eterna. Vamos resumi-la em tópicos.

- O ser humano é constituído de *corpo e alma*, como matéria e forma. A alma é o princípio de determinação, que qualifica o corpo. A alma é imortal.

- No final da vida, o corpo morre e se separa da alma, temporariamente. A alma, na qual reside sua identidade, vai ao encontro com Deus no *juízo particular*. Ali, ela apresenta tudo que realizou nesta vida, de bom e de ruim. Se a pessoa está de bem com Deus, se morreu em estado de graça, então a alma gozará das alegrias eternas no céu. Se necessita de um tempo de purificação, a alma viverá o período no purgatório. E se morreu em pecado grave, irá padecer no fogo do inferno.

- Na glória celeste estão a Santíssima Trindade, os anjos (que não têm corpo) e todas as almas dos santos, que intercedem por nós. Somente Jesus, que ressuscitou, está no céu em corpo e alma.

- No fim dos tempos, Jesus voltará pela segunda vez, em glória e poder. Será a *parusia*. Haverá também a *ressurreição dos mortos*. A alma voltará a se unir ao corpo. Cada um receberá um corpo transformado, de acordo com o veredicto dado no juízo particular. Os justos, que estão no céu, receberão um corpo glorificado: transparente, leve, iluminado. Os pecadores, que estão no inferno, terão um corpo apropriado ao seu estado: feio, refratário, pesado, sem luz.

- Os que estiverem vivos serão levados de corpo e alma ao céu (arrebatamento).

- Então, acontecerá o *juízo final*, no qual Deus pronunciará sua palavra definitiva sobre a história e os povos da terra.

Esta forma de pensar é chamada de "dual" e "espaçotemporal". Concebe o ser humano em duas dimensões, corpo e alma. Imagina-se a eternidade com as mesmas categorias de tempo e de espaço que existem aqui. O céu é um lugar, o purgatório acontece num tempo cronológico.

O apócrifo *Livro do Trânsito de Maria*, embora seja anterior à sistematização do pensamento escatológico dual, compartilha dessa visão. Segundo esse relato, na hora de sua morte, os anjos tomam a alma de Maria. Mais tarde, Jesus vem e ressuscita seu corpo.

Nesse horizonte teológico também foi proclamado o dogma da Assunção. Afirma-se que Maria, diferente de nós, não precisou esperar a *parusia* (segunda vinda de Jesus) para receber um corpo glorificado. Depois de sua vida terrena ela já está junto de Deus com o corpo transformado, cheio de graça e de luz. Deus antecipou nela o que vai dar a todas as pessoas do Bem, no final dos tempos.

c) A forma unitária e plural de compreender a vida eterna e a assunção

O Concílio Vaticano II, na sua constituição pastoral *Gaudium et Spes*, oferece um horizonte amplo para compreender a escatologia cristã a partir de Jesus. Trata-se do mais importante e atual documento do Magistério da Igreja sobre o tema. Tal perspectiva tem consequências na compreensão do dogma da Assunção. O que diz o Concílio? O ser humano é corpo e alma, realmente uno. Por sua própria condição corporal, sintetiza em si os elementos do mundo material. Por isso, não é lícito desprezar a vida corporal. Deve-se estimar e honrar o corpo, porque criado por Deus e destinado à ressurreição no último dia. E graças à alma espiritual e imortal o ser humano atinge a própria profundeza da realidade (cf. *GS*, n. 14). Além disso, o homem e a mulher não são somente indivíduos. Por sua natureza íntima, constituem-se como seres sociais. Sem relações com os outros, não podem viver nem desenvolver seus dotes (cf. *GS*, n. 12).

Em coerência com tal visão unitária, o Concílio sustenta que "é a pessoa humana que deve ser salva. É a sociedade humana que deve ser renovada. É o homem considerado em sua unidade e totalidade, corpo e alma, coração e consciência, inteligência e vontade" (cf. *GS*, n. 3).

Quando abordam o mistério da morte (*GS*, n. 18), os padres conciliares recordam que o ser humano é chamado à vida de comunhão plena com Deus. Cristo já realizou essa comunhão, por sua ressurreição. Ele é o homem novo (*GS*, n. 22): "[...] pela sua encarnação, ele, o Filho de Deus, uniu-se de certo modo a cada homem". "Sofrendo por nós, não só nos deu exemplo, para que sigamos os seus passos, mas também abriu um novo caminho, em que a vida e a morte são santificados e recebem um novo sentido [...] por Cristo e em Cristo, esclarece-se o enigma da dor e da morte, o qual, fora do Seu Evangelho, nos esmaga". E pelo Espírito Santo "o homem todo é renovado interiormente, até à 'redenção do corpo' (Rm 8,23)" (*GS*, n. 22). Por Cristo, no Espírito, Deus oferece a todos a possibilidade de se associar ao Mistério Pascal.

No referente à relação entre fé e compromisso com a mudança da realidade, afirma-se que "a expectativa da nova terra não deve, porém, enfraquecer, mas antes ativar a solicitude em ordem a desenvolver esta terra" (*GS*, n. 39).

Quanto à consumação escatológica, ao novo céu e à nova terra, os padres conciliares dizem, com humildade: "Ignoramos o tempo em que a terra e a humanidade atingirão a sua plenitude, e também não sabemos que transformação sofrerá o universo" (GS, n. 39). Mas algo é certo: Deus prepara morada nova e nova terra, onde a justiça e os anseios humanos serão plenificados. Não valerão somente os méritos ou as boas intenções. Na realidade, "permanecerão o amor e sua obra". Serão transfigurados os frutos da natureza e do nosso trabalho. "[...] o reino já está misteriosamente presente; quando o Senhor vier, atingirá a perfeição" (GS, n. 39).

E se conclui: "Com efeito, o próprio Verbo de Deus [Cristo], por quem tudo foi feito, fez-se homem, para, homem perfeito, a todos salvar e tudo recapitular. O Senhor é o fim da história humana, o ponto para onde tendem os desejos da história e da civilização, o centro do gênero humano, a alegria de todos os corações e a plenitude das suas aspirações" (GS , n. 45).

Hoje há distintas maneiras de compreender a ressurreição dos mortos, para além do esquema dual clássico. A principal delas é a escatologia plural e unitária. Vamos resumi-la também:

- O ser humano é uma unidade plural de muitas dimensões, como matéria e energia, corpo e espírito, indivíduo e comunidade, pulsão e consciência.

- Quando a pessoa morre, seu corpo finito e degradável se decompõe, sendo assimilado por micro-organismos. Por graça de Deus, a pessoa inteira é ressuscitada.

- Na hora da morte, a pessoa passa para outra etapa de existência, transfigurada, que supera os limites do espaço geográfico e do tempo cronológico. Nesse encontro misericordioso com Deus ela vê toda a sua vida. Da parte de Deus, trata-se de um juízo salvador, oferta de graça. Da parte do ser humano, a aceitação da graça salvadora de Deus tem relação com seu caminho espiritual, realizado na existência terrena.

- A ressurreição dos mortos é simultânea ao juízo particular, pois na morte a pessoa é ressuscitada por Deus. Não seria necessário esperar um momento posterior, ao final da história, para o corpo se unir novamente à alma.

- Da mesma forma, a *parusia* e o juízo universal começam a acontecer para aqueles que passaram desta vida para a vida eterna. Pois Jesus glorificado vem ao encontro das pessoas e se pode conhecer algo da história como um todo. Mas a segunda vinda de Jesus e o juízo final não se esgotam na ressurreição de cada pessoa, na morte. Haverá, ainda, uma consumação final, para toda a humanidade, quando Deus "for tudo em todos".

Nessa concepção, o dogma da Assunção anuncia que Maria tem um lugar especial na comunhão dos santos, como uma confirmação de Deus de sua opção de vida. Compreende-se também que a corporeidade de Maria recebeu um especial sinal de bênção do Senhor. Maria, a primeira discípula, se transforma na "primeira ressuscitada" (não na ordem temporal), depois de Jesus.

Portanto, a assunção de Maria pode ser compreendida tanto no esquema clássico dual quanto na perspectiva unitária da escatologia. Ambos são legítimos, do ponto de vista cristão católico, embora assumam os dados da Bíblia e da Tradição de maneira diferente.

À luz da antropologia e da escatologia cristãs, não se compreende a assunção de Maria de forma literal, como se ela subisse ao céu com o corpo que possuía aqui na terra, com ossos, pele, carne e sangue. A assunção é a participação de Maria na ressurreição de Cristo. Não se trata de uma viagem, de um mero deslocamento geográfico, e sim de uma transformação da realidade humana. O corpo de Jesus ressuscitado, como o de Maria assunta ao céu, não é como o de Lázaro (Jo 11,43-44) ou o do filho da viúva de Naim (Lc 7,13-15). Essas pessoas, mais cedo ou mais tarde, voltaram a morrer, e seus corpos se degradaram. O corpo de Maria, ao contrário, foi transformado e assumido por Deus, embora não saibamos os detalhes.

Independentemente da visão escatológica adotada, importante é crer que Maria já está glorificada junto de Deus, toda inteira. Ela já está vivendo o que está prometido para cada um de nós: participar do banquete da Vida, levando consigo o amor e seus frutos cultivados nesta existência (cf. *GS*, n. 39).

Cremos que Maria está junto de Jesus, glorificada por inteiro. Deus assumiu e transformou toda a sua história, suas ações e seu corpo. E como ela está na glória de Deus e dos santos, continua perto de nós, auxiliando-nos como mãe amorosa e companheira na fé.

3. Lição existencial do dogma

Lúcia coordenava a catequese na paróquia. Havia muitos anos, animava as catequistas, preparava com elas os encontros e organizava cursos de formação de catequese renovada. O trabalho estava indo muito bem e Lúcia resolveu colaborar no setor que reunia dez paróquias. Enquanto isso, chegou um padre novo e começou a desfazer tudo o que ela tinha construído no correr de tantos anos. Colocou outra coordenadora no seu lugar, uma que tinha inveja dela, e destruiu, em pouco tempo, a organização da paróquia. Modificou também a linha da catequese. Lúcia ficou muito triste. Entrou em crise de fé e perguntava a Deus de que tinha valido tanto esforço, de dias e de noites durante tantos anos.

Dona Marlene, uma velha catequista, soube do caso e foi à casa de Lúcia. Abraçou-a longamente. Com lágrimas nos olhos, consolou-a:

> Minha filha, eu sei que tudo parece perdido agora. Nenhuma de nós queria que isso acontecesse. Mas eu creio que tudo de bom que você realizou está marcado, como tatuagem, na vida das catequistas e das crianças. Nada vai apagar, nem o fracasso. Eu tenho esta certeza, que vem da minha fé: tudo de bom que a gente faz nesse mundo, mesmo as coisas pequenas, ninguém pode destruir, pois é de Deus.

O dogma da Assunção estimula a nossa fé, especialmente nos momentos de crise. Sabemos que Deus assumiu e transformou tudo de bom que Maria construiu aqui na terra, até mesmo o seu corpo. Olhando para Maria, ressuscitada e glorificada, que seguiu os passos de seu filho Jesus, a gente se anima a lutar pelo bem, pela verdade e pela justiça. Mesmo que a incompreensão e o fracasso aparentemente sejam mais fortes, cremos na força de Deus, no poder de Cristo ressuscitado. Ele inaugura para nós o "novo céu e a nova terra", onde Maria já está, com os santos. Lá, Jesus ficará bem perto de nós. Vai enxugar as lágrimas dos olhos. Não haverá morte nem sofrimento. O Senhor fará novas todas as coisas e nos concederá, gratuitamente, a fonte da água da vida (Ap 21,1-7).

A assunção de Maria foi o término de seu peregrinar nesse mundo. Cada vez que ela dava novos passos para seguir a Jesus, para buscar a vontade de Deus, o Senhor ia assumindo e transformando sua pessoa. Até que chegou o momento final. Acontece algo parecido com cada cristão. Na vida de fé, cada passo novo que damos corresponde a um dom da parte de Deus. Ele nos acolhe, toma-nos pela mão, assume-nos e nos transforma. Jesus já nos concede nesta vida um pouco do que nos dará plenamente depois da morte. Você já experimentou aquela sensação de estar tão leve, alegre, sintonizado com Deus e com os irmãos. Deus nos toma pela mão e nos eleva. É um fragmento da experiência da assunção.

A assunção de Maria também é um sinal de Deus para a comunidade-Igreja, que caminha na história, em meio a tantos desafios externos e conflitos internos. No capítulo VIII do documento conciliar *Lumen Gentium* se diz que Maria assunta ao céu é a imagem e o começo da Igreja, como deverá ser consumada no tempo futuro. Assim também ela brilha aqui na terra, como sinal de esperança segura e do conforto para o Povo de Deus em peregrinação, até que chegue o dia do Senhor (cf. *LG*, n. 68).

Oração

> Obrigado, Maria, porque tu já estás junto de Jesus ressuscitado,
> olhando por nós, peregrinos neste mundo.
> Obrigado por nos mostrares que o amor é definitivo,
> que Deus assume e transforma tudo o que somos e o bem que fazemos.
> E que, no final, permanecerão o amor e sua obra. Amém.

4. Resumindo os dogmas

Cada dogma nos diz que Maria é uma pessoa humana como nós, mas muito especial. Mostra algo de seu mistério, que não se percebe com um olhar superficial. Maria é como a terra *virgem*, cheia de viço; pessoa disponível para ser fecundada por Deus. Ao acolher o imenso dom do Senhor, ela se torna a *mãe* do Filho de Deus encarnado. E estimula homens e mulheres a desenvolver os traços do amor materno.

Quando olhamos para Maria *imaculada*, mulher tão cheia de Deus, descobrimos que a vida dela foi como empinar uma pipa. Deus lhe deu o vento do Espírito, que soprava sobre ela sem resistências. E ela correspondeu sempre, com liberdade e generosidade. Soltava a linha, cada vez mais, realizando voos leves, ousados e belos. E o final de sua peregrinação nesse mundo só podia ser bom.

Maria é a mulher de Nazaré, mãe e educadora do Messias. Ela se torna a perfeita discípula de Jesus, que ouve a Palavra, medita e a põe em prática. No final da vida pública de Jesus, recebe a missão de ser mãe da comunidade. Deus assume de tal maneira sua pessoa e sua atuação que Maria hoje está glorificada junto do seu Filho e dos santos, pela *assunção*.

Toda de Deus e muito humana: eis o segredo dos dogmas sobre Maria. Um segredo que ajuda os cristãos a serem autênticos seguidores de Jesus, assim como Maria.

5. Outros dogmas marianos?

Em ambientes católicos, é comum encontrar pessoas e grupos que atribuem a Maria os títulos de "corredentora" e "medianeira". Baseiam-se no fato de existir uma longa tradição devocional, que justificaria tais títulos. Realmente, esses foram aplicados a Maria nos últimos dois séculos, até mesmo por alguns papas, embora não estejam presentes de forma significativa no primeiro milênio, tanto no Oriente quanto no Ocidente. Ou seja: não remontam à longa Tradição da Igreja, mas somente a uma parte dela. Importa também levar em consideração que certas afirmações sobre Maria não podem ser absolutizadas e retiradas de seu contexto. Antes, devem ser compreendidas dentro do horizonte em que foram formuladas e reelaboradas com a perspectiva da visão mariológica do capítulo VIII da constituição dogmática *Lumen Gentium*, do Concílio Vaticano II.

O problema aflora atualmente quando movimentos marianistas se põem a defender a criação de novos dogmas marianos a partir da prática devocional, desrespeitando e desvalorizando o Concílio Vaticano II, como se ele fosse algo secundário.

Vejamos os principais argumentos apresentados a favor de um novo dogma mariano, o da corredenção, e os argumentos contrários. Para tal síntese, usar-se-á principalmente o livro *Maria corredentora? Debate sobre um título mariológico*, de H. Munsterman (São Paulo: Paulus, 2009).

Segundo seus defensores, o título de corredentora tem sido aplicado a Maria há muito tempo. Aparece com mais clareza e maior frequência no Magistério recente, de Pio IX a João Paulo II – na encíclica *Redemptoris Mater*, embora não tenha sido assumido pelo Vaticano II. Maria pode ser chamada com propriedade de corredentora em virtude do plano divino de associá-la plenamente à pessoa e à obra redentora de seu Filho. Maria cooperou com nossa redenção: (1) Crendo nas palavras do anjo Gabriel e dando seu "sim" no mistério da encarnação; e (2) aceitando todos os sofrimentos que experimentou seu filho nas dores da cruz. Maria é corredentora porque, abdicando de seus direitos de *mãe*, imolou seu Filho, oferecendo-o voluntariamente pela salvação da humanidade.

Devido à associação tão intensa com a obra salvífica de seu filho, pode-se afirmar que ela verdadeiramente redimiu a todos e pode ser chamada corredentora do gênero humano. A corredenção mariana deve ser entendida como uma função subordinada, especial e extraordinária de Maria na obra salvadora de seu Filho. Mesmo que Cristo seja o único Mediador, nada impede que haja outros mediadores, com mediação secundária, subordinada à de Cristo (fonte: <http://www.escuelacima.com/corredentora.html>).

A pesquisa histórica, no entanto, mostrou que o título "corredentora" não tem raízes históricas profundas. É praticamente desconhecido na patrística. O renomado mariólogo René Laurentin, no clássico livro *O título de corredentora. Estudos históricos* (Roma/Paris: Ed. Marianum, 1951 – original em francês), traz informações preciosas sobre o tema. Laurentin mostra que na Idade Média alguns autores aplicam o título de "redentora" a Maria, no sentido de que ela deu à luz ao redentor. Com o desenvolver da devoção medieval a partir do século XII, a atuação de Maria passa a ser compreendida também no momento da cruz. Isso gera conflitos, pois redentor na cruz somente é Jesus. Para diminuir os equívocos, cria-se o termo "corredentora".

Os dois títulos coexistiram por um bom tempo, praticamente até o século XVIII. Laurentin sustenta que o título "corredentora" é utilizado durante todos esses séculos numa pequena minoria de obras e raramente por grandes teólogos. Já no início do século passado, com o rápido crescimento do marianismo, o termo ganhou corpo e se encontra disseminado, como em Bover, Roschinni, Kolbe, E. Stein, Escrivá, Padre Pio... No Magistério, a expressão "corredentora" aparece pela primeira vez num discurso de Pio XI, em 1930. Portanto, não se fundamenta em fontes consistentes na história da Igreja. É algo relativamente recente, dos últimos cem anos.

O discurso sobre a corredentora se serve de dois grandes argumentos teológicos pré-conciliares, ligados à teologia da Graça: redenção objetiva e paralelismo Maria-Eva. Usa-se a distinção entre "redenção objetiva" e "redenção subjetiva", proveniente da teologia de M. J. Scheeben. A redenção objetiva refere-se à obra salvífica de Cristo, consumada na cruz. E a redenção subjetiva diz respeito à aplicação individual dos efeitos dessa obra a cada cristão e à Igreja. Todos os fiéis participam da redenção subjetiva, mas somente Maria atua, de "maneira única e ativa", na redenção objetiva, por ser a mãe do salvador e sofrer com ele na cruz.

Esse discurso recupera, num contexto muito diferente do original, o paralelismo entre Eva e Maria, que aparece em Justino († 165) e Irineu de Lyon († 202). Afirma-se que pelo "sim" de Maria, no momento da anunciação, é anulada a queda de Eva. Nesse sentido, Maria coopera na salvação. Ora, basta conhecer um pouco de teologia bíblica para constatar a fragilidade do argumento. Maria de Nazaré é personagem histórico. Eva é figura simbólico-mitológica, pois não existiu como pessoa. Tal paralelismo foi útil no século II. Hoje se mostra anacrônico, impreciso do ponto de vista linguístico, além de trazer consigo um ranço patriarcal e machista, ao culpabilizar a mulher pela origem do mal no mundo.

Hendro Munsterman, no livro citado (p. 71-89), elenca argumentos contra o uso do termo *corredentora*. Apresentamos aqui uma síntese e reelaboração do pensamento do autor. Quais seriam os inconvenientes do termo "corredentora", aplicado a Maria?

- *O título fere a unicidade da redenção realizada por Cristo.* A Bíblia é clara: redentor e salvador, somente Jesus! (1Tm 2,5; At 4,12). Do ponto de vista puramente lexical, o termo *coredemptrix* é problemático e ambíguo. Mesmo que se diga que o prefixo "co" não significa estar no mesmo nível de Jesus, a imprecisão permanece.

- *O titulo é ambíguo.* Nas nossas línguas modernas, o prefixo "co", em grande parte das palavras, significa ou subentende uma igualdade entre duas entidades. Por exemplo: coproprietário, coassociado... Tal imprecisão semântica deixa margem para pensar que Maria não é salva por Cristo, pois ela ajuda a Cristo no processo de redenção. Quando um determinado termo ou conceito necessita de muita explicação, é sinal de inadequação. E não se trata somente da interpretação dada ao prefixo "co". Os termos "redenção" e "salvação" representam doutrinas precisas. Já a ideia de corredenção não goza de consenso de interpretação.

- *Ele torna obscuro o papel do Espírito Santo.* Na realidade, quem atua como "corredentor" é o Espírito Santo, que realiza nos corações o encontro salvífico do cristão com o Pai e o Filho. Ao transferir tal atribuição para Maria, olvida-se essa tarefa do Espírito.

- *O conteúdo de "corredentora" reflete um sistema teológico ultrapassado.* Segundo W. Beinert, a dificuldade de refletir sobre este tema reside na teologia (neo)escolástica, que reduziu a conceitos o que os Pais da Igreja escreveram em linguagem imaginária e simbólica. Quando Irineu diz que "Maria é causa de salvação para o gênero humano", não está fazendo uma afirmação dogmática. Mas foi (e ainda é) interpretado assim. Por isso, é melhor recorrer ao método da história da salvação, preconizado pelo Vaticano II, do que se enredar em conceitos prévios, que por vezes são ambíguos e inoperantes.

- *"Corredentora" serve à mariologia desequilibradamente maximalista.* No início do século XX, o título situava Maria como coadjuvante de Jesus, na assim chamada "redenção objetiva". Com a virada do Vaticano II, a tendência inicial consistiu em enfatizar a participação de Maria na "redenção subjetiva", enquanto modelo da Igreja. De uma mariologia predominantemememente cristotípica (em comparação com Cristo) passou-se para uma eclesiotípica (em relação com a Igreja). No entanto, o neoconservadorismo supervaloriza a Igreja no processo de redenção. E Maria também. O título corredentora serve a esse propósito.

- *A argumentação fundamenta-se pouco na Bíblia e na patrística e privilegia testemunho de videntes e determinada interpretação dos papas.* Basta ler os escritos dos movimentos marianos que defendem mais este dogma para perceber que a construção de sua doutrina se baseia numa leitura prototípica do Antigo Testamento, sem levar em conta a contribuição da teologia bíblica, faz uma leitura escolástica dos Pais da Igreja (paralelismo Eva e Maria), não levando em conta sua linguagem simbólico-alegórica, e se serve de textos de papas da era mariana. Para completar, usam o argumento de videntes recentes, como Ida Peerdeman, que em suas mensagens diz: "Maria solicita a definição de um novo dogma!".

- *O título nega o acordo de católicos e luteranos sobre a justificação.* Em 1999, a Igreja Católica e a Federação Luterana Mundial assinaram a *Declaração comum a respeito da doutrina da justificação.* Foi um passo importantíssimo para curar feridas no seio do Cristianismo ocidental, apontar os elementos comuns e reconhecer de forma respeitosa as diferenças entre as duas confissões cristãs sobre esta questão teológica fundamental. No documento se afirma: "Quando os católicos dizem que a pessoa humana coopera por seu consentimento no agir justificante de Deus, eles consideram tal consentimento pessoal como sendo um ato da graça e não o resultado de uma ação onde a pessoa seria capaz disso" (n. 20). Ou seja: trata-se de uma resposta ativa do ser humano à proposta divina, possibilitada pela mesma graça. Ora, o termo "corredentora" suscita empecilhos na teologia da Graça, pois põe na sombra o fato de que a cooperação de Maria na obra da salvação é manifestação da graça de Deus.

- *O título cria enormes problemas ecumênicos com ortodoxos e protestantes.* Para os ortodoxos, um novo dogma mariano aumentaria o fosso de separação, pois dificilmente seria formulado por um concílio ecumênico e obscureceria o grande dogma mariano da *Theotókos*, aceito por praticamente todas as Igrejas cristãs históricas. Para os protestantes, tal dogma atentaria contra a única mediação de Cristo e a unicidade da sua obra redentora.

Espera-se que os agentes de pastoral, os presbíteros, os(as) teólogos(as), os bispos, as conferências episcopais, a Cúria Romana e o Papa tomem consciência da inconveniência de atribuir a Maria o título de "corredentora". Tanto do ponto de vista pastoral quanto dogmático, é mais sábio utilizar termos menos ambíguos no horizonte da comunhão dos santos, como "cooperadora".

Articulando conhecimento e vida

1. Faça uma síntese sobre este capítulo explicando a assunção de Maria a partir da ressurreição de Jesus.

2. Faça uma releitura do dogma da Assunção usando imagens e analogias que sejam significativas para as pessoas com as quais você convive ou atua na pastoral.
3. Para você, qual é a mensagem atual do dogma da Assunção?

Na rede

1. Procure na internet outros textos sobre o dogma da Assunção. Perceba se eles estão bem articulados com a mensagem cristã sobre a ressurreição de Jesus. Compare com a visão apresentada aqui. Identifique as semelhanças e as diferenças e posicione-se.
2. Procure na internet músicas religiosas que retratem a glorificação de Maria. Analise o conteúdo delas. Veja se elas expressam de forma adequada a mensagem atual do dogma da Assunção.

Bibliografia básica

DE FIORES, S. *María en la teología contemporánea*. Salamanca: Sigueme, 1991. p. 513-526.

LIBANIO, J. B.; BINGEMER, M. C. L. *Escatologia cristã*. Petrópolis: Vozes, 1985. p. 178-224.

MEO, S. et al. Assunção. In: *Dicionário de mariologia*. São Paulo: Paulus, 1995. p. 170-192.

MUNSTERMAN, H. *Maria corredentora? Debate sobre um título mariológico*. São Paulo: Paulus, 2009.

RAMOS, L. (org. e trad.). *Morte e assunção de Maria. "Trânsito de Maria" e "Livro do Descanso"*. Petrópolis: Vozes, 1991.

TEMPORELLI, C. *Maria, mulher de Deus e dos pobres. Releitura dos dogmas marianos*. São Paulo: Paulus, 2010. p. 189-248.

Texto complementar

Narração da morte e glorificação de Maria em um livro apócrifo

Dentre os apócrifos assuncionistas, destaca-se o *Trânsito de Maria*, de Pseudo-Militão de Sardes (recensão B1). Segundo esse escrito, dois anos depois da morte e ressurreição de Jesus, Maria começa a chorar no seu quarto, na casa de seus pais, situada no monte das Oliveiras (v. 2). Um anjo lhe traz do paraíso um ramo de palmeira, como sinal da morte vindoura. Maria teme que a alma, ao sair do corpo, encontre o príncipe das trevas. Então, a palma se torna resplandecente de grande luz (v. 3). A seguir, cada apóstolo, que estava disperso pelo mundo anunciando o Evangelho, é transportado numa nuvem e deixado diante da porta da casa de Maria, onde se reúne com seus companheiros, passando três dias em oração com ela (v. 4-6).

Então, Jesus vem com grande multidão de anjos, que entoam hinos de louvor. Enquanto Jesus conversa com Maria, ela, dando graças a Deus, deita-se na cama e entrega o Espírito. Os apóstolos veem que sua alma irradia tal claridade que supera a brancura da neve, da prata e todos os metais (v. 7-8). Jesus entrega a alma de Maria aos anjos Miguel e Gabriel. Três virgens tomam o corpo de Maria para levá-lo ao funeral. Enquanto tiram sua roupa para lavar o corpo e revesti-lo com a veste fúnebre, seu corpo resplandece de luz e beleza. Espalha-se um agradável odor, de perfume incomparável (v. 9-10).

Os doze apóstolos carregam o esquife [caixão] em procissão, cantando suavemente. À frente segue João, levando a palma. Acontece, então, um novo milagre. Sobre o caixão aparece uma grande nuvem, e nela havia um exército de anjos que cantava suavemente. Tal espetáculo chama a atenção de uma multidão de quinze mil pessoas que vem presenciar o que está acontecendo e acompanha a procissão (v. 11-12).

O chefe do sacerdote dos judeus, cheio de ira, tenta virar o esquife e atirar o corpo por terra. No mesmo instante, suas mãos ficam secas até o cotovelo e permanecem presas ao caixão. Então, ele se arrepende e suplica a Pedro que o cure. Pedro ouve seu apelo, mas pede que ele beije o caixão. Então, cessa toda dor e suas mãos ficam curadas (v. 12-14). A seguir, com a palma são curados vários judeus castigados pela cegueira (v. 15).

Os apóstolos sepultam Maria no vale de Josafá, num sepulcro novo, e se sentam à porta do sepulcro. Aparece de novo Jesus, cheio de esplendor e rodeado de anjos. Pedro lhe pede: "Ressuscita o corpo de Maria e conduze-o contigo ao céu, do mesmo modo que tu, vencida a morte, reinas na glória". Jesus manda o arcanjo Miguel trazer a alma de Maria. Miguel gira a pedra da porta do sepulcro. Diz Jesus: "Sai, minha amiga! Tu, que não aceitaste a corrupção do relacionamento carnal, não sofrerás a dissolução do corpo no sepulcro". E ressuscita Maria do sepulcro (v. 16-17). Depois, Jesus beija Maria e retira-se, entregando sua alma aos anjos, para que a levem ao paraíso. Então, dá a paz aos apóstolos, eleva-se em uma nuvem e entra no céu. Com Jesus, os anjos levam Maria ao paraíso de Deus (v. 18). (Sintetizado de: RAMOS, L. [trad. e org.]. *Morte e assunção de Maria*. Petrópólis: Vozes, 1991. Livro do Trânsito, p. 29-42.)

11
Maria na devoção e na liturgia

Louvando a Maria o povo fiel,
a voz repetia de São Gabriel:
ave, ave, ave, Maria.

Ao ouvir essa música, você certamente se recordará de algum momento na vida em que experimentou a devoção a Maria. Os católicos demostram amor a e confiança na Mãe de Jesus de muitas maneiras: o terço, a coroação no mês de maio, as romarias aos santuários marianos, as promessas, as novenas, a consagração a Maria, as sete alegrias e sete dores de Maria, a visita da imagem às casas. Maria tornou-se tão importante para os católicos, que no Brasil seu nome é "Nossa Senhora", título que a coloca no nível semelhante a Jesus, o "Nosso Senhor".

Habitualmente, herda-se a devoção mariana de uma pessoa da família, como a mãe, o pai, a tia ou a avó. Ou aprende-se durante a catequese. Muitas crianças rezam a "Ave-Maria" antes de dormir. Padre Zezinho lembra isso, de forma poética:

Eu era pequeno, nem me lembro
Só lembro que à noite, ao pé da cama,
juntava as mãozinhas e rezava apressado,
mas rezava como alguém que ama.
Das Ave-Marias que eu rezava,
eu sempre engolia umas palavras.
E muito cansado acabava dormindo,
mas dormia como alguém que amava.

Quando a pessoa se torna adulta, talvez não veja mais sentido naquelas práticas tradicionais da infância. Muita gente que foi forçada a rezar quando era pequena hoje tem dificuldade de recorrer à devoção que aprendeu. Outras guardam-na no coração e se apegam a ela, especialmente em momentos de crise e de dificuldade.

A devoção a Maria é traço característico de cristãos ortodoxos e católicos. Se você perguntar a um católico porque reza a Maria, ouvirá respostas simples, tais como: "porque é bom", "porque Maria me ouve", "ela é poderosa e está próxima da gente", "ela é minha mãe do céu". No entanto, rezar a

Maria traz problemas numa sociedade plural, na qual aumenta o percentual de evangélicos. Eles não aceitam o culto dos santos e as estátuas de Nossa Senhora. Muitos dizem que estamos contra a Bíblia. Em vez de adorar só a Deus (Dt 5,7-9), praticaríamos a idolatria, ao adorar imagens feitas por mãos humanas, e colocar Maria em lugar mais importante do que ela merece. Se Cristo é o único mediador entre Deus e a humanidade (1Tm 2,5), não se deve rezar a Maria ou aos santos.

Muitos católicos ficam confusos. Outros, ao contrário, tratam de promover uma devoção a Nossa Senhora cada vez mais forte e até exagerada. Afinal, é possível adorar só a Deus e, ao mesmo tempo, continuar rezando a Maria?

I. Por que rezar a Maria?

1. O sentido da oração

Certa vez, um pré-adolescente resolveu deixar de tomar banho. Tal gesto deixou seu pai indignado. Então, perguntou-lhe: "Papai, por que a gente precisa tomar banho cada dia?". O homem ficou surpreso. Tantas vezes na vida fazia isso sem pensar, e agora necessitava dar uma explicação convincente. Respondeu-lhe:

> Meu filho, o banho limpa a pele, ajuda-nos a manter a saúde, a relaxar o corpo e a descansar a mente. Nada melhor que um banho depois de um dia de trabalho. Quando a gente se banha, parece que as coisas ruins vão pelo ralo, junto com a água e o sabão. Há uma sensação de bem-estar. Uns cantam e outros têm momentos de inspiração, na qual nascem poesias, ideias e projetos. Além disso, o cheiro bom do sabonete e do xampu torna a convivência mais agradável e atraente. Existem também banhos medicinais, com ervas, para curar doenças. Você vê quantos benefícios traz o banho: limpeza, descanso, energia, cura, criatividade e bom odor?

O menino gostou da explicação do pai e voltou a banhar-se, não mais como uma obrigação, mas compreendendo o sentido do ato que realizava cada dia.

A oração é como um bom banho. Embora já estejamos encharcados pela presença de Deus, nas suas criaturas, na história e em cada um de nós, necessitamos, de forma livre e consciente, entrar nessa água viva e deixá-la circular em nós. A oração nos purifica dos pecados e do mal, faz-nos descansar em Deus, renova o coração, contribui para a cura interior, e nos prepara para sermos sinais do "bom odor de Deus" no mundo. Quando oramos de coração, mergulhamos em Deus, para que a água viva de sua graça penetre nos poros do corpo, da *psiquê* e do espírito. A oração cristã é como um banho tépido, no qual se misturam na dose certa água quente e água fria. A água quente é o consolo, a paz, o repouso, a cura, a sintonia com o Deus Trindade. A água fria é a vida do Senhor em nós, que impulsiona para a missão. A partir da oração, percebemos, como os profetas, que o mundo não é como Deus quer, e nos comprometemos a servir ao Senhor e ao seu Reino.

Quando a oração, pessoal e comunitária, deixa de ser uma necessidade e se transforma numa obrigação ou algo aparente, assemelha-se a banhos mal tomados, que não limpam nem descansam. Acontece como aquele que rapidamente joga água na cabeça e lava o rosto, dando a impressão que tomou uma ducha. Cedo ou tarde, os outros vão sentir o cheiro ruim da falta de banho.

Os profetas da Bíblia alertam que a verdadeira oração ao Senhor deve vir do coração. Ninguém pode comprar a Deus com sacrifícios e práticas religiosas de aparência. O culto a Deus pode se tornar um engano se não estiver acompanhado da justiça e da luta pelo bem (veja Is 1,10-20). Seria como lavar-se na água suja, ou mergulhar no mar com uma roupa impermeável. A água não penetra. A oração verdadeira implica o desejo de conversão e o compromisso de realizar a vontade de Deus na existência.

A comunidade cristã descobriu, desde o começo, que a oração comunitária tem valor imenso. É como se a gente saísse do chuveiro da nossa casa e fosse para um grande lago, alimentado por um rio caudaloso ou pelo mar. Quando estamos juntos, à beira d'água, comemos, bebemos e nos alegramos, brincamos e recebemos a energia e o calor do sol.

Rezar, sozinho ou em grupo, é mergulhar em Deus. Sintonizar com o Senhor, ouvir sua Palavra e reconhecer sua presença na vida. Há muitas maneiras de rezar e diversas expressões, como o louvor, a ação de graças, a súplica, o pedido de perdão, o oferecimento, a adoração. Fundamental é permanecer em Deus e nutrir-se de sua presença.

A oração é somente um componente da relação com Deus. Ninguém fica dentro da banheira ou debaixo do chuveiro o dia todo, tomando banho. O exagero faz mal. O ser humano recebe água não somente no banho, mas também nas bebidas e nos alimentos. Da mesma forma, o cristão experimenta a presença de Deus em várias situações da vida, não somente na oração. Oração e prática, contemplação e luta, confiança em Deus e compromisso social vão juntos. Deus está igualmente presente nelas.

2. Oração e culto

Desde os povos mais antigos, toda religião estruturada cria e transmite diversas formas comunitárias de relação com o sagrado. Essas expressões estão condicionadas pelas culturas locais, que criam e recriam significados, de acordo com as relações que pessoas e agrupamentos estabelecem entre si e com a natureza. Qualquer religião tem *ritos*, isto é: gestos simbólicos que expressam a relação com o sagrado. A grande parte das religiões cria e desenvolve *cultos* em relação à divindade. As expressões religiosas são, ao mesmo tempo, pessoais, comunitárias e institucionais.

Nas religiões, misturam-se em diferentes graus a busca sincera de encontrar a Deus e as manifestações culturais ambíguas, que necessitam ser purificadas. Isso acontece também com o Cristianismo. Por mais autêntica que seja uma experiência religiosa, ela incorpora também condicionamentos linguísticos, culturais e sociais, que são limitados.

Em linguagem teológica, diz-se que o culto cristão tem três dimensões básicas: *ética, mística* e *ritual*. A primeira dimensão significa que o culto verdadeiro consiste no serviço a Deus na vida, através do amor solidário, da prática do bem e da luta pela justiça. O culto interior brota do coração sintonizado com Deus, na existência cotidiana. Somos morada de Deus, por meio do Espírito Santo, como diz Paulo (Ef 2,22). A segunda dimensão, a mística, quer dizer que o culto explicita uma espiritualidade, determinada forma de relação explícita com o sagrado. Isto é: uma experiência de Deus que articula *presença e linguagem*. Por fim, o culto se manifesta em ritos, gestos simbólicos e palavras que sofrem forte influência das culturas onde nascem e se desenvolvem.

Portanto, "cultuar a Deus" em sentido significa viver ao mesmo tempo essas dimensões: procurar fazer a vontade de Deus com atitudes, gestos e valores (*ética*), cultivar a intimidade com ele (*espiritualidade*) e expressá-la de forma comunitária (*ritos*). O culto pode se degenerar:

- Se as pessoas não têm ética e se aproveitam da religião para se autopromoverem e fazer comércio.
- Se os gestos simbólicos e as palavras do rito não expressam o coração. É uma linguagem sem presença do Divino.
- Se os ritos são usados de forma mágica, como forma de garantir que Deus vai cumprir os desejos humanos.
- Se os ritos ganham sentido em si mesmos, revestindo-se de um falso manto sagrado, como se não pudessem ser modificados em nada, nunca.

No Cristianismo católico, as dimensões mística e ritual do culto se manifestam nas práticas individuais dos fiéis, na *devoção* e na *liturgia*. A devoção consiste em expressões cultuais propostas livremente aos fiéis, que são elaboradas e transmitidas por leigos(as), movimentos, institutos religiosos, padres e diocese. Em princípio, qualquer cristão pode criar uma expressão devocional e convidar outros para utilizá-la, desde que tal devoção não esteja em sintonia com o Evangelho e a Tradição eclesial. Nenhuma expressão devocional, mesmo se for recomendada por videntes em nome de Maria, por concílios e ou por papas, é obrigatória para os fiéis. Do contrário, deixaria de ser devoção.

A liturgia, por sua vez, é a expressão cultual oficial da Igreja. Caracteriza a identidade da Igreja como comunidade orante e tem maior normatização. O Vaticano II, no documento *Sacrosanctum Concilium*, solicitou a reforma litúrgica e propôs, entre outras coisas, maior centralidade em Jesus, participação dos fiéis, resgate do ano litúrgico, e expressões adaptadas da liturgia, de acordo com a realidade dos povos e das Igrejas locais (*SC*, n. 1, 8, 11, 102).

3. Maria na comunhão dos santos

Você já percebeu que as orações da missa se dirigem a Deus Pai e se concluem com: "Por Cristo, na unidade do Espírito Santo"? Ao término da Oração eucarística, antes do Pai-Nosso, na grande prece de adoração à Trindade (doxologia), se reza: "Por Cristo, com Cristo e em Cristo, a vós ó Pai Todo-Poderoso, na unidade do Espírito Santo, toda honra e toda glória, agora e para sempre". Essas orações nos mostram que rezamos à Trindade, ao Deus-comunidade. Também é legítimo dirigir a prece diretamente a Jesus. Invoca-se o Espírito Santo somente em algumas ocasiões, para que ele venha sobre nós e nos coloque em sintonia com Jesus e o Pai.

Na liturgia, a comunidade se dirige *ao Pai, pelo Filho, no Espírito*. São Paulo diz que rezamos para Deus e em Deus. O Pai nos dá a graça da oração ao nos conceder o Espírito de seu Filho, que nos faz chamar Deus de Paizinho (Rm 8,15; Gl 4,6). Deus nos fala ao coração e habita em nós. Cada um de nós é um templo do Espírito Santo (1Cor 3,16). O cristão tem dentro de si um poço profundo, no qual passa o rego subterrâneo do Espírito de Deus. Na oração, descemos a caçamba para tirar a água. Ora, se toda oração é trinitária, dirigida ao Pai, pelo Filho, no Espírito, tem sentido dirigir preces a Maria e aos santos?

Nós cremos que Jesus é o Senhor (Fl 2,11), o único mediador entre Deus e a humanidade (1Tm 2,5). Quando Jesus realizou sua missão aqui na Terra, inaugurando o Reino de Deus, mostrando o coração do Pai e transformando as pessoas e a sociedade, ele não agiu sozinho. Desde o começo Jesus chama um grupo de discípulos para que partilhem de sua missão. Escolhe os doze e os envia para promover a vida e anunciar o Reino de Deus (Mt 10,1-8). Também algumas mulheres seguem a Jesus e fazem parte do seu grupo mais próximo (Lc 8,1-3). Maria, sua mãe, é membro dessa comunidade. Jesus, o único mediador, a única ponte que liga a humanidade a Deus, o rio que nos leva ao mar do Divino, sempre contou com seus discípulos e quer contar conosco. Nós somos seus *colaboradores*, como diz São Paulo (1Cor 3,9; 2Cor 5,20).

Jesus, *o único Messias*, nos reuniu como comunidade e nos deu seu Espírito, para que, com ele e para ele, sejamos *o povo messiânico*. O mesmo Espírito que ungiu Jesus para a missão (Lc 4,18s) anima as comunidades e a cada cristão para continuarem, em cada novo momento da história, o que Jesus começou (At 2,1-4).

O povo de Israel tinha grande reverência por Deus. Somente Javé podia ser denominado "santo" (Is 6,3). No Novo Testamento, Paulo reconhece que todos os seguidores de Jesus são chamados a ser santos (Rm 1,7; 1Cor 1,2). O próprio Paulo não tem receio de denominar os membros da comunidade como "santos" (Rm 12,13; 16,15). Você acha que os cristãos daquele tempo eram tão santos assim, sem pecado ou falha? Paulo conhece bem a sua turma e sabe das suas limitações. Mesmo assim, ele proclama a grandeza do amor de Deus, que, através de Jesus Cristo, nos faz herdeiros do seu Reino (Rm 8,17; Gl 4,7), nos transforma em santos, à imagem de Deus, o todo Santo.

A oração do "Creio" professa nossa fé na *comunhão dos santos*. Os cristãos católicos e ortodoxos acreditam que Deus é comunidade e fonte da vida de comunidade. Todos os cristãos contribuem na ação salvadora de Cristo, o único Senhor. Essa colaboração humana acontece inicialmente nesta existência. Um cristão contribui de muitas maneiras no projeto de Jesus: promove a vida, perdoa, ajuda a curar, anuncia a Palavra, cria fraternidade, se organiza para superar a pobreza e a miséria, escuta e acolhe o outro. Muitas vezes, ora pelos que estão em situação de necessidade, e essa oração de intercessão é ouvida por Deus. O cristão faz de sua vida um caminho de santidade, pelo testemunho, pelas ações pastorais e sociais, pela Palavra e pela oração.

O Livro do Apocalipse fala de uma imensa multidão de pessoas, de todas as nações, povos e culturas (Ap 7,8-17), que, depois de experimentarem as durezas desta vida, permanecendo fiéis a Deus, já estão junto dele, numa eterna

204

festa, louvando e se alegrando na presença definitiva do Senhor. Eles foram glorificados por Deus. Passaram pela morte e hoje estão vivos em Deus. A missão que Jesus confia aos seus seguidores, de colaborarem na causa da salvação do mundo, não termina com a morte. Nós acreditamos que todas as pessoas que viveram uma vida santa estão ressuscitadas, junto do Pai, do Filho e do Espírito Santo, e continuam, de certa maneira, unidas a nós. Podemos nos inspirar nos seus exemplos, recordar suas palavras e continuar suas boas obras.

Os santos canonizados, como São Francisco, Santa Clara, São José e tantos outros, continuam a colaborar de forma especial na missão de Jesus. Os cristãos podem contar com a ajuda deles, através de seu exemplo de vida, seus ensinamentos e também com sua oração de intercessão. Eles são nossos companheiros de caminho rumo a Deus.

A intercessão aos santos remonta a uma prática antiga na Igreja. Nos primeiros séculos, durante as grandes perseguições, os cristãos presos pediam àqueles destinados ao martírio que, ao encontrar o Senhor na glória, intercedessem por eles. Nas catacumbas, edificaram-se capelas em memória dos mártires. Suas relíquias eram guardadas com respeito. Lentamente foi tomando corpo a convicção de que os santos, não somente os mártires, intercedem por nós junto a Jesus. E recebeu legitimidade tal a ponto de que no Creio se professa "creio na comunhão dos Santos".

Podemos recorrer a Maria e aos outros santos, mas não temos a obrigação de fazê-lo. Os santos prestam um serviço, pois colaboram na única ação salvadora de Jesus Cristo. O cristão católico adora somente a Deus: ao Pai criador, pelo Filho redentor, no Espírito santificador. Os santos são como riachos ou afluentes que conduzem ao grande rio que é Jesus.

Houve um tempo em que os católicos veneravam demais os santos. Parecia como riachos que juntavam águas e faziam lagos, mas nem sempre desembocavam no "rio de água viva" que é Jesus. Tal exagero aconteceu na Idade Média e voltou à tona nos últimos séculos. O próprio Jesus foi colocado no mesmo nível de outros santos. Ou ainda: a figura de Jesus foi fragmentada em diferentes nomes. Há Igrejas nas quais se encontram lado a lado estátuas do Menino Jesus, do Senhor dos Passos, do Sagrado Coração de Jesus e de Jesus crucificado, como se aludissem a pessoas distintas.

No século XVI, Lutero, iniciador da Reforma Protestante, lutou ardorosamente para que Jesus voltasse ao centro da fé cristã. Devido ao clima de polêmica da época, em muitos lugares destruiram-se imagens de santos, e elas foram banidas definitivamente das Igrejas protestantes. Do lado católico, na Contrarreforma, reforçou-se a devoção aos santos e a adoração ao Santíssimo Sacramento, mas não se fez uma autoavaliação dos exageros cometidos. Hoje, os católicos valorizam a centralidade de Jesus. E as Igrejas protestantes históricas aceitam os santos como exemplo de vida, mas rejeitam a intercessão dos santos.

O Concílio Vaticano II, superando o triunfalismo mariano dos últimos séculos, propôs uma reflexão equilibrada sobre Maria. No capítulo VIII da constituição dogmática sobre a Igreja, *Lumen Gentium*, inseriu-a no mistério de Cristo e da comunidade eclesial (ver capítulo 1 deste livro). Nos primeiros anos após o Concílio, presenciou-se uma grande crise da devoção mariana. Então, o Papa Paulo VI, em 1974, escreveu a exortação apostólica, *O culto da Virgem Maria (Marialis Cultus)*, que permanece atual. Ele mostra o lugar de Maria na liturgia renovada pelo Concílio. Apresenta-a como referência de vida para os cristãos. Convida toda a Igreja a evitar os exageros que dificultam o diálogo ecumênico e a purificar as devoções marianas.

Nós, católicos, devemos adorar somente a Deus e a ele prestar culto (Lc 4,8; Dt 6,13). Reconhecemos que só Jesus é o nosso salvador, o Senhor, o "autor e realizador de nossa fé" (cf. Hb 12,2). Ao mesmo tempo, respeitamos e veneramos os santos, cuidando para que eles não ocupem o lugar de Jesus. Ficamos contentes quando experimentamos que não estamos sozinhos na travessia dessa vida. Não somente os nossos companheiros de comunidade estão conosco, mas também os santos, os "vivos em Deus".

Maria tem um posto especial na comunhão dos Santos. Como diz o Concílio Vaticano II, ela "ocupa depois de Cristo o lugar mais elevado e também o mais próximo de nós" (*LG*, n. 54). Por isso, podemos rezar a ela, contar com sua intercessão, pedir sua proteção e auxílio e entregarmo-nos em suas mãos. Maria é o mais límpido e belo riacho dos santos, em cujas águas podemos nos banhar. A graça, comunicada por Maria, não surge dela e ela nada retém para si. Tudo vem de Deus e para Deus retorna. A oração a Maria deve nos colocar em sintonia com Deus Trindade: o Pai, o Filho e o Espírito.

Quando os católicos chamam Maria de "Nossa Senhora" ou usam outro título, fazem isso com delicadeza e afeto, reconhecimento e gratidão. Mas não devem colocá-la no mesmo nível de Jesus, pois só ele é o Senhor. Maria, na comunhão dos santos, vive em relação a Deus e a nós. Ela aprendeu de Jesus a ser serva, a prestar serviço a toda a humanidade (cf. Mt 20,28). Jesus é a luz, a luz verdadeira que veio a este mundo para iluminar a todos (Jo 1,9). Maria, como um espelho ou um prisma, reflete e difunde a graça de Deus. Nos primeiros séculos, moldou-se uma bela analogia: Jesus é sol e Maria é lua, que recebe dele toda luz e a irradia para os cristãos.

As crianças chamam Maria de "mãezinha do céu". Muita gente reza para ela, pedindo, agradecendo e louvando. Na comunhão dos santos, Maria continua ao nosso lado, apontando para Jesus e nos conduzindo a ele. Como aconteceu na sua relação com Jesus, Maria é uma mãe especial. Não quer nada para si nem prende seus filhos numa relação de dependência ou escravidão. Sua maior alegria é que todos sejam livres, filhos adultos, herdeiros do Reino de Deus, cidadãos na sociedade e participantes da glória do ressuscitado.

Oração

Obrigado, Senhor, Deus Santo e fonte de toda santidade.
Nós te louvamos, Trindade Santa: Pai, Filho e Espírito,
pois nos ofereces a possibilidade de participar de tua Vida.
Nós te agradecemos, pois nos dás tantos santos vivos, ao nosso lado.
Homens e mulheres de carne e osso, limitados como nós, mas cheios da tua graça,
como esponjas encharcadas de água.
Obrigado também pelos santos que já estão na tua glória,
gozando da tua presença e intercedendo por nós.
E especialmente, nós te agradecemos por Maria,
que está tão perto de ti e tão perto da gente.
Nós te damos graças, Deus comunidade,
pela bondade de Maria, seu carinho de mãe, seu poder de intercessão,
que vem somente de ti.
Com Maria, dizemos: "O Senhor fez em mim maravilhas, Santo é seu nome"
(cf. Lc 1,49).

II. Maria na devoção e na liturgia

1. Maria e as "Nossas Senhoras"

Certa vez, duas comadres, devotas de Maria, conversavam animadamente. A primeira dizia que tinha muita fé em Nossa Senhora Aparecida, pois havia feito uma promessa para obter a cura da mãe e alcançara a graça. A outra falava que Nossa Senhora de Fátima era mais poderosa, pois fizera seu marido deixar o vício de bebida alcoólica e voltar para casa. Entrou na conversa outra mulher, devota de Nossa Senhora das Graças. Ela estava confusa e perguntou: "Se Maria é uma só, porque existem tantas 'Nossas Senhoras'?".

Você já pensou quantos nomes Maria recebeu? Nossa Senhora de Fátima, de Lourdes, da Conceição, Aparecida, das Dores, de Guadalupe e tantos outros. Ao comparar diferentes estátuas, notam-se enormes diferenças na cor da roupa, na cor da pele e na feição do rosto. Maria, glorificada junto de Deus, ressuscitada por Jesus, não tem mais um corpo humano como o nosso. Como diz São Paulo, está revestida de um corpo incorruptível, brilhante de glória, cheio de força, um corpo espiritual (cf. 1Cor 15,42-43). Assim, Maria assume o rosto e o jeito de ser de diferentes povos e culturas. As diferentes "Nossas Senhoras" são uma forma de inculturação e de expressão de sua proximidade materna. Nossa Senhora de Fátima, devoção nascida em Portugal, apresenta os traços da etnia branca europeia: rosto afinado, olhos claros, pele branca. Nossa Senhora de Guadalupe, do México, tem traços indígenas: rosto arredondado e pele morena. Está vestida como mulher grávida, com manto azul-esverdeado, cheio de estrelas, sinais cheios de sentido para as culturas nativas da região.

As "Nossas Senhoras" são formas diferentes de apresentar Maria de Nazaré, enquanto glorificada junto de Deus. As estátuas trazem, ao mesmo tempo, os traços de sua pessoa, a marca de Deus e as projeções humanas. Cada "Nossa Senhora" é uma maneira de Maria se inculturar, assumir as características de diferentes povos, culturas e momentos históricos. No entanto, no mundo globalizado, devoções locais tornam-se conhecidas em outros cantos do planeta devido aos grupos que as divulgam. Assim, determinadas "Nossas Senhoras" acabam se tornando a devoção predominante em determinadas regiões por causa de fortes influências de agentes externos e do poder da mídia religiosa (rádio e TV).

As devoções populares a Maria têm uma marcada característica cultural. Isso não descaracteriza seu valor religioso. Mas exige um espírito lúcido a fim de evitar manipulações e manter a autenticidade de seu núcleo. O poder econômico e político, como também a mídia, por vezes servem-se delas para tirar vantagem própria. Assim, grupos conservadores convocam pessoas para rezar o terço, como forma de pressão contra as mudanças sociais. Políticos corruptos financiam romarias e festas de Maria para manter-se no poder. Alguns canais de televisão e portais de internet promovem devoções, mas mantêm programas eticamente deploráveis, que corroem os valores humanos básicos, como a bondade, a sinceridade, a honestidade, o respeito à vida dos outros.

Os evangelizadores têm a tarefa de ajudar o povo a compreender que as "Nossas Senhoras" são diferentes expressões da mesma e única Maria, glorificada junto de Deus e membro da comunhão dos santos. Agentes de pastoral, líderes de comunidades, presbíteros e bispos devem discernir sobre as devoções existentes e rejeitar aquelas que são utilizadas com finalidades questionáveis, atentam contra o bom senso ou se distanciam da centralidade de Jesus.

2. Devoção: continuidade e renovação

A veneração a Maria aparece de forma mais intensa na devoção do que na liturgia. As devoções populares a Maria, como o terço, as novenas, as promessas, as fórmulas de consagração, as romarias, são manifestações do coração. Não se movem pelas normas canônicas, mas pelo desejo de sintonizar com Maria, na comunhão dos santos. Essa religiosidade não tem dono nem regras definidas. Quem cria devoções solta-as no mundo. Compete às comunidades cristãs discernir sobre elas, adaptá-las e disseminá-las, se forem úteis. Na sociedade moderna, e com seus recursos midiáticos, como o rádio, a TV e a internet, têm-se favorecido a difusão de certas devoções, sem critérios claros, deixando outras no esquecimento.

Quando você era criança, deve ter brincado com argila, ou usou massa de modelar na escola. A partir do mesmo material, criam-se diferentes objetos, como um bichinho, um pote ou um prato. Enquanto mexe com a argila, a criança se concentra, encontra consigo mesma, cria e conversa com o fruto de sua criação. Algo semelhante acontece com a devoção. Como a argila, ela vai sendo moldada e recebe novas formas. Veja este exemplo curioso: nos últimos anos, em reação à crítica dos evangélicos ao culto das imagens, surgiu uma nova devoção em algumas cidades: a da Nossa Senhora invisível. Não existe uma estátua palpável. O fiel recebe a presença de Maria na capela mais próxima de sua casa. Com todo respeito, "guarda-a" na sua casa e reza o terço. No dia seguinte, ela vai para o vizinho, que a transporta no dia seguinte para outra pessoa.

Como têm grande força simbólica e ritual, as devoções tendem a se solidificar e resistir a mudanças, conferindo aos seus usuários certa segurança que vem da repetição. É como se o ritual tivesse uma potência mágica, cujo segredo reside na disposição das palavras e dos gestos. Isso acontece com os fenômenos religiosos, desde os mais primitivos, dos homens e mulheres pré-históricos, até algumas manifestações atuais, como o esoterismo e o Neopentecostalismo. Qualquer religiosidade tem o risco de se degenerar em magia. O ser humano tenta manipular o sagrado em seu benefício e cria a ilusão de que o rito, por si só, atrai os favores da divindade.

Certa vez, num bairro de periferia, Dona Onésia chamou suas vizinhas para cantar o "Ofício da Imaculada", em agradecimento a Maria por uma graça alcançada. Durante a oração, começou um tiroteio na favela e a luz acabou. Interrompeu-se a prece. Minutos depois, a paz voltou. Dona Luiza, que era muito apegada à tradição, pediu para começar tudo de novo. Não se pode interromper o "Ofício da Imaculada"! Nossa Senhora ficaria triste com essa "desfeita" e não ouviria mais seus filhos. Mas Dona Onésia lhe respondeu: "Você está tratando a nossa mãe Maria como uma madrasta. Ela sabe do amor que temos por ela. Aqui não vale a lei, vale o coração". E continuou o canto do Ofício de onde havia parado.

Há pessoas e grupos que transformam a argila maleável da devoção em algo rígido e imutável. Tradições populares contêm ritos, gestos simbólicos transmitidos de geração em geração, que devem ser valorizados. Por exemplo: um altar de Nossa Senhora nas casas é uma tradição com muitos significados. O pano branco, as velas, as flores, a "imagem da santa", tudo isso diz do coração aberto a Deus, da fé, do desejo de oferecer o que se tem de mais belo. Mas há outras tantas maneiras de ornamentar um altar em casa, ou expressar os símbolos que ele quer transmitir. Quando as pessoas se apegam às tradições devocionais de maneira mágica e ritualista, o sopro livre do Espírito vai escapando. Há risco de rigorismo e intolerância: "Somente a minha forma de fazer é a correta. Todos os outros estão errados". O brilho das manifestações externas tende a ocupar o espaço que a interioridade merece.

Toda legítima experiência de Deus comporta presença e linguagem correspondente. Presença, pois é o Transcendente que vem até nós. Linguagem, enquanto expressa de uma forma articulada e compreensível o que se experimenta. Numa devoção vazia e formalista, a linguagem ganha espaço cada vez maior, com palavras e gestos impactantes, mas a presença diminui. Como dizia o profeta Isaías, em nome de Deus: "Esse povo me procura só de palavra, honra-me apenas com a boca, enquanto o coração está longe de mim. Seu temor para comigo é feito de obrigações tradicionais e rotineiras" (Is 29,13).

O cristão é, ao mesmo tempo, o oleiro e a argila na devoção. Recebe a herança de pessoas e comunidades e molda as formas de se relacionar com Jesus e Maria, conforme seu contexto. Cada devoção popular a Maria tem uma história. Começou em determinado momento, para expressar uma experiência religiosa pessoal e eclesial. Mas a cultura, com suas múltiplas produções de significados, vai mudando. É necessário purificar aquelas coisas que já perderam significação e endureceram como barro seco. Deve ser mantido aquilo que ajuda a pessoa e a comunidade a viver a fé em Jesus, a esperança e o amor solidário. O que estorva deve ser modificado. É como colocar água na argila ressecada: ela volta a ser moldável. A criatividade volta e o sopro do Espírito circula com liberdade.

3. Maria na liturgia

Como Igreja, somos uma comunidade organizada, com ritos e normas. A oração litúrgica é mais definida que a devoção popular. Mas nem por isso deve permanecer como cerâmica queimada no forno, incapaz de mudar. Ao contrário, a liturgia também assume formas diferentes, de acordo com novas situações. As comunidades locais, na sua prática litúrgica, mantêm fórmulas e elementos comuns, que as caracterizam como católicas, mas também criam novas formas de expressão da fé, a começar de cantos e gestos. Você já participou da liturgia para crianças ou de missa com estilo afro-brasileiro? Elas expressam o jeito típico de rezar de um grupo, como parte da mesma Igreja. Promover a liturgia, simultaneamente católica e inculturada, ajuda a comunidade a celebrar com mais significado.

Na liturgia reformada depois do Concílio Vaticano II, Maria foi recolocada em íntima relação com o mistério de Cristo e da Igreja. No correr do ano litúrgico, há três tipos de celebrações marianas: as solenidades, as festas e as memórias. As solenidades, como o nome indica, constituem as celebrações mais importantes, com um sabor especial. Em todo o mundo elas são quatro: Maria, Mãe de Deus (1º de janeiro), Anunciação (25 de março), Assunção (15 de agosto) e Imaculada Conceição (8 de dezembro). Em cada país, há ao menos outra solenidade, a da padroeira. A principal festa mariana é a da Visitação (31 de maio). Existem várias memórias marianas, como: Nascimento de Maria (8 de setembro), Nossa Senhora das Dores (15 de setembro), Nossa Senhora de Fátima (11 de fevereiro), Nossa Senhora do Carmo (16 de julho) e Nossa Senhora do Rosário (7 de outubro). Algumas delas são facultativas, ou seja: opcionais. A comunidade local as celebra, se quiser. Uma celebração de memória pode ser, para determinada Igreja local, festa ou solenidade. Para a América Latina, a memória de Nossa Senhora de Guadalupe (12 de dezembro) se transformou em festa, pois ela foi proclamada padroeira de nosso continente. Para o Brasil, Nossa Senhora Aparecida, que era uma memória, foi elevada ao grau de solenidade.

Nas solenidades, festas e memórias de Maria, os padres e as equipes de liturgia devem ajudar a comunidade eclesial a conhecer mais e melhor a mãe de Jesus. Essas ocasiões servem também para purificar os exageros da devoção mariana e relacionar Maria com Jesus e a comunidade cristã.

4. Critérios para avaliar e renovar a piedade mariana

O documento da Igreja que apresenta de forma mais clara os critérios para avaliar e renovar a piedade mariana é a exortação apostólica *Marialis Cultus* (*MC*), de Paulo VI, de 1974. Contém preciosas reflexões e sábias orientações, até hoje desconhecidas por grande parte das lideranças eclesiais.

Conforme o Papa Paulo VI, as manifestações da piedade mariana aparecem de muitas formas, de acordo com tempo e lugar, sensibilidade dos povos e suas tradições culturais. Como são sujeitas ao desgaste do tempo, necessitam de renovação, para valorizar os elementos perenes e substituir os anacrônicos, incorporando os dados da reflexão teológica e do Magistério. Por isso, deve-se fazer uma revisão dos exercícios de piedade mariana, ao mesmo tempo respeitando a sã Tradição e estando abertos "para receber as legítimas instâncias dos homens do nosso tempo" (*MC*, n. 24).

Para fornecer critérios amplos de avaliação e renovação do culto a Maria, Paulo VI apresenta um quadro geral, de natureza *trinitária*, *cristológica* e *eclesial*. Afirma que os exercícios de piedade mariais devem ser cristológicos e trinitários: ao Pai, por Cristo, no Espírito. Em Maria, "tudo é relativo a Cristo e dependente dele". Por isso, o culto mariano tem orientação cristológica, que necessita ser mantida (*MC*, n. 25).

O Espírito Santo plasmou Maria como nova criatura, consagrou e tornou fecunda sua virgindade, tornando-a santuário dele; foi responsável pela fé-esperança-caridade que animaram seu coração, teve influxo no canto do *Magnificat*, agiu nela e na comunidade cristã das origens. Deve-se aprofundar a reflexão sobre a obra do Espírito na história da salvação, na sua relação com a Igreja e Maria (cf. *MC*, nn. 26-27).

Por fim, os exercícios de piedade mariais têm que manifestar de modo claro o lugar que Maria ocupa na Igreja: "[...] depois de Cristo o lugar mais elevado e também o mais próximo de nós" (*LG*, n. 54). O amor pela Igreja traduzir-se-á em amor para com Maria, e vice-versa (cf. *MC*, n. 27).

Paulo VI aponta, então, três critérios para rever ou recriar exercícios de piedade mariana:

212

- **Cunho bíblico:** não somente diligente uso de textos e símbolos tirados da Escritura, mas que "as fórmulas de oração e os textos destinados ao canto assumam os termos e a inspiração da Bíblia". Os exercícios de piedade mariana devem ser organizados de tal maneira que condigam com a Sagrada Escritura, dela de alguma forma derivem e para ela encaminhem o povo. Assim, o culto a Maria estará permeado pelos grandes temas da mensagem cristã (cf. *MC*, n. 30-31).

- **Cunho litúrgico:** as práticas devocionais devem considerar os tempos litúrgicos e orientar-se para a liturgia, como grande celebração da vida, morte e ressurreição de Jesus. Evitem-se os extremos dos que desprezam os exercícios de piedade, criando um vazio, e dos que misturam exercício piedoso e ato litúrgico, em celebrações híbridas (cf. *MC*, n. 31).

- **Sensibilidade ecumênica:** devido ao seu caráter eclesial, no culto a Maria refletem-se as preocupações da própria Igreja. Entre elas, destaca-se o anseio pela unidade dos cristãos. A piedade mariana torna-se sensível aos apelos do movimento ecumênico e adquire também um caráter ecumênico. Assim, "sejam evitados, com todo o cuidado, quaisquer exageros, que possam induzir em erro os outros irmãos cristãos, acerca da verdadeira doutrina da Igreja Católica (*LG*, n. 67); e sejam banidas quaisquer manifestações cultuais contrárias à reta praxe católica" (*MC*, n. 32).

Paulo VI conclui a apresentação de orientações e critérios enfatizando que a promoção de um culto legítimo e coerente à Mãe de Jesus exigirá atitudes decisivas de mudança. De acordo com o espírito do Concílio Vaticano II, é deplorável e inadmissível, tanto no conteúdo quanto na forma, manifestações cultuais e devocionais meramente exteriores, bem como expressões devocionais sentimentalistas estéreis e passageiras. Tudo o que é "lendário ou falso" deve ser banido do culto mariano (*MC*, n. 38). "[...] a finalidade última do culto à bem-aventurada Virgem Maria é glorificar a Deus e levar os cristãos a aplicarem-se numa vida absolutamente conforme a sua vontade" (*MC*, n. 39).

Para que as orientações de Paulo VI se tornem efetivas, é necessário que as comunidades, pastorais, movimentos, dioceses e conferências episcopais empreendam um processo de discernimento diante das manifestações da piedade mariana. Isso implicará aceitar algumas, modificar e melhorar outras e claramente rejeitar aquelas que não correspondem aos critérios acima elencados.

5. A devoção do rosário

Seu Honório é devoto de Maria, há mais de cinquenta anos. Ultimamente, ele começou a ler os folhetinhos de uns videntes que dizem receber mensagens de Nossa Senhora. Seguindo o pedido dos videntes, seu Honório obriga os filhos e a mulher a rezar todos os dias o terço (parte do rosário), do começo ao fim, do oferecimento à Salve-Rainha. Ele diz: "Nossa Senhora mandou e eu tenho que obedecer. É o único jeito de livrar o mundo da perdição". Assim como seu Honório, muita gente acha o terço uma coisa intocável. Se faltar uma Ave--Maria, não vale. Outros, ao contrário, consideram essa oração como algo inútil, uma perda de tempo. Eles dizem: "Para que ficar repetindo as mesmas palavras? Deus valoriza mais a oração espontânea, que sai do coração. Jesus mesmo alertou aqueles que rezavam demais, tentando convencer a Deus pela força de muitas palavras (cf. Mt 6,7)". Nessa confusão, uns acham que o terço é tão bom que, como seu Honório, querem obrigar todos a rezá-lo. Outros, não gostam e até riem dos que recorrem a essa devoção. Afinal, de onde nasceu o terço? Ele é uma devoção saudável? Como rezá-lo bem?

Desde o início do Cristianismo, os seguidores de Jesus desenvolveram muitas maneiras de rezar. Uma delas é a oração vocal. A pessoa repete a mesma frase, no correr do dia, como louvor, pedido ou consagração a Deus. No Oriente, conhece-se a oração do peregrino russo: "Senhor Jesus Cristo, Filho de Deus vivo, tem piedade de mim, pecador", que se repete enquanto se caminha. Outras religiões têm algo parecido. Os hindus e os budistas, por exemplo, repetem uns sons sagrados, que eles chamam de "mantras". Nós, católicos, temos as jaculatórias. Na oração vocal, como a Ave-Maria, enquanto os lábios pronunciam as mesmas palavras, a mente se aquieta e o coração, em silêncio, sintoniza com Deus. Não é uma oração de pensar, de refletir, mas sim de contemplar.

Não se sabe quando os cristãos começaram a rezar a Ave-Maria como oração vocal. Na Idade Média, uns monges analfabetos, que não podiam ler os salmos, recitavam de memória algumas frases. Assim como para os cento e ciquenta salmos, eles rezavam, no correr do dia, o mesmo número de Ave--Marias, mas somente a primeira parte, composta pela saudação do anjo (Lc 1,28) e as palavras de Isabel (Lc 1,42). Embora haja uma lenda de que São Domingos tenha recebido diretamente de Maria o rosário, sabe-se que o dominicano Frei Henrique Kalkar, por volta do ano 1300, fez a divisão das Ave-Marias em quinze dezenas, com o Pai-Nosso iniciando cada uma. Mais tarde, outro monge propôs a meditação dos mistérios. Um século depois, o dominicano Alano de la Rocha dividiu o rosário em mistérios gozosos, dolorosos e gloriosos. Com eles se contemplavam, respectivamente, e encarnação do Filho de Deus, sua Paixão e morte, a ressurreição e glorificação de Jesus e de Maria. A segunda parte da Ave-Maria foi incorporada ao rosário provavelmente a partir do ano 1480.

Assim o rosário se espalhou por toda parte. Como é uma oração fácil, o povo aprendeu logo. Muitas confrarias de leigos e institutos religiosos promoveram sua devoção. Trata-se de exemplo típico de devoção que não é somente popular (ver o anexo 2 deste capítulo). O rosário nasceu no ambiente de convento de frades. Espalhou-se inicialmente a partir de movimentos leigos e institutos religiosos, especialmente após o Concílio de Trento. Posteriormente, recebeu forte apoio de papas. Encontrou eco nos videntes das aparições marianas nos últimos cem anos, que a difundiram com intensidade. Foi retomado de forma criativa pelas Comunidades Eclesiais de Base (CEBs), associando-a à leitura e partilha comunitária da Bíblia. Vários carismáticos rezam o terço como prece introdutória nos grupos de oração.

O Papa João Paulo II, na carta apostólica *O Rosário da Virgem Maria*, de 2002, propôs acrescentar os mistérios luminosos, que contemplam a missão de Jesus. Assim, o rosário passou de cento e cinquenta para duzentas Ave-Marias, divididas agora em quatro blocos de mistérios.

Ao estudar a história, percebe-se que a devoção do rosário não nasceu repentinamente nem veio como um bloco único, já prontinho e imutável. Passou por inúmeras mudanças, no correr de seis séculos. Várias pessoas e grupos participaram na criação, sistematização e acréscimo, até chegar à sua forma atual. Da mesma forma como ele foi modificado com o tempo, pode mudar hoje. O nome "rosário" quer dizer uma corrente de cento e cinquenta Ave-Marias, como uma coroa de rosas. Em português se usa a expressão "terço". Significa, como a palavra diz, a terça parte do rosário, ou seja, cinquenta Ave-Marias. Um rosário completo, antes do acréscimo de João Paulo II, era composto de três terços. Agora, são quatro terços.

A devoção do terço é livre. Reza-se sozinho ou em grupo, a qualquer hora do dia ou da noite, de muitas formas. Embora o terço tenha cinquenta Ave-Marias, divididas em cinco dezenas, o devoto de Maria reza-o como lhe guia o coração. Se no tempo do Natal ele está passando uma situação sofrida, pode rezar os mistérios dolorosos e contemplar a Paixão e morte do Senhor. Se sente desejo, pode rezar mais Ave-Marias. Se lhe falta ocasião, encurta a oração.

215

O rosário é uma devoção legítima, que ajuda os fiéis a adorar a Deus, venerar a mãe de Jesus e contemplar os mistérios da vida do Senhor. Deve ser exercitado com coração aberto e boa preparação. É desaconselhável recitá-lo de forma mecânica, repetindo às pressas as Ave-Marias para acabar logo. É melhor rezá-lo de forma tranquila, contemplando os mistérios, para experimentar seus frutos espirituais. Sugere-se que a recitação do rosário seja enriquecida com trechos da Palavra de Deus, hinos e canções.

O rosário é muito bom, mas não constitui a única forma de oração. Nos últimos anos, desenvolveram-se outras maneiras de orar, como a reflexão comunitária da Palavra de Deus e as preces espontâneas de louvor, adoração, intercessão e súplica. Nas pequenas comunidades, quando os membros refletem e oram a partir da Palavra de Deus, eles também crescem como pessoas. Exercitam uma pedagogia libertadora de relacionar a Palavra com a existência, aprendem a falar e a ouvir, aumentam sua consciência a respeito da realidade e crescem na liberdade de orar. É bom refletir sobre a vida, refletir com a Palavra de Deus e desenvolver a oração espontânea.

Como acontece com outras devoções, não convém misturar o terço com a liturgia. Na hora da missa não se reza o terço. Cada alimento espiritual tem seu momento certo e sua utilidade. E embora seja tão bom, nenhum católico é obrigado a rezar o terço. Como uma devoção, trata-se de instrumento utilizado livremente por muitas gerações de fiéis, que é reconhecido e recomendado pelo Magistério da Igreja.

Paulo VI recomenda que o rosário não seja apresentado "com inoportuno exclusivismo". Ele é "uma oração excelente, em relação à qual, contudo, os fiéis se devem sentir serenamente livres, e solicitados a recitá-la com compostura e tranquilidade, atraídos pela sua beleza intrínseca" (*Marialis Cultus*, n. 55).

João Paulo II diz:

O Rosário da Virgem Maria (*Rosarium Virginis Mariae*), que ao sopro do Espírito de Deus se foi formando gradualmente no segundo milênio, é oração amada por numerosos santos e estimulada pelo Magistério. Na sua simplicidade e profundidade, permanece, mesmo no terceiro milênio recém-iniciado, uma oração de grande significado e destinada a produzir frutos de santidade. Ela enquadra-se perfeitamente no caminho espiritual de um Cristianismo que, passados dois mil anos, nada perdeu do seu frescor original, e sente-se impulsionado pelo Espírito de Deus a "fazer-se ao largo" (*duc in altum!*) para reafirmar, melhor "gritar" Cristo ao mundo como Senhor e Salvador, como "caminho, verdade e vida" (Jo 14,6), como "o fim da história humana, o ponto para onde tendem os desejos da história e da civilização".

O Rosário, de fato, ainda que caracterizado pela sua fisionomia mariana, no seu âmago é oração cristológica. Na sobriedade dos seus elementos, concentra *a profundidade de toda a mensagem evangélica*, da qual é quase um compêndio. Nele ecoa a oração de Maria, o seu perene *Magnificat* pela obra da Encarnação redentora iniciada no seu ventre virginal. Com ele, o povo cristão *frequenta a escola de Maria*, para deixar-se introduzir na contemplação da beleza do rosto de Cristo e na experiência da profundidade do seu amor. [...] (*O Rosário da Virgem Maria*, n. 1).

Oração: Ladainha mariana para o nosso tempo

Em Nazaré

Maria de Nazaré, rogai por nós.
Menina que encantou os olhos de Deus, rogai por nós.
Amada de José, rogai por nós.
Jovem questionadora, rogai por nós.
Servidora do Senhor, rogai por nós.
Mulher do Sim sempre renovado.
Aquela que medita o sentido dos fatos, rogai por nós.
Educadora de Jesus, rogai por nós.
Aquela que vê Deus nos véus do cotidiano, rogai por nós.
Mãe do Deus conosco, rogai por nós.

Na casa de Isabel – Magnificat

Maria missionária, rogai por nós.
Símbolo da solidariedade, rogai por nós.
Feliz porque acreditou nas promessas de Deus, rogai por nós.
Amiga de Isabel, rogai por nós.
Cantora das obras de Deus, rogai por nós.
Símbolo de inteireza, rogai por nós.
Profetiza da justiça, rogai por nós.
Esperança de libertação, rogai por nós.

Em Belém

Maria de Belém, rogai por nós.
Companheira de José, rogai por nós.
Jovem Mãe de Jesus, rogai por nós.
Amiga dos pastores, rogai por nós.
Primeira testemunha da encarnação, rogai por nós.
Símbolo da alegria, rogai por nós.

No templo de Jerusalém

Maria de Jerusalém, rogai por nós.
Mulher oferente, rogai por nós.
Peregrina na fé, rogai por nós.
Aquela que crê, sem tudo compreender, rogai por nós.

Nos caminhos da Palestina

Maria da Palestina, rogai por nós.
Primeira discípula do Senhor, rogai por nós.
Aquela que acolheu a Palavra de Deus, rogai por nós.
Aquela que guardou a palavra no coração, rogai por nós.
Aquela que frutificou a Palavra, rogai por nós.
Nossa irmã na fé, rogai por nós.
Pedagoga da fé em Caná, rogai por nós.
Atenta às necessidades humanas, rogai por nós.
Coração livre, aberto e desapegado, rogai por nós.

Em Jerusalém

Maria de Jerusalém, rogai por nós.
Firme junto à cruz, rogai por nós.
Símbolo do sofrimento assumido, rogai por nós.
Ícone da fé, rogai por nós.
Perseverante em oração no cenáculo, rogai por nós.
Testemunha da ressurreição de Jesus, rogai por nós.
Batizada no Espírito em Pentecostes, rogai por nós.

Na Terra e no Céu

Maria, tão humana e tão divina, rogai por nós.
Glorificada junto de Deus, rogai por nós.
Filha predileta do Pai, rogai por nós.
Mãe, educadora e discípula do Filho, rogai por nós.
Templo do Espírito Santo, rogai por nós.
Modelo dos cristãos, rogai por nós.
Símbolo humano da ternura de Deus, rogai por nós.
Mãe das mães, rogai por nós.
Aquela que está mais perto de Deus e mais perto de nós, rogai por nós.
Colo de Deus em feição humana, rogai por nós.

6. Sugestões para a pastoral

Eis aqui algumas sugestões para incrementar a oração com Maria:

- Acolher com carinho e respeito as práticas devocionais de raiz.
- Organizar as festas de Maria em grupos e fazer delas momento de oração que fortaleça a Igreja-comunidade.

- Com bom senso, suprimir aquilo que é exagerado e não ajuda a centrar sua vida na vivência do Evangelho de Jesus.

- Rejeitar novas devoções marianas que não seguem os critérios apresentados por Paulo VI na carta encíclia sobre o culto a Maria (ver em "Textos complementares").

- Com ajuda da música, da pintura e do teatro, redescobrir de forma inculturada novos rostos de Maria.

- A partir dos textos do Evangelho, resgatar a figura de Maria de Nazaré. Lembrar suas qualidades humanas e o peregrinar na fé.

Em poucas palavras

Como católicos, descobrimos e cultivamos muitas maneiras de rezar a Maria. As devoções marianas são bons instrumentos de oração e de evangelização, que necessitam ser selecionados, purificados e ressignificados. Devoções mal utilizadas e manipuladas são como faca afiada nas mãos de pessoas violentas. Podem fazer estragos. Devoções, usadas com coração e bom senso, fazem bem à comunidade, pois ajudam a mergulhar nas águas de Deus. Um banho saudável na fonte de toda Vida!

Associar Maria à oração trinitária não é questão meramente teórica. Antes, consiste numa postura de vida, na forma mais adequada de se relacionar com ela e manter a centralidade de Jesus. Pois Maria é nossa companheira de fé. Vai conosco e nos leva a Jesus. Quem experimenta sabe como é bom.

Partilha em grupo

1. Quais foram suas descobertas mais importantes ao ler este capítulo?
2. Se o culto cristão é trinitário (ao Pai, pelo Filho, no Espírito), se Jesus é o único mediador, como se justifica, então, o culto a Maria?
3. Recorde as etapas da relação devocional com Maria no correr de sua existência. Partilhe com outros membros do grupo. Perceba os pontos comuns e as diferenças entre vocês.
4. Faça um exercício de discernimento pastoral. Tome uma prática devocional mariana de sua comunidade e confronte com os critérios apresentados por Paulo VI na carta apostólica sobre o culto a Maria citada. A partir daí, elenque o que deve ser mantido, modificado ou, eventualmente, suprimido.

Na rede

1. Procure em um site de busca as palavras "culto a Maria" e "devoção a Maria". Selecione alguns sites. Veja os argumentos apresentados por católicos e evangélicos. Confronte com o que você aprendeu neste capítulo.
2. Entre no blog: <www.maenossa.blogspot.com>. No índice ("O que procura?"), clique em "Culto a Maria". Você encontrará imagens da apresentação em Powerpoint sobre o tema, que é útil para palestras e cursos de formação.

Bibliografia básica

BEINERT, W. (org.). *O culto a Maria hoje.* São Paulo: Paulus, 1980.

DE FIORES, S. *Eis aí tua mãe. Um mês com Maria.* 2. ed. São Paulo: Ave-Maria, 2010. p. 77-126.

GONZÁLEZ DORADO, A. *Mariologia popular latino-americana.* São Paulo: Loyola, 1991.

JOÃO PAULO II. *O rosário da Virgem Maria.* São Paulo: Paulinas, 2002.

JOHNSON, E. *Nossa verdadeira irmã. Teologia de Maria na comunhão dos santos.* São Paulo: Loyola, 2006. p. 365-387.

MAGGIONI, C. *Maria na Igreja em oração. Solenidades, festas e memórias marianas no ano litúrgico.* São Paulo: Paulus, 1998.

PAULO VI. *O culto à Virgem Maria [Marialis Cultus].* São Paulo: Paulinas, 1974.

Textos complementares

1. O que Maria não pode

Maria vem depois do Cristo. É isso que a faz tão especial. Ela o segue.

Comecemos com uma palavra de irmão que leva a pensar. Se você gosta de Maria e fala dela com ternura, então pergunte-se: sua linguagem traz excesso de louvor a Maria? Maria pode ser louvada acima do Filho? A mãe pode ser mais lembrada do que o Filho?

Examine as expressões abaixo registradas. Onde está o erro ou a imprecisão delas?

- Ó Maria, teu nascimento nos trouxe a salvação.
- O terceiro milênio será de Maria.
- Todas as graças do céu nos vêm através de Maria.
- Tudo por Jesus, nada sem Maria.
- Se Jesus não atende, peça à mãe dele que você consegue!
- O terço é uma oração infalível. Maria sempre atende!
- O terço salvará o mundo.
- Ó Maria, concede-nos esta graça!
- Maria é mãe da Trindade.
- Maria está naquela hóstia.
- Jesus é o Filho da Rainha.

Agora responda a estas perguntas:

- Quem nos trouxe a salvação: Jesus ou Maria?
- O tempo, as coisas, os povos, a quem pertencem?
- Deus teria sempre que nos dar suas graças por Maria?
- Que conceito temos de Jesus? Ele se negaria a nos atender?
- Por que ele não atenderia e Maria sim?
- O que disse o Papa em 2002 sobre o rosário?
- O titular do Reino de Deus é Maria ou é Jesus?
- Qual o poder da reza do terço?

- Garantir a salvação pela reza do rosário não é exagerar a força de uma devoção que a Igreja acha muito salutar, mas não considera obrigatória?
- Quem pode nos conceder uma graça?

Um católico bem versado no catecismo sabe da importância que a Igreja dá a Maria como primeira cristã, exemplo de oração e de fidelidade ao Filho. Mas, quando, para exaltá-la, passamos por cima da doutrina da Igreja, mais prejudicamos do que ajudamos a fé católica.

Maria não é igual a Jesus. Ele é o Filho de Deus, e ela não é. Então, por que alguns se ofendem quando um pregador sugere que se fale mais de Jesus nos encontros, até mesmo nos encontros para estudar Maria? Por que dizem que a sugestão de se redimensionar o seu louvor em alguns grupos é querer diminuí-la? A verdade a diminuiria?

Tudo aquilo que se refere a ela deve ser dito com clareza. Maria sabe o lugar dela. Nós é que precisamos reler o que a Igreja tem dito oficialmente sobre ela. Em Maria, o verbo "poder" vem depois do verbo "pedir". Em Cristo, ele vem antes. (PADRE ZEZINHO. *Maria do jeito certo*. 3. ed. São Paulo: Paulinas, 2011. p. 71-72. Também disponível em: <www.maenossa.blogspot.com>.)

2. Religiosidade popular e devoção mariana

Por vezes, as expressões "religiosidade popular" e "devoção popular" são utilizadas como sinônimas. No entanto, elas traduzem diferentes realidades. "Religiosidade popular" compreende uma visão unificadora sobre Deus, o mundo e o ser humano, que está presente nos setores populares e nas culturas Pré-Modernas, de forma assistemática, não reflexa, mas muito ativa. Alguns autores consideram como "religiosidade popular" as formas de relação com o Sagrado que caracterizam os membros de determinada religião, de maneira diferente da sua versão oficial. Trata-se de um conceito com chave predominantemente sociológica e cultural. Independentemente da visão adotada, as práticas devocionais fazem parte da religiosidade popular, como manifestações visíveis da relação com Deus nos segmentos sociais mais pobres e que tiveram pouco acesso à cultura letrada.

Quando o(a) teólogo(a) ou o(a) pesquisador(a) das Ciências da Religião estuda a religiosidade popular, pode abordá-la sob diferentes ângulos: da prática devocional, dos discursos religiosos e de seus diferentes agentes, das influências sócio-históricas e culturais nas experiências do Sagrado. Portanto, a religiosidade popular é muito mais abrangente do que a devoção popular. Isso é importante para o mariólogo, pois há o risco de se confundirem as duas realidades, que estão relacionadas, mas são distintas.

Recentemente, no horizonte católico, a abordagem sobre a religiosidade popular tem assumido certa conotação triunfalista e ingênua. Considera-se a religiosidade popular como um tesouro puro e intacto, que deve ser conservado e difundido o máximo possível, com a bênção e o selo oficial da autoridade. Em contrapartida, critica-se em bloco a teologia moderna, que apontou limites, anacronismos e desvios da religiosidade tradicional. A teologia é culpabilizada como a responsável pela perda da "fé inocente do povo". E não se percebe que esta "religiosidade idealizada" em muitos lugares já não existe mais como no passado. Não por causa da teologia, mas da cultura urbana, consumista, individualista. Várias práticas devocionais são desenterradas do passado, mas se criam sentidos diferentes para ela. Essa religiosidade urbana (e suburbana) moderna corre o risco de se tornar individualista, intolerante para quem pense diferente e com pouco impacto ético na existência. Como afirma Marcial Maçaneiro, é mais terapia do que profecia.

Tanto ontem como hoje, a religiosidade popular tem valores e limites. O *Documento de Aparecida* utiliza outro termo, quase sinônimo: "piedade popular". E afirma que a piedade popular é um ponto de partida para conseguir que a fé do povo amadureça e se faça mais fecunda. É preciso ser "sensível a ela, saber perceber suas dimensões interiores e seus valores inegáveis". É necessário evangelizá-la ou purificá-la, assumindo sua riqueza evangélica (cf. *DAp*, n. 262). Da mesma forma, a mariologia não pode simplesmente justificar e reforçar qualquer prática piedosa referente à mãe de Jesus, nem também cair no discurso crítico avassalador e desrespeitoso.

Muitos teólogos, pastoralistas e cléricos classificam as práticas religiosas marianas com o nome genérico de "devoção popular". Tal procedimento não está errado, mas é impreciso, do ponto de vista tanto eclesial quanto cultural.

É comum reunir distintas práticas cultuais (terço, novenas, ladainhas, procissões) com o título de "devoção popular" para diferenciá-las das manifestações públicas e oficiais de culto na Igreja Católica. Nesse caso, pensa-se que, enquanto a liturgia seria área de atuação do clero, a devoção competiria aos(às) leigos(as), ao fiéis simples. Por vezes, há até certa visão ingênua, como se a devoção fosse uma manifestação que brota da pureza do povo piedoso e por isso tem que ser mantida intacta. Isso não corresponde à verdade dos fatos. De fato, existem devoções nascidas de leigos e propagadas por movimentos leigos, mas a qualidade delas abrange um leque enorme: da eclesiologia verticalista medieval à visão de comunhão do Vaticano II, de crendices inaceitáveis a expressões teológicas admiráveis. Há, ainda, devoções criadas por Institutos religiosos e seus fundadores, por presbíteros e, mais raramente, por bispos.

Em alguns momentos da História, o clero se apoderou de devoções de origem laical, porque percebeu que isso fortaleceria o poder eclesiástico ou serviria para reforçar a "identidade católica", em confronto com os protestantes e a Modernidade. Em cada tempo histórico, diferentes agentes eclesiais tomam a vanguarda na promoção de devoções. Pode haver cooperação ou competição entre eles. Vejamos um exemplo conhecido.

A devoção a Nossa Senhora Aparecida nasceu em contexto laical e se desenvolveu lentamente nos primeiros anos. Ganhou expressão e abrangência quando os padres redentoristas assumiram a paróquia da cidade, promoveram as peregrinações e difundiram a devoção pela Rádio Aparecida. Até então, era uma entre as tantas "Nossas Senhoras" no Brasil. A Mãe Aparecida ganhou crescente reconhecimento quando os bispos decidiram transformá-la em "padroeira do Brasil", no início do século XX. Ao mesmo tempo, pessoas e movimentos leigos continuam disseminando esta piedade. Portanto, a devoção mariana não é somente "popular", no sentido eclesial, de que provém do laicato. Como toda realidade religiosa, é ambígua e pode ser apropriada por diferentes personagens, a serviço de muitos interesses. Alguns, santos e admiráveis. Outros, espúrios e questionáveis.

O adjetivo "popular", aplicado à devoção, tem também sentido cultural e sociológico. Acredita-se que tais devoções sejam "populares" porque nascem e são vividas principalmente nos setores sociais empobrecidos, no campo e nos bairros da periferia das cidades. No entanto, o adjetivo é impreciso. A religiosidade de cunho devocional é promovida, vivida e difundida simultaneamente por pessoas e grupos de diferentes segmentos sociais. Há grupos de elites ricas e poderosas que promovem a oração do rosário, como também há comunidades de gente pobre, e de setores médios. Hoje, a devoção mariana está espalhada em todos os segmentos sociais. Em sentido cultural e sociológico, não é mais popular. Foi, em outros tempos.

Um trabalho a ser empreendido pelos teólogos e cientistas da religião consiste em identificar os elementos comuns e a originalidade de cada segmento eclesial (e social), quando assume, reelabora e dissemina determinada prática de piedade mariana.

Pelas razões aludidas, parece mais plausível utilizar somente a palavra "devoção", sem o adjetivo "popular", quando se trata das práticas cultuais católicas que se situam no campo da piedade, fora do âmbito litúrgico. Sem dúvida, a piedade mariana é a mais expressiva. (MURAD, Afonso. Disponível em: <www.maenossa.blogspot.com>.)

---

3. Maria e a Igreja peregrina

O Concílio Vaticano II, apresentando Maria no mistério de Cristo, encontra, desse modo, o caminho para aprofundar também o conhecimento do mistério da Igreja. Maria, de fato, como Mãe de Cristo, está unida de modo especial com a Igreja, "que o Senhor constituiu como seu corpo". O texto conciliar põe bem próximas uma da outra, significativamente, esta verdade sobre a Igreja como corpo de Cristo (segundo o ensino das cartas de São Paulo) e a verdade de que o Filho de Deus "por obra do Espírito Santo nasceu da Virgem Maria". A realidade da Incarnação encontra como que um prolongamento no mistério da Igreja – corpo de Cristo. E não se pode pensar na mesma realidade da Incarnação sem fazer referência a Maria – Mãe do Verbo Incarnado.

Nas reflexões que passo a apresentar, porém, quero referir-me principalmente àquela "peregrinação da fé", na qual "a Bem-aventurada Virgem Maria avançou", conservando fielmente a união com Cristo. Desse modo, aquele dúplice vínculo, que une a Mãe de Deus com Cristo e com a Igreja, reveste-se de um significado histórico. E não se trata aqui simplesmente da história da Virgem Maria, do seu itinerário pessoal de fé e da "melhor parte" que ela tem no mistério da salvação; trata-se também da história de todo o Povo de Deus, de todos aqueles que tomam parte na mesma peregrinação da fé.

É isso o que exprime o Concílio, ao declarar, numa outra passagem, que a Virgem Maria "precedeu", tornando-se "a figura da Igreja, na ordem da fé, da caridade e da perfeita união com Cristo". Este seu "preceder", como figura ou modelo, refere-se ao próprio mistério íntimo da Igreja, a qual cumpre a própria missão salvífica unindo em si – à semelhança de Maria – as qualidades de mãe e de virgem. É virgem que "guarda fidelidade total e pura ao seu esposo" e "torna-se, também ela própria, mãe..., pois gera para vida nova e imortal os filhos concebidos por ação do Espírito Santo e nascidos de Deus".

Tudo isto se realiza num grande processo histórico e, por assim dizer, "numa caminhada". "A peregrinação da fé" indica a história interior, que é como quem diz a história das almas. Mas esta é também a história dos homens, sujeitos nesta terra à condição transitória e situados nas dimensões históricas. [Quero] juntamente convosco concentrar-me primeiro que tudo na sua fase presente, que aliás de per si não pertence ainda à história, e, contudo, incessantemente já a vai plasmando, também no sentido de história da salvação. Aqui abre-se um espaço amplo, no interior do qual a Bem-aventurada Virgem Maria continua a "preceder" o Povo de Deus. A sua excepcional peregrinação da fé representa um ponto de referência constante para a Igreja, para as pessoas singulares e para as comunidades, para os povos e para as nações e, em certo sentido, para toda a humanidade. [...]. (JOÃO PAULO II. *Redemptoris Mater*, nn. 5-6.)

12
As aparições de Maria: conhecer e discernir

Abordar o tema das aparições é tarefa arriscada. Entra-se num campo instável no qual interferem muitos fatores, além dos espirituais, teológicos e pastorais. Trata-se de assunto complexo, complicado e polêmico. Complexo, por constituir uma teia de elementos que interagem entre si, em diferentes graus. Complicado, porque não se sabe com certeza como os pontos deste novelo intrincado tocam uns nos outros. Polêmico, porque já há posições entrincheiradas e pouco propensas ao diálogo. De um lado, pessoas e movimentos aderem de forma incondicional às aparições, tendem a considerar somente os elementos espirituais e olham com desconfiança para os analistas que trazem à luz os fatores subjetivos e culturais. No outro extremo, há aqueles que consideram o fenômeno como mera manifestação religiosa de autossugestão coletiva e rejeitam seu sentido espiritual. Consciente de todas essas dificuldades, apresentar-se-á o tema a partir da teologia, de forma breve e multidisciplinar.

Para proporcionar ao leitor uma visão serena sobre as aparições marianas, evitar-se-ão as posições extremas da visão ingênua que absolutiza o fenômeno e da visão crítica que subestima sua contribuição para a vida cristã. Propositalmente, serão omitidos os nome de videntes, de forma a estimular a análise sem preconceitos. Além de recorrer a obras de teologia e espiritualidade, aos documentos da CNBB e da Sagrada Congregação da Doutrina da Fé sobre o assunto, este capítulo sobre as aparições confronta a reflexão teológica com entrevistas de videntes brasileiros, publicações e sites de movimentos aparicionistas. Fornecer-se-á a estudantes e pesquisadores elementos para compreender o fenômeno, conhecer a visão da Igreja sobre as aparições de Maria e utilizar os critérios de discernimento para avaliar os movimentos aparicionistas atuais.

Convém recordar que a padroeira do Brasil, "Nossa Senhora Aparecida", não se origina de aparição mariana, pois não há vidente nem mensagem explicitamente comunicada por ele. O nome "aparecida" vem do fato de uma imagem já existente surgir das águas, e ser descoberta pelos pescadores, em dois diferentes momentos. Trata-se de uma experiência religiosa autêntica, uma mariofania sem videntes e aparições.

I. Aparições: ponto de vista teológico

Os videntes e seus seguidores afirmam que Maria lhes revela mensagens. Ora, como Maria pode dizer algo se a revelação de Deus já se encerrou em Jesus Cristo e foi codificada na Bíblia, com a definição do cânon das Sagradas Escrituras? Como é possível relacionar a Revelação de Deus com prováveis novas revelações?

1. A Revelação

Deus, no seu amor gratuito e transbordante, deu-se a conhecer à humanidade como comunidade trinitária: Pai materno, Filho e Espírito. Simultaneamente, manifestou seu projeto de levar todo ser humano à comunhão consigo e a transformar as suas relações (consigo mesmo, com os outros, com o ecossistema). Denominamos "Revelação" ao processo pelo qual Deus mostra seu rosto, seu coração e seu plano salvífico. Ao se revelar, Deus oferece a si próprio. A essa auto-oferta divina denominamos "Graça", porque é gratuita e imerecida, superando de longe as nossas expectativas. À proposta divina (Revelação) corresponde a resposta humana (fé). A autodoação amorosa de Deus (Graça), quando acolhida transforma o ser humano, conduzindo-o à realização definitiva de sua própria meta (salvação).

A Revelação consiste em um verdadeiro processo educativo, no qual o ser humano descobre paulatinamente as múltiplas facetas de Deus e à luz de Deus se conhece a si próprio. Num determinado momento da história da humanidade, o Senhor dirige-se ao povo hebreu. Javé se revela como o Deus libertador da escravidão do Egito, o Deus que caminha com o povo no deserto, o Senhor da Aliança, o Deus da justiça e da misericórdia, providente e exigente. Acontece um longo percurso de automanifestação divina em Israel, lentamente maturado na fé com a Aliança, no qual as vitórias e os fracassos constituíam oportunidade de novos aprendizados.

A revelação divina alcança seu ápice em Jesus Cristo: encarnação, missão, morte-ressurreição e envio do Espírito Santo. Em Jesus se pronuncia a derradeira Palavra de Deus à humanidade (Hb 1,1s; Jo 1,4.8). Após a ressurreição de Jesus, a comunidade de seus seguidores reflete sobre a experiência salvífica original e a condensa em distintos escritos: Evangelhos, Atos dos Apóstolos, epístolas e o Livro do Apocalipse. Nos primeiros séculos do Cristianismo, definiu-se o cânon da Bíblia. Os textos bíblicos conjugam de forma admirável os fatos acontecidos com a interpretação da comunidade de fé. Como palavra divina em linguagem humana, a Bíblia necessita ser lida e interpretada para os dias de hoje. É uma palavra vinda do passado, que ilumina o presente e abre caminhos para o futuro.

Portanto, do ponto de vista *constitutivo*, a revelação divina plenifica-se em Jesus e se *encerra* com o fim da geração apostólica e a constituição do cânon da Bíblia. Em sentido estrito, para os cristãos não existem mais novas revelações, venham de quem vier.

No entanto, a história continua avançando. Os discípulos de Jesus, no correr de dois milênios, vivem em diferentes contextos históricos, geográficos e culturais. Surgem novas perguntas, situações inusitadas, que não encontram respostas diretas nos gestos e palavras de Jesus, testificados nos textos bíblicos. O próprio Jesus disse aos seus discípulos que seria impossível comunicar-lhes tudo, pois eles não seriam capazes de entender. Por esse motivo, o Cristo glorificado envia o Espírito (Paráclito), para que ele conduza a sua comunidade, ao ritmo da história, à verdade plena (Jo 16,13). Então, do ponto de vista *da interpretação*, a revelação *continua aberta*, no que diz respeito ao aprofundamento e à atualização da automanifestação divina. Essa abertura está radicada na própria pessoa de Jesus Cristo, na presença do Espírito Santo, no tesouro inesgotável da Bíblia, e na Igreja, que anuncia e testemunha a Boa-Nova em diferentes contextos.

Os cristãos enfrentam dois riscos ao considerar a revelação divina constitutivamente encerrada e interpretativamente aberta. O primeiro consiste no vislumbramento com o presente, a ponto de perder o foco em Jesus Cristo e ignorar a sabedoria da Tradição. O segundo diz respeito a fixar-se de forma anacrônica no passado, com um saudosismo doentio, pois não volta às fontes legítimas, mas se detém no meio do caminho.

Para a Igreja Católica, a Tradição (com "t" maiúsculo), cumpre a função de trazer, conduzir, interpretar, guardar e ampliar os elementos decisivos da revelação e da fé cristã. A Tradição não é mera repetição do passado (que seria o tradicionalismo), e sim a memória coletiva e seletiva da comunidade eclesial, que sob a orientação de seus pastores, incorpora elementos de doutrina e da vida da Igreja (ensino, ética, costumes, liturgia, normas internas, espiritualidades, reflexão teológica). Há uma verdadeira evolução, pois a Igreja caminha através dos séculos para a plenitude da verdade, que ela não ainda possui. Assim afirma o Concílio Vaticano II, na *Dei Verbum*, n. 8:

> [...] Esta Tradição, oriunda dos Apóstolos, progride na Igreja sob a assistência do Espírito Santo; cresce, com efeito, a compreensão tanto das coisas

como das palavras transmitidas, seja pela contemplação e o estudo dos que creem, os quais as meditam em seu coração (cf. Lc 2,19 e 51), seja pela íntima compreensão que experimentam das coisas espirituais, seja pela pregação daqueles que com a sucessão do episcopado receberam o carisma seguro da verdade. [...]

Em síntese: a Revelação cristã *constitutivamente* se encerrou com a vinda de Jesus e a posterior definição do cânon da Bíblia. Do ponto de vista do aprofundamento e da atualização da Palavra Revelada, ela *continua aberta*. Para isso, deve passar pelo crivo da comunidade eclesial, nas suas instâncias legítimas (senso comum dos fiéis, místicos, teólogos(as) e autoridade eclesiástica). E quanto mais essas diferentes instâncias se relacionam fraternalmente, a partir da identidade comum de "discípulos e missionários de Cristo" e contribuem com sua identidade específica, maiores serão as possibilidades de a Igreja responder com fidelidade criativa aos apelos do Espírito de Deus na atualidade.

2. A Graça e as graças

Na teologia cristã se diferencia "Graça" (no singular) de "graças" (no plural). A primeira significa o próprio Deus Trindade que se oferece ao ser humano, sanando-o da situação de pecado, elevando-o até a vida divina, santificando-o. Graça significa, em primeiro lugar, salvação oferecida. Já as "graças" evocam todos os bens que o ser humano recebe gratuitamente de Deus, como o perdão, a cura, uma situação favorável inesperada, o êxito em iniciativas pessoais e coletivas, as conquistas históricas etc.

Deus concede sua Graça: a vida trinitária no ser humano, que o capacita para viver o amor e a fé, na esperança. Isso acontece por pura iniciativa divina, devido ao seu amor condescendente. A graça não é exigida pela natureza humana. Historicamente, cunhou-se, na Idade Média, a expressão "sobrenatural" para expressar a gratuidade da liberdade divina. No correr do tempo, o termo deu margem a equívocos. Na linguagem comum, "sobrenatural" significa aquilo que é inexplicável, que não segue as leis da natureza ou os princípios da ciência. Sobrenatural seria tudo o que é extraordinário e miraculoso. Trata-se de lógica simples e perigosa: quanto mais extraordinário, inexplicável e milagroso for um fenômeno, mais ele seria divino, porque vai além da natureza. Ao contrário, aquelas experiências humanas marcadas pela simplicidade do cotidiano, que tivessem agentes humanos na sua realização, ou fossem parcialmente explicáveis pelas ciências, seriam meramente "naturais" e estariam despojadas da graça divina.

Ora, do ponto de vista da teologia da Graça, *sobrenatural* indica a proveniência do Dom de Deus e sua meta (salvação), mas não a forma de manifestação ou o âmbito de atuação. Deus pode nos conceder a Graça (e as graças), no cotidiano da existência, em fatos simples e habituais. Não é necessário que seja fantástico ou extraordinário. Mas também pode se dar neste âmbito, pois o amor de Deus é grande e não conhece limites.

Essa distinção é importante para desfazer um equívoco muito comum em pretensas aparições ou manifestações extraordinárias. Basta acontecer algo inexplicável e maravilhoso que multidões inteiras se deslocam para lá, em busca de milagres, curas ou comunicações divinas pretensamente infalíveis, que não seriam sujeitas aos erros humanos. Qualquer fenômeno extraordinário, como a provável comunicação de Maria ao vidente, conjuga fatores humanos e divinos. Por quê?

Toda experiência de Graça é simultaneamente *imediata* e *mediatizada*. Imediata, pois é Deus que se volta para nós, e o ser humano pode experimentá-lo realmente. Mediatizada, pois está contextualizada no tempo e no espaço. Deus se serve de mediações humanas contingentes e ambivalentes. Ao serviço da Graça, esses meios são provenientes do âmbito da criação e da realidade humana encarnada. Carregam consigo os traços da grandeza de Deus, da finitude do humano, e até do pecado. A automanifestação de Deus e a oferta de seu projeto salvífico, que denominamos Revelação, e a autodoação da Trindade para a humanidade, que chamamos "Graça", acontecem, normalmente, através de mediações de suas criaturas. Mesmo se começam com algo extraordinário, que ultrapassa qualquer explicação de causalidade histórica, em algum momento se servirão de mediações humanas contingentes. Trata-se da dimensão encarnatória da revelação divina. Deus, ao criar tudo, possibilitou que existissem seres finitos, distintos dele. Ao se revelar na história, assumiu as limitações de determinada cultura, língua e forma de compreender o mundo. Assumiu-as e elevou-as. Assim, o diálogo salvífico do ser humano com Deus, inimaginável em outras circunstâncias, realizou-se na história do Povo de Israel e na vida, morte e ressurreição de Jesus de Nazaré. E continua na história humana.

3. Revelações particulares ou privadas

A Revelação de Deus em Jesus (com "r" maiúsculo, no singular) se destina a toda a humanidade. Trata-se da razão de ser da Igreja, que se sente chamada a proclamá-la e difundi-la. No dizer de Paulo: "[...], anunciar o Evangelho não é para mim motivo de glória. É antes uma necessidade que se me impõe. Ai de mim, se eu não anunciar o Evangelho!" (1Cor 9,16). Ela se denomina "Revelação Pública".

A teologia clássica classifica as visões e aparições como "revelações privadas" ou "particulares" (com "r" minúsculo, no plural). Elas constituem-se como experiências espirituais destinadas a uma parcela do Povo de Deus. Mesmo que aconteçam diante de uma enorme multidão e sejam transmitidas pela internet para vários cantos da Terra, continuam a ser consideradas como "particulares", pois não têm força de obrigação para todos os cristãos católicos. Trata-se de algo do âmbito devocional, proposto livremente aos fiéis. Uma aparição de Maria, enquanto revelação particular vivida por um ou mais videntes, não pode contradizer nem completar de maneira constitutiva a Revelação Pública de Deus em Jesus Cristo. Sua função é colaborar no processo de interpretação e atualização da Revelação. No dizer do mariólogo René Laurentin, uma revelação particular serve para atualizar, recordar, vivificar, explicar ou aclarar a Revelação. Apresenta caráter mais prático, comunica principalmente regras de conduta. Assim, constitui um apelo à realização da esperança cristã, e não tanto ao conteúdo do ato de crer. Nesse sentido, pode ser um toque de atenção a respeito de determinadas práticas religiosas, posturas éticas ou forma de viver a espiritualidade do seguimento de Jesus.

Para os videntes, a experiência espiritual da visão de Maria (ou de Jesus) é tão forte, que se torna um apelo irresistível. Eles se sentem chamados a divulgar a mensagem que, em consciência, afirmam terem recebido de Jesus ou de sua mãe. O mesmo acontece com aqueles que estão em contato com os videntes ou têm acesso a seu testemunho. No entanto, a legitimidade da experiência religiosa subjetiva dos videntes e de seus seguidores não implica para os outros a aceitação incondicional e absoluta de suas orientações. O vidente pode dizer: "Sinto um forte apelo, vindo de Maria, para rezar o terço cada dia. E recomendo como algo bom para todos". Mas é inadequado afirmar: "Maria mandou vocês rezarem o terço cada dia. E quem não fizer isso está desobedecendo à Mãe de Jesus e não é um católico de verdade".

A Igreja é chamada a proclamar e a difundir a revelação de Deus em Jesus Cristo, pois esta é sua própria razão de ser. No entanto, como totalidade, ela não tem o dever de difundir revelações particulares. Quando elas acontecem, compete às lideranças eclesiais discernir sobre elas e, se forem positivas, acolhê-las como algo bom e opcional, oferecido a serviço do Povo de Deus. Portanto, uma aparição não é objeto de fé que exige assentimento universal e suas mensagens não têm valor normativo para todos os cristãos católicos. Mesmo que algum bispo ou Papa seja devoto de Maria e visite um santuário mariano de aparições, isso não constitui elemento vinculante para a confissão católica. Trata-se, sim, de belo gesto de piedade, de caráter devocional.

O *Catecismo da Igreja Católica* resume assim a questão:

> No decurso dos séculos tem havido revelações ditas "privadas", algumas das quais foram reconhecidas pela autoridade da Igreja. Todavia, não pertencem ao depósito da fé. O seu papel não é "aperfeiçoar" ou "completar" a Revelação definitiva de Cristo, mas ajudar a vivê-la mais plenamente, numa determinada época da história. Guiado pelo Magistério da Igreja, o sentir dos fiéis sabe discernir e guardar o que nestas revelações constitui um apelo autêntico de Cristo ou dos seus santos à Igreja (n. 67).

Uma aparição é classificada como "revelação particular" pelo fato de ser algo complementar para a fé cristã e não ter força de obrigação para todos. É particular, ainda, por se subordinar e estar a serviço da Revelação Pública, manifestada em Jesus de Nazaré e testificada pelo Novo Testamento. Nesse sentido, mesmo que aconteça uma aparição maravilhosa, com fenômenos extraordinários, que seja documentada pela mídia e difundida na internet para vários lugares do mundo, ela continuará sendo "revelação particular". Não se trata de conceito sociológico, mercadológico ou de comunicação, e sim teológico-pastoral. Então, quais seriam a finalidade e a utilidade das aparições?

II. Aparições: ponto de vista pastoral

Uma revelação particular é considerada dom do Espírito Santo, concedida à pessoa ou ao grupo de videntes, em vista da edificação da comunidade eclesial e da sua missão no mundo. Trata-se de um "carisma extraordinário". O Concílio Vaticano II reconhece sua importância e seu valor, mas não os absolutiza:

> Estes carismas, quer sejam os mais elevados, quer também os mais simples e comuns, devem ser recebidos com ação de graças e consolação, por serem [...] úteis às necessidades da Igreja. Não se devem, porém, pedir temerariamente os dons extraordinários nem deles se devem esperar com presunção os frutos das obras apostólicas; [...] (*Lumen Gentium*, n. 12).

É necessário exercitar o criterioso discernimento sobre estes fenômenos, sob a coordenação dos bispos. "[...] o juízo acerca da sua autenticidade e reto uso pertence àqueles que presidem na Igreja e aos quais compete de modo especial não extinguir o Espírito, mas julgar tudo e conservar o que é bom" (*LG*, n. 12).

Para que servem carismas extraordinários, como as visões/aparições? Como outros carismas, eles constituem um serviço à Igreja, em vista de sua missão (1Cor 12,4-11.27-31). Podem contribuir para o crescimento espiritual do vidente, para a animação espiritual, para a operatividade pastoral e para o aprofundamento da doutrina cristã. Vejamos brevemente cada característica.

1. Crescimento do vidente

A experiência da vidência é dom de Deus, a qual não deve ser estimulada, simulada, nem mesmo provocada. Trata-se de uma iniciativa divina, oferta de graça, daquele que recebe um apelo a seguir mais intensamente a Jesus, a traçar sua existência como discípulo dele. Nesse caminho inspira-se em Maria e experimenta sua presença glorificada junto a Jesus, na comunhão dos santos.

Então, o primeiro beneficiado por uma experiência mística extraordinária é o próprio sujeito. Ao provar a presença divina como luz intensa que lhe ilumina o intelecto e os sentidos, será chamado a renovar sua adesão a Jesus nos momentos de dúvida, de crise, de sombras. Vários videntes (mas não todos!) souberam aproveitar tal oportunidade para crescer em santidade.

2. Animação espiritual

A partir de sua experiência subjetiva, o(a) vidente convoca o Povo de Deus a priorizar o Evangelho, a rejeitar o mal e escolher o bem, a intensificar a opção por Jesus e sua causa. Ora, dentre as muitas possibilidades de viver a espiritualidade cristã, o(a) vidente e seu grupo escolhem alguns traços e deixam outros na sombra. Qualquer carisma, mesmo aqueles que dão origem aos institutos religiosos e às novas comunidades, é uma forma particular de viver o Evangelho de Jesus. Não é *O* Evangelho, mas sim um jeito próprio de acentuar alguns elementos da Boa--Nova de Jesus. Nisso reside tanto seu encanto quanto sua limitação.

Compete à Igreja, em seus diversos âmbitos (comunidades, paróquias, diocese, regionais, conferência episcopal, Magistério universal), avaliar a conveniência e a pertinência da espiritualidade de cada movimento aparicionista. Se for atual, lúcida, significativa, é bom acolhê-la e divulgá-la. Se for anacrônica, ingênua, intolerante, ou repetitiva (diz o que todo mundo já sabe), a Igreja pode não a levar em conta. E exatamente porque as mensagens de aparições, como "revelação particular", têm a função de animação espiritual na unidade e diversidade da Igreja, não convém considerá-las como a única e a melhor expressão da espiritualidade cristã.

3. Operatividade pastoral

Os videntes propõem orientações concretas para a existência dos cristãos em determinados contextos. Orientam as pessoas com atitudes, práticas de vida, formas de oração, devoções etc. Privilegiam certos recursos e meios, entre os tantos possíveis. Dessa forma, favorecem a prática evangelizadora da Igreja. A operatividade pastoral não tem dimensão universal, válida igualmente para todas as culturas e povos. Por exemplo: algumas mensagens de aparições (antigas e atuais) podem ser mais pertinentes para culturas urbanas ocidentais e mostrarem-se pouco operativas na missão *ad gentes* na África, em comunidades indígenas da América Latina, ou em determinados países da Ásia.

Alguns elementos das aparições marianas, pelo seu caráter geral, servem para todos, como "ouçam a voz do meu Filho". Outros, porém, podem ser considerados relativos, como "confessem-se constantemente". Tal orientação é inviável em várias partes do mundo, onde não há presbíteros suficientes para ministrar o sacramento da Reconciliação. Os preceitos dos videntes, de operatividade pastoral, devem ser discernidos pelas Igrejas locais e pelos cristãos individualmente. Não são absolutamente mensagens de Jesus e de Maria, com força de obrigação ética inquestionável. Somente com o exercício sereno do discernimento superam-se as posturas autoritárias e infantis, manifestadas em expressões como: "Nossa Senhora mandou, você tem que fazer", e favorece-se a vivência da fé responsável e adulta.

4. Aprofundamento da doutrina cristã

Os carismas ordinários e extraordinários têm caráter experiencial e ministerial. Não são somente vivência subjetiva, mas também serviço à Igreja.

Ao viver sua fé, o cristão pensa sobre ela. Recebe os "conteúdos da fé" da comunidade-Igreja e também os transmite. Crê, professa, pergunta, reflete, dialoga, anuncia. A experiência de Deus, ao articular presença e linguagem, possibilita ampliar o processo de interpretação da fé. Resgatam-se elementos da Bíblia, da patrística, da Tradição cristã, e se abrem perspectivas de descobrir ofertas e apelos de Deus nos *sinais dos tempos*. Isso vale tanto para a vivência cotidiana e comum da fé quanto para as manifestações místicas extraordinárias. Trata-se da dimensão intelectual da fé.

Os videntes, se estiverem conectados com Jesus e Maria e também com o mundo contemporâneo, podem propor algo para a renovação da piedade e da liturgia, como também para o aprofundamento e a atualização da doutrina cristã, até mesmo dos dogmas. No dizer de A. M. Sierra, "as revelações privadas não servem para fundamentar nenhuma formulação dogmática, mas contribuem no processo evolutivo de interpretação da verdade revelada". E a sua colaboração nesse campo não se fundamenta no fato de ser algo extraordinário, mas sim no caráter de edificar a comunidade cristã.

É útil servir-se das quatro características elencadas (santidade do vidente, animação espiritual, operatividade pastoral, aprofundamento da fé) para fazer um discernimento pastoral a respeito das visões e aparições atuais. Nesse sentido, vale utilizar o princípio paulino: "'Tudo é permitido', mas nem tudo convém. 'Tudo é permitido', mas nem tudo edifica" (1Cor 10,23). Determinados movimentos aparicionistas, do passado ou do presente, podem ser aprovados pela Igreja, mas nem sempre são úteis para a caminhada da Igreja em âmbito local, paroquial, diocesano, regional ou nacional.

As características já apresentadas não estão presentes na mesma intensidade nos movimentos aparicionistas. Por vezes, caminham até em direções opostas. Pode-se encontrar videntes honestos, piedosos, profundamente comprometidos com Deus, mas que veiculam mensagens anacrônicas, de questionável operatividade pastoral, ligadas a uma espiritualidade dualista e pessimista, com um visão superficial da doutrina cristã. Simplesmente repetem o que ouviram do "catecismo da vovó" e atribuem a Maria tais mensagens. Com a provável aprovação, o movimento aparicionista ganha legitimidade e autoridade que, de per si, não possui. Nesses casos, as comunidades cristãs podem ignorar tais mensagens, se elas têm pouca valia para compreender e interpretar a fé cristã nos seus contextos vitais.

Porque os fenômenos aparicionistas misturam muitos elementos, não é conveniente aceitá-los em bloco. Vale aqui a indicação do Concílio Vaticano II, que repete uma norma de discernimento praticada pela Igreja durante séculos: "[...] não extinguir o Espírito mas julgar tudo e conservar o que é bom" (*Lumen Gentium*, n. 12).

III. Aparições marianas: olhar multidisciplinar

As aparições de Maria constituem uma das muitas formas possíveis de manifestações místicas extraordinárias. Chamam-se "místicas", pois referem-se ao Sagrado (que no Cristianismo é nomeado como o Deus Trindade). Consideram-se "extraordinárias" porque não acontecem no cotidiano da existência nem em todas as pessoas. Dentre essas manifestações extraordinárias citam-se: locuções interiores e exteriores, visões, sonhos de revelação, premonições, intuição, sensações de odores e toques, perscrutar de consciências... Algumas pessoas as recebem somente em um momento especial da vida, como parte de seu processo de conversão e crescimento na fé. Em outras, são intermitentes ou constantes, mas acompanhadas da obrigação de manter segredo. Madre Teresa de Calcutá contou a seu orientador espiritual que recebeu várias vezes comunicações de Jesus, em forma de locuções e visões. Mas jamais revelou isso em público.

O termo "aparição" conota que acontece algo exteriorizável, fora do sujeito, que provém do âmbito divino. As aparições marianas seriam momentos especiais, na qual a Mãe de Jesus, glorificada na comunhão dos santos, se mostra a um ou mais videntes e comunica-lhes algo da parte de Deus, em vista da caminhada espiritual da humanidade. Trata-se de uma "mariofania". Em uma aparição há ao menos um(a) vidente que experimenta sensorialmente que a Mãe de Jesus se manifestou a ele(a), o que é percebido em forma de imagem e palavras. Utilizando uma definição filosófica do Padre Lima Vaz, poder-se-ia classificar as aparições como uma *experiência* religiosa se nelas se articulam presença (alguém se manifesta) e linguagem (tal presença é acolhida, interpretada e se expressa em palavras e gestos dos videntes).

Nem toda visão corresponde a uma aparição. Pode ser que o(a) vidente se autossugestione, que sua mente exteriorize em forma de palavras e imagens algo que ele anseia fortemente, que está velado no seu inconsciente pessoal e/ou no imaginário coletivo. Nesse caso, trata-se de uma experiência meramente subjetiva, pois a linguagem não expressa a presença de um Outro, vindo em forma de consolo e apelo, mas é uma produção mental do(a) próprio(a) vidente.

A teologia espiritual, baseada no testemunho de muitos santos e místicos, afirma que as manifestações divinas extraordinárias – nas quais se incluem as aparições marianas – são possíveis, mas não necessárias. No caminho para Deus, imprescindíveis são a fé, a esperança e a caridade. Todas as outras manifestações são bem-vindas, enquanto direcionadas para o fim principal: seguir Jesus e ampliar seu reino neste mundo, em vista do "novo céu e nova terra". São Paulo já estabeleceu esse critério decisivo no cântico de 1Cor 13: receber revelações de Deus (profecia), falar com grande eloquência, realizar milagres e feitos extraordinários..., tudo isso é secundário em vista do amor solidário, que brota da adesão a Jesus (fé) e espera a manifestação plena da sua glória (1Cor 13,13).

Qualquer fenômeno aparicionista tem, simultaneamente, várias dimensões.

- **Dimensão espiritual.** Um ou mais videntes fazem uma experiência religiosa intensa, que sustentam ser uma comunicação de Jesus ou de Maria. Essa experiência transforma a vida deles e tende a se difundir, pois os videntes convocam outras pessoas a acolher e praticar a mensagem que afirmam ter recebido da esfera divina. Os movimentos aparicionistas nascem e se desenvolvem dentro de uma corrente de espiritualidade, ou seja: de uma maneira específica de viver e compreender a fé em Jesus. Então, para entender as aparições do ponto de vista teológico, recorremos à teologia fundamental (conceito de revelação), à teologia da Graça (autocomunicação de Deus e a resposta humana) e à teologia espiritual.

- **Dimensão eclesial.** Os videntes e seu grupo assumem determinada religiosidade católica, que normalmente herdaram de sua família e de sua cultura. No entanto, a vidência pode ser também uma experiência original, que não tem antecedentes na vivência eclesial dos videntes. Em segundo lugar, o movimento aparicionista recebe apoio de pessoas e grupos que sintonizam com sua visão sobre a vida cristã e a Igreja. Indivíduos e grupos organizados se apropriam da mensagem dos videntes na medida em que se identificam com ela. Filtram o conteúdo das palavras dos videntes de acordo com sua percepção.

  Além disso, para serem reconhecidos pela Igreja, os videntes aceitam passar pelo processo de investigação e discernimento, sob a coordenação do bispo diocesano e validação da Congregação para a Doutrina da Fé. Assim, embora partam de vivências individuais, as aparições são um fenômeno eclesial, em vários momentos: gênese, constituição, desenvolvimento, discernimento, aprovação, apropriação pelos fiéis, disseminação. Para compreender as aparições do ponto de vista eclesial, recorre-se às ciências da religião, à eclesiologia e aos critérios teológico-pastorais estabelecidos pela autoridade da Igreja.

- **Dimensão psicossomática.** Por que somente algumas pessoas veem e ouvem os apelos de Maria de forma sensorial? O que existe na estrutura mental dos videntes que possibilita captar de uma forma original uma possível comunicação divina? Para responder a essa pergunta, a teologia recorre às ciências que estudam os estágios de consciência alterada, os fenômenos da sensitividade e da paranormalidade.

A abordagem psicorreligiosa explica que o ser humano não tem somente cinco sentidos, e sim muitos analisadores sensoriais, que permitem captar e interpretar sensações e prováveis comunicações humanas e divinas. Algumas pessoas em particular apresentam esses analisadores sensoriais desenvolvidos em alto grau. São denominadas sensitivas ou paranormais. Várias experiências místicas extraordinárias acontecem com homens e mulheres desse perfil, em estágio da consciência alterada, na forma de êxtase religioso. Eles podem ser provocados pelos próprios indíviduos ou ser um meio de Deus e de seus santos se comunicarem aos videntes. Mesmo quando se trata de algo divino, essa comunicação passa necessariamente pela psique humana. Como ser de representação e de linguagem, cada um(a) apresenta rica interioridade psíquica, onde se elabora e se explicita a experiência religiosa. Assim, o discurso de um(a) vidente é também um falar de si e a partir de si, ainda que receba mensagem de Outro.

Tal estudo não tem a pretensão de esgotar a explicação do fenômeno místico com conceitos da ciência e da razão, retirando, assim, o valor da intervenção divina. Ao contrário, mostra como Deus se manifesta, em sua imensa gratuidade, potencializando e transformando o que ele já colocou nos seres humanos. Do ponto de vista da teologia espiritual, as visões-aparições aconteceriam na confluência da paranormalidade com a suprema e gratuita iniciativa divina. A ciência explica o "como", a teologia explica o "porquê" e o "para quê".

- ***Dimensão cultural e social.*** Cada homem ou mulher vive em determinado tempo e espaço. Interage com a sua cultura, recebe condicionamentos de seu contexto e atua sobre ele. Isso também acontece com os movimentos aparicionistas. Cabe à teologia, com humildade e coragem, apontar os condicionamentos culturais que influenciam os videntes e as suas palavras. Esses elementos culturais não determinam as mensagens atribuídas a Maria. Mas, em distintos graus, as condicionam, no duplo sentido de "oferecer condições" e "limitar". Talvez seja a dimensão mais difícil de compreender. Veja o relato de uma das visões de Fátima:

Chegamos à Cova da Iria e começamos a rezar o terço. Pouco depois, vimos o reflexo de luz e, a seguir, Nossa Senhora sobre a azinheira: "Continuem a rezar o terço para alcançarem o fim da guerra. Em outubro virá também Nosso Senhor, Nossa Senhora das Dores e do Carmo, São José com o Menino Jesus para abençoarem o mundo" (IRMÃ LÚCIA. *O segredo de Fátima. Memórias e cartas.* 7. ed. São Paulo: Loyola, 1985. p. 146).

A mensagem está impregnada pelo devocionismo católico medieval, que considerava cada "Nossa Senhora" como um personagem diferente. O mesmo se diz da diferença atribuída a "Nosso Senhor" e ao "Menino Jesus". São condicionamentos culturais e religiosos presentes na mensagem. Fatores assim são comuns também nas mensagens de videntes atuais.

Um percentual significativo de católicos que aceitam as aparições como uma comunicação real de Deus ou de Maria julga que os videntes são meros repetidores da mensagem divina, que desce à Terra em forma cem por cento pura, sem qualquer participação humana. Por isso essas mensagens teriam um grau de certeza maior que a Bíblia (!), e seriam superiores à reflexão dos teólogos, o senso comum dos fiéis, ou até as orientações dos bispos, do Concílio Vaticano II e do Papa. A teologia, servindo-se dos estudos das ciências da religião e de outros saberes, tem o dever de apontar os condicionamentos humanos que interferem nas mensagens dos videntes para favorecer o discernimento à luz da fé, alertar para os enganos e possíveis desvios e estimular uma vivência religiosa equilibrada e lúcida.

- *Manifestação de uma época.* A leitura panorâmica da espiritualidade cristã leva-nos a compreender que a vidência e outros fenômenos místicos extraordinários estiveram presentes em distinta intensidade na história do Cristianismo. Eles fazem parte da Tradição viva da Igreja. Contudo, a vidência não é imprescindível nem para a santidade, nem para a evangelização. Vários personagens, até mesmo santos e místicos, se equivocaram sobre temas que receberam em forma de visão ou locução, principalmente as que diziam respeito ao fim do mundo.

Embora encontrem-se volumosos livros listando prováveis aparições de Maria desde o início da Igreja, é indiscutível que – com algumas exceções, como Guadalupe – o fenômeno só ganha importância para a piedade e repercute na evangelização nos séculos XIX e XX. Por isso, a grande parte dos teólogos sistemáticos e da teologia espiritual não atribui tanta importância às aparições marianas, pois o Cristianismo viveu durante séculos sem elas e poderá continuar outros tantos também. Já os mariólogos tendem a valorizar as aparições como uma forma de manifestação de Maria glorificada na comunhão dos santos, junto ao Povo de Deus peregrino (mariofania).

IV. Critérios de discernimento das aparições

Como distinguir, nos movimentos aparicionistas, o que é autêntico daquilo que pode ser mera projeção da subjetividade humana ou um fenômeno de autossugestão coletiva? No correr dos tempos, a Igreja teve que discernir sobre pessoas e grupos que viveram experiências místicas extraordinárias. Acumulou uma sabedoria lentamente construída com a colaboração de santos e santas, orientadores espirituais, fundadores(as) de institutos religiosos, eremitas, mártires, bispos e papas. Depois, vieram as regras e orientações disciplinares. Os critérios gerais sobre as "revelações privadas" são aplicadas também para as aparições marianas.

O processo de discernimento desses fenômenos está sob a coordenação do bispo onde eles acontecem. Compete ao bispo diocesano, com a eventual ajuda da Conferência Episcopal, proceder ao reconhecimento eclesial de pretensas aparições. Então, submete seu parecer à validação da Congregação para a Doutrina da Fé. Conforme o caso, a Congregação aceita integralmente o parecer do(s) bispo(s), ou refaz novamente o processo, nomeando para tal um delegado que coordena uma segunda comissão de investigação e análise. Vejamos os critérios utilizados para esse discernimento, as pessoas que colaboram nele.

Imaginemos que numa cidade do Brasil surja uma pessoa (homem ou mulher) que afirma: "Nossa Senhora aparece para mim!". Vejamos um provável relato, que aglutina os elementos mais comuns:

> Tudo começou quando eu rezava o terço com o meu grupo de oração. De repente, numa sexta-feira à noite, vi o céu se abrir. Senti cheiro de rosas e muitas outras flores. Embora na igreja estivessem quase cem pessoas, somente eu vi a mãe de Jesus. É difícil contar, pois foi bonito demais! Depois disso, Nossa Senhora vem ao meu encontro cada semana, na sexta-feira, às 21h, onde eu estiver. Eu a vejo toda radiante, vestida de luz, branquinha como algodão, com um olhar de ternura e de preocupação. Ouço o que ela me diz. Depois escrevo cada palavra, para não perder nada, e leio para a multidão. Meus amigos colocam as mensagens na internet.
>
> Isso está acontecendo já faz seis meses. Procurei o padre da minha paróquia, mas ele disse que eu precisava de um psicólogo, pois estava ficando louco(a). Não acreditei, pois Maria me fala coisas muitos simples, e quando tudo termina sinto muita paz. Então, um grupo da Renovação Carismática ficou sabendo o que estava acontecendo, e organizou as "noites de sexta-feira com Maria". Cada vez mais cresce o número de pessoas que vêm

aqui para ouvir a mensagem de Nossa Senhora. Já não tem mais lugar no salão. Algumas pessoas contam que foram curadas de depressão e de outras doenças graves. Até aquela senhora de setenta anos que sofria de paralisia em uma perna voltou a andar. Alguns jovens contaram que foram libertados das drogas. No começo, eu mesmo(a) fiquei em dúvida. Agora tenho certeza que é algo divino. E não vou parar, pois é preferível obedecer a Deus que aos homens!

Logo que surge um(a) pretenso(a) vidente, grupos piedosos de católicos, ávidos por milagres e coisas maravilhosas, se agregam junto a ele(a). Espontaneamente, pessoas e movimentos se organizam para ir ao local. Difundem o fato para parentes, amigos e conhecidos. O contingente de seguidores cresce rapidamente e ganha notoriedade. Isso tem acontecido em várias partes do mundo, principalmente onde há uma tradição católica arraigada, mesmo que restrita à pequena porção da população, e uma devoção mariana florescente. Passa o tempo. Algumas dessas pretensas aparições se dissolvem por si. Outras ganham crescente número de adeptos.

Quando começa o discernimento oficial da Igreja em vista do reconhecimento (ou não) de uma provável aparição? No momento em que o bispo diocesano decide abrir o processo canônico. O bispo local se informa sobre o que está acontecendo e recorre a várias fontes. Se os indícios forem dignos de análise, inicia-se o discernimento formal. O(s) vidente(s) é(são) chamado(s) e se pergunta se ele(s) aceita(m) seguir os procedimentos estabelecidos pela Igreja. Convém que o bispo nomeie um orientador espiritual para acompanhar os videntes. Deve ser uma pessoa equilibrada, que conheça esses fenômenos, mas não esteja envolvida no movimento aparicionista. Certo grau de isenção é imprescindível. Recomenda-se que o orientador tenha vida espiritual sólida e conhecimento da teologia. O bispo diocesano pode solicitar a colaboração da Conferência Episcopal de seu país. Se o movimento aparicionista ganhar publicidade e mesmo assim o bispo se negar a iniciar o processo de discernimento, um "grupo qualificado de fiéis" tem o direito de solicitar diretamente à Congregação da Doutrina da Fé a análise da presumida aparição.

O processo diocesano de discernimento leva em conta quatro grandes critérios: honestidade do vidente e de seu grupo, equilíbrio psíquico, qualidade das mensagens e o fruto que produz nos fiéis. O breve documento da Sagrada Congregação para a Doutrina de Fé, de 1978, separa-os em critérios negativos (que não podem estar presentes) e os critérios positivos (que devem necessariamente estar presentes). Aqui, para efeito didático, consideramos a totalidade dos critérios, classificando-os em quatro balizadores. A seguir, apresentamos cada um deles.

1. Honestidade do vidente e de seu grupo

Este critério parece simples de se verificar, mas inclui muitos elementos que podem mudar no correr do tempo, pois o ser humano exerce sua liberdade em meio a vários condicionamentos. A grande questão consiste em perceber, com os dados disponíveis, se os videntes são sinceros (não inventaram uma historinha para atrair o público sobre si ou ganhar dinheiro com isso), se há veracidade em suas palavras e se as intenções que movem o vidente e seu grupo são predominantemente positivas. Vejamos alguns exemplos positivos e outros negativos quanto a este critério:

- Faz alguns anos, no distrito de pequena cidade do Sudeste do Brasil, uma criança de oito anos relatou que via Nossa Senhora. Ela lhe pedia para que convocasse a multidão para rezar o rosário todos os finais de semana. Rapidamente, a notícia se espalhou e muitos ônibus vinham ao local. O bispo enviou diferentes pessoas para investigar o fato. Descobriu-se, então, que o tio da menina era o grande organizador da pseudoaparição, pois ele possuía o único boteco na entrada do povoado e com isso garantia o sustento da família. A mãe, devota de Maria, havia contado repetidas vezes para a criança a história de Fátima. Supõe-se que a pressão da família sobre a menina produziu nela uma experiência religiosa induzida pela família. Com o tempo, o movimento se esvaziou.

- Outra experiência enganosa aconteceu no Nordeste do Brasil há alguns anos também. O pretenso vidente falava bem, e com grande poder de convencimento arrastava multidões. Para seduzir seus ouvintes, ainda mostrava as chagas nas mãos. Foram constatadas curas no local e sinais maravilhosos na natureza. Mas o rapaz foi denunciado por pedofilia e repentinamente desapareceu. Descobriu-se, ainda, que ele produzia em si mesmo as chagas através de um processo físico-químico.

- Por vezes, o movimento aparicionista começa com pessoas de reta intenção. À medida que o fenômeno ganha importância e o vidente está sempre cercado pela multidão, que o considera com uma pessoa especial, há risco de desvirtuamento. Cresce a vaidade e a autossuficiência. Irrompe a "síndrome da celebridade". Para continuar com o poder conquistado, o vidente e seu grupo entram num círculo perigoso de autossugestão: as aparições têm que continuar, porque é um evento religioso de sucesso. Lentamente se distanciam da experiência originária, que é dom de Deus, para se tornar algo estimulado pelo ser humano. Isso pode acontecer de forma inconsciente ou irrefletida. De qualquer forma, compromete o caráter ético do movimento aparicionista.

- Os videntes de Fátima foram interrogados muitas vezes, por diferentes pessoas, em conjunto e separadamente, para verificar se eles caíam em contradição. Sempre houve concordância e coerência na narração da experiência. O quesito "veracidade" foi inquestionável.

2. Equilíbrio psicológico

A psicologia e a psiquiatria, nos últimos cem anos, avançaram muito nas descobertas a respeito da mente humana. Ao estudar o comportamento, as atitudes e as motivações das pessoas, identificaram-se diferentes mecanismos pelos quais o ser humano recebe, interpreta e expressa seus sentimentos e percepções. Também se estabeleceram alguns critérios, nem sempre consensuais, para considerar alguém "normal" ou com determinadas psicopatologias.

Do ponto de vista teológico-pastoral, a experiência de uma aparição não é uma alucinação doentia, de natureza pessoal ou coletiva. Existem elementos comuns com processos alucinatórios, como a percepção de algo nos receptores sensoriais sem que haja pessoa ou realidade fisicamente identificável por todos. As visões e aparições legítimas tem grande carga onírica (semelhante aos sonhos) e simbólica. Mas não são alucinações doentias. Neste segundo caso, a própria mente da pessoa, devido à determinada psicopatologia, produz uma pseudorrealidade a partir de sua imaginação. Do ponto de vista psicorreligioso, os videntes fazem sua experiência mística de forma distinta da maioria das pessoas, em estágios de consciência alterada. São paranormais, não loucos.

O problema reside no fato de que várias psicopatologias podem levar a estágios de consciência alterada e a situação semelhante às visões/aparições. O indivíduo pode ter pretensas visões sobre Jesus e Maria, que são meros delírios ou alucinações. Alguns tipos de psicopatas, com setores da inteligência altamente desenvolvidos, podem enganar multidões com seu falso discurso. Então, como distinguir uma coisa da outra?

No processo de discernimento das visões-aparições, o bispo diocesano deve nomear uma equipe interdisciplinar, composta ao menos por um(a) psicólogo(a) e um(a) psiquiatra, que de forma profissional acompanhará o(s) vidente(s). Após o tempo necessário para realizar o trabalho, a equipe de profissionais dará um parecer escrito a respeito das condições psíquicas do(s) vidente(s). Se eles estiverem dentro do quadro de normalidade psicológica, segue-se o processo de discernimento. Se forem descobertas psicopatologias graves, encerra-se.

3. Qualidade das mensagens

No processo de discernimento de aparições, o bispo diocesano, coordenador do processo, nomeia uma comissão de ao menos duas pessoas, preferentemente um(a) téologo(a) e um(a) pastoralista, que recolhe todas as mensagens documentadas por escrito e as analisa. Sua função consiste em verificar se as mensagens estão em consonância com a Bíblia e a Tradição da Igreja. *Do ponto de vista negativo:* se há erros doutrinais, de ética cristã ou que induza os cristãos a práticas devocionais exageradas ou inconvenientes. *Do ponto de vista positivo:* se há apelos positivos à conversão, se a devoção mariana está centrada na pessoa de Jesus, se a doutrina está correta.

A avaliação da qualidade das mensagens não é tarefa fácil. Há um princípio teológico-espiritual irrenunciável: toda experiência mística é simultaneamente imediata (Jesus ou Maria se comunicam ao crente) e mediatizada (passa pela recepção e interpretação da subjetividade humana e da cultura onde o vidente está inserido). Por isso as mensagens dos videntes não são "palavras diretas de Maria", puras e destiladas, e sim a interpretação humana de uma experiência religiosa. O vidente capta a comunicação divina segundo seus esquemas mentais, sua linguagem e as experiências anteriores, com um tipo de decodificação distinto da recepção sensorial comum. Além disso, a própria mensagem dos videntes sofre certa adaptação ao público-alvo a que se destina. Por isso predominam aspectos devocionais e de ética somente individual.

Neste momento do processo de discernimento, esbarra-se em um sério limite. O(s) vidente(s) estão convencidos de que tudo o que recebem e comunicam vem diretamente do âmbito divino, sem nenhuma mediação. E como todas as mensagens estão revestidas por essa auréola sagrada inquestionável, teriam o mesmo valor. Tal equívoco acontece de forma semelhante no fundamentalismo bíblico: se a Palavra de Deus é revelada, então cada frase isolada seria divina. A sabedoria da Igreja, amadurecida em muitos séculos, considera que as mensagens de videntes e outros místicos podem conter pequenos equívocos doutrinários, éticos e devocionais. Até mesmo em santos reconhecidos e canonizados. O joio e o trigo crescem juntos, embora haja mais trigo do que joio.

Pelo fato de ser uma experiência religiosa autêntica mediatizada, misturam-se em diferentes graus a Graça divina, a finitude humana e, em certo casos, até o pecado. Ora, as mensagens dos videntes não têm o mesmo peso e valor. Pode acontecer que haja elementos espúrios, que não comprometem a totalidade de seu conteúdo. Esses devem ser relativizados, subestimados e, dependendo do caso, rejeitados. Nesse último caso encontram-se, por exemplo, as mensagens referentes ao final dos tempos.

Seria bom que a equipe diocesana que analisa as mensagens dos videntes não somente emitisse um parecer global a respeito das mensagens: se elas estão em sintonia com a Bíblia e a Tradição da Igreja no que diz respeito à doutrina, à ética e à devoção. É conveniente apontar em que pontos as mensagens são positivas para a edificação da Igreja, os elementos ambíguos e as ausências. Raramente um vidente atual faz denúncias sociais ou chama a atenção para o compromisso social dos fiéis em vista de uma sociedade justa, solidária e ecologicamente sustentável. Isso diz respeito, sobretudo, ao fato de os videntes se alinharem a uma determinada corrente de espiritualidade que favorece os elementos devocionais, a experiência subjetiva e emocional, e reforça a identidade católica, em confronto com a sociedade plural contemporânea.

4. Frutos da experiência aparicionista

"Pelos seus frutos os conhecereis" (Mt 7,16). Essa expressão do Evangelho ilumina o quarto critério de discernimento das visões e aparições. Quais seriam os frutos esperados pela Igreja de uma experiência de revelação particular? Em primeiro lugar, que ela aumente a intensidade da vida espiritual naqueles que seguem Jesus e provoque conversões para os que estão "fora do caminho da Vida" e necessitam ser libertados das cadeias do Mal. Este é o critério decisivo, o fruto primoroso e inconfundível de uma experiência mística extraordinária. Outros frutos, em consequência deste, também podem surgir, e são bem-vindos. Por vezes, num local de grande concentração de pessoas de fé acontecem curas físicas e psicossomáticas, ainda inexplicadas pela ciência. Enquanto alguns as atribuem ao poder mental de grande multidão sintonizada num grau de energia alta e por isso reconstituidora da saúde, os crentes veem aí um sinal da presença de Deus em Maria glorificada. O Senhor da Vida liberta do mal e nos cura, como fez na Palestina, durante sua missão neste mundo. Por fim, também se registram em vários casos de visões-aparições alguns sinais de alteração temporária no meio ambiente, como cores no céu, cheiro intenso de flores, brisa inesperada e chuva em lugares semiáridos. O que dizer desse conjunto de sinais (crescimento de vida espiritual, conversões, curas e manifestações cósmicas)?

Os cristãos acolhem tais sinais com gratidão e reconhecimento se provêm da mão gratuita e misericordiosa de Deus atuando em Maria. Isso não leva a negar a participação de homens e mulheres, mediante a fé e a vibração de energia mental positiva. No mesmo evento, simultaneamente tomam parte o divino e o humano. Assim também aconteceu com Jesus de Nazaré, que, ao curar, valorizou o protagonismo das pessoas: "A tua fé te salvou" (Mt 9,22).

No entanto, a ocorrência desses sinais não representa, por si mesma, que as visões-aparições sejam verdadeiras. Em concentrações religiosas de católicos, evangélicos e outras religiões não cristãs costumam acontecer curas e milagres. Por vezes, os promotores e líderes desses eventos de massa estão bem longe da santidade e da honestidade mínima que se pede de um homem ou mulher de Deus. Além disso, a busca exagerada por curas e milagres vai na direção oposta de uma fé madura. Nesse sentido, vale recordar a visão do quarto Evangelho sobre os "sinais". O evangelista seleciona sete sinais na missão de Jesus, de Caná até a cruz. Jesus sabe que o ser humano, em sua fragilidade, por vezes necessita de "sinais e prodígios" para dar o salto da fé (Jo 4,48). De outro lado, Jesus percebe que os sinais expressam uma fé inicial e ambígua (Jo 2,23-24). Um mesmo sinal pode levar à fé ou à descrença e à rejeição de Jesus (Jo 11,45-48). A fé madura não precisa de sinais, como acontece no momento da cruz.

Em síntese, a Igreja Católica considera quatro critérios para discernir sobre as visões e aparições: honestidade do(s) vidente(s), equilíbrio psicológico, qualidade das mensagens, sinais de conversão. Esses critérios são considerados em seu conjunto e levam a responder a uma pergunta maior: há algo de *extra*-ordinário no evento? Transparece na presumida mariofania um "mais" da gratuidade divina, não produzido pelo ser humano, que se chamou tradicionalmente de "sobrenatural"?

O que acontece, então, se o bispo diocesano e sua equipe, após um longo e detalhado processo de discernimento, reconhecem claros indícios de que a experiência do(s) vidente(s) pode ser algo de Deus? Em que consiste a palavra oficial da Igreja sobre esse assunto?

V. Reconhecimento oficial de uma visão-aparição

Se os quatro critérios forem positivos, o bispo encaminha, então, um documento escrito à Sagrada Congregação da Doutrina da Fé, no qual relata todos os procedimentos seguidos na diocese (e na Conferência Episcopal) e seu parecer. Portanto, a aprovação ou não de uma aparição compete, em primeiro lugar, ao bispo diocesano, com a eventual colaboração da Conferência Episcopal. E o parecer do bispo é validado pela Congregação da Doutrina da Fé, em nome de toda a Igreja.

Há casos nos quais a Congregação para a Doutrina da Fé intervém no processo de investigação, análise e discernimento. Segundo o documento de 1978:

> A intervenção da Sagrada Congregação pode ser requerida, quer pelo delegado local, depois de cumpridas as obrigações que lhe incumbem, quer por um grupo qualificado de fiéis. Neste caso, velar-se-á para que o recurso à Sagrada Congregação não seja motivado por razões suspeitas [...]. Cabe à Sagrada Congregação intervir, por sua própria iniciativa, nos casos graves, sobretudo quando o fato afeta grande parte da Igreja; mas o delegado será sempre consultado, bem como a Conferência Episcopal, quando se julgue conveniente.

Após o longo processo de discernimento, a posição oficial da Igreja, através da autoridade competente, será:

- **Não se pronunciar** ainda, pois não há clareza e condições suficientes para uma palavra abalizada. Existem centenas de presumidas aparições atuais, em várias partes do mundo, que estão nessas condições.

- **Não aprovar**, quando são constatados sérios equívocos nas mensagens, desonestidade do vidente e/ou desequilíbrio psicológico, mesmo que acompanhados de muitas conversões e curas.

- **Declarar nada contrário à fé no fenômeno**, mas falta "algo mais". Na linguagem tradicional, diz-se: "Não constatado nada de sobrenatural". Neste caso, a visão-aparição não é reprovada, mas também **não merece reconhecimento oficial**. Trata-se de algo bom, mas que não caracteriza uma "mariofania" (manifestação de Maria glorificada).

- **Aprovar**, se todos os critérios (não somente alguns) forem predominantemente positivos, a Igreja declara oficialmente que a mensagem dos videntes e a manifestação de Maria naquele lugar são "dignas de fé humana". Segue-se o critério estabelecido pelo Papa Bento XIV, em 1758: "Às revelações, ainda que aprovadas pela Igreja, não se deve nem se pode outorgar assentimento de fé católica" (*De servorum Dei beatificacione et beatorum canonizatione*, I.2, c.32, n.11).

Isso significa que a Igreja reconhece algo divino no fenômeno, mas não o considera parte constitutiva do patrimônio comum do Cristianismo católico (*depositum fidei*). Por isso, os cristãos que se sentirem tocados pelas mensagens dos videntes podem tomá-las como orientadoras de sua vida. Mas elas não têm força de obrigação para os católicos.

A aprovação de uma aparição considerada pela Igreja como "digna de fé humana" implica:

- Reconhecimento da(s) mensagem(ns) do(s) vidente(s), que pode(m) ser tomada(s) pelos fiéis como estimuladora(s) e orientadora(s) para sua vida cristã, sem constituir obrigação de caráter doutrinal, ético ou devocional.

- Autorização para que no lugar das visões-aparições se erga um santuário em honra de Maria e ele se torne um lugar público de culto.

- Permissão para que as Igrejas locais, em qualquer lugar do mundo, utilizem o nome dessa devoção (Nossa Senhora de Guadalupe, Nossa Senhora de Fátima, Nossa Senhora de Lourdes), adotem-na como padroeira/madroeira de paróquias e dioceses, promovam sua devoção e divulguem a imagem de Maria, baseada na narração dos videntes.

Portanto, a aprovação de uma aparição, depois de um longo e minucioso processo de análise e discernimento, dá segurança aos fiéis de que podem recorrer a uma manifestação devocional salutar. No entanto, não constitui obrigação de qualquer forma, nem para as pessoas, nem para as Igrejas locais, nem para a Igreja Católica como um todo.

VI. Algumas questões abertas

O processo de discernimento de presumidas visões-aparições é longo e exige a participação de muitas pessoas de diferentes áreas do saber (psicólogos, psiquiatras, teólogos, pastoralistas) e a atuação firme dos bispos. De todos os envolvidos se requer humildade, acuidade, bom senso, profunda sensibilidade espiritual e pastoral.

Um fator, em especial, dificulta a realização do processo de discernimento. As presumidas aparições atuais acontecem no correr de anos a fio, com um número imenso de pequenas mensagens. O fenômeno Medjugorje inaugurou a fase das aparições praticamente intermináveis. Até então, o fenômeno acontecia poucas vezes na vida dos videntes. No caso conhecido de Fátima, ocorreu no breve período de maio a outubro do mesmo ano. Depois, veio o tempo do silêncio. Não eram necessárias mais palavras. A exceção notória de muitas aparições (que por isso mesmo não pode se tornar regra) é a de Benedita [Benoîte] Rencurel (1647-1748), que vivia nos campos como pastora de ovelhas. Ocorreram visões a partir de 1664, as quais duraram cinquenta e quatro anos, até a morte da vidente, em 1718. Quase três séculos depois, no ano de 2008, os bispos da França oficializaram as aparições de Nossa Senhora em Saint-Étienne-le-Laus, na região da Provence.

A quantidade enorme de visões, com hora e data marcada, gerando imensa lista de mensagens muito semelhantes, levanta algumas questões espinhosas.

a) Se as visões-aparições são manifestações místicas extraordinárias, pela sua própria natureza deveriam ser *poucas* e *breves*. Com tal profusão de aparições, não se corre o risco de *banalizar o mistério*?

Estranhamente, a Maria dos Evangelhos fala tão pouco. Mas a Maria das aparições não para de falar. E diz praticamente as mesmas coisas: eminência do fim do mundo, exigência de conversão individual e adoção de várias práticas devocionais e religiosas, que depende da inspiração do vidente. Para muitos, oração diária do rosário. Para outro, acrescenta-se o uso da medalha poderosa, anunciada como infalível. Para determinado vidente, peregrinação constante ao lugar da presumida aparição. Para outros, ainda, recorrer semanalmente à confissão, à missa e à adoração do Santíssimo. Há também recomendações esdrúxulas, como a de um pseudovidente brasileiro que dá indicações detalhadas sobre o "paninho de Nossa Senhora", o qual os fiéis devem usar na cabeça quando Jesus voltar.

Em grande parte, as recomendações devocionais dos videntes são boas e úteis a determinado grupo de fiéis. Entretanto, surge a pergunta de fundo: é necessário recorrer a um fenômeno místico extraordinário para dizer algo tão elementar, já aceito na religiosidade católica?

Com a proliferação de mensagens e vídeos na internet, os movimentos aparicionistas ganharam visibilidade crescente. Enquanto a Igreja os classifica como "revelação privada ou particular" (conceito teológico), cada vez mais eles se transformam em "grandes revelações para as massas" (conceito midiático). Não estaríamos capitulando à tentação da sociedade do espetáculo, no qual a religião tende a se consolidar através dos grandes eventos massificantes, de grande impacto emocional, animados por "celebridades"?

b) O ser humano é santo e pecador. O(a) vidente e seu grupo estão sujeitos a *desvios no trajeto espiritual*. As mensagens dos videntes sofrem um processo de acomodação no correr dos tempos. Podem começar com apelos éticos fortes, mas tendem a se consolidar com prescrições religiosas devocionais. Isso porque o vidente sofre pressão contínua do seu grupo de apoio e tende a se adaptar às necessidades da multidão que o busca. Há também o sério risco de uma experiência legítima, com um núcleo positivo, degenerar-se, perverter-se. Principalmente quando a fama adquirida leva a desejar a continuação indefinida do fenômeno. Então, a vidência que era provocada pela iniciativa divina se torna mera autossugestão.

É fundamental que o processo de discernimento inclua desde o começo um ou mais orientadores espirituais, com isenção, que acompanhem os videntes e os ajudem a superar as tentações do poder, da fama, da soberba, da autossuficiência espiritual. Movimento aparicionista fundado em visões que duram muitos anos corre maior risco de acomodação, institucionalização e possível deteriorização.

Porque o ser humano é frágil e as realidades históricas – até aquelas tidas como sagradas – carregam as marcas da limitação e até do pecado, não convém emitir um parecer definitivo sobre um movimento aparicionista *até que as visões cessem*. Qualquer homem ou mulher, enquanto estiver peregrinando neste mundo, pode crescer em santidade ou enredar-se por caminhos equivocados. Imagine se a Igreja aprova um movimento aparicionista, reconhece que a mensagem e o fenômeno são "dignos de fé humana", que há algo sobrenatural nele, e tempos depois os videntes veiculem mensagens estranhas, sobretudo sobre o fim do mundo, que são estranhas à fé cristã?

d) Mesmo depois que determinada experiência aparicionista é aprovada pela Igreja, a mensagem dos videntes continua sendo apenas "digna de fé humana". Não tem conotação de obrigação doutrinal, ética ou espiritual. São simplesmente oferecidas aos fiéis. Por isso, requer-se constante discernimento das pessoas, das comunidades e das dioceses sobre a conveniência de adotar os apelos dos videntes.

Em um conjunto de mensagens há elementos centrais e outros periféricos. Não se deve aceitar tudo "em bloco", como se fosse vontade direta de Maria. Cair-se-ia em equívoco semelhante ao fundamentalismo bíblico. E todo fundamentalismo gera pessoas que não pensam. Indivíduos submissos ou autoritários, com pouco bom senso. Tal postura alimenta a intolerância e a autossuficiência, a ponto de o indivíduo se autoproclamar com a única verdade e criticar as outras formas de viver a fé católica como ilegítimas. Infelizmente, há várias manifestações desse "quase fundamentalismo" em movimentos aparicionistas atuais. A começar da pregação, com expressões autoritárias como: "Nossa Senhora mandou rezar o terço todo dia. Quem não fizer isso não se salvará". Ora, uma recomendação devocional, por melhor que seja, venha de onde vier, não pode se transformar em lei. Seria um absurdo.

Oração

> Salve, Maria, nossa irmã e mãe na fé.
> Com alegria nos Evangelhos ouvimos tuas palavras
> e acompanhamos teus gestos
> de mãe, educadora e discípula de Jesus.
> Com reverência reconhecemos tua presença
> na comunhão dos santos.
> Tu, a mais próxima do Cristo glorificado,
> e a mais próxima a nós.
> Com discernimento,
> acolhemos as mensagem dos videntes,
> que provam uma faísca da luz divina
> da qual tu participas intensamente.
> Amém.

Em poucas palavras

No horizonte católico, as visões-aparições são aceitas como uma forma legítima de experiência mística. Do ponto de vista da teologia fundamental, classificam-se como "revelações privadas" ou "particulares", que estão a serviço da interpretação e atualização da Revelação Pública, cujo ápice é Jesus Cristo e se encerrou constitutivamente com a definição do cânon da Bíblia. Daí que as revelações privadas são bem-vindas, mas não absolutamente necessárias. A Igreja não atribui a elas caráter de obrigação, exatamente por se tratarem de "revelação privadas". Na perspectiva da teologia espiritual, as visões-aparições se inserem num conjunto maior de "carismas ou dons extraordinários", que devem ser discernidos cuidadosamente pela comunidade eclesial e seus pastores.

Do ponto de vista pastoral, mostra-se que o fenômeno sofre a influência de variantes psicológicas, culturais e sociológicas. Isso não diminui seu valor, mas alerta a Igreja para evitar a ingenuidade e compreender as aparições na sua complexidade. A perspectiva pastoral aponta cinco prováveis contribuições da vidência: crescimento do vidente, animação espiritual, operatividade pastoral e aprofundamento da mensagem cristã (doutrina). O processo de discernimento de presumidas aparições, sob a coordenação do bispo diocesano e a colaboração da Conferência Episcopal, exige investigação, análise detalhada e acompanhamento espiritual dos videntes. Comporta quatro critérios fundamentais: honestidade do(s) vidente(s), equilíbrio psicológico, coerência da mensagem com a Bíblia e a Tradição da Igreja e bons frutos de conversão e intensificação da espiritualidade nos fiéis. Tudo isso converge para a pergunta final: Há algo mais neste fenômeno que não é mera iniciativa humana? Classicamente se traduz pela questão: "Foi constatado algo sobrenatural?". E acrescentaríamos: "É útil para a edificação da Igreja e para sua missão no mundo de hoje?".

Se todos os critérios forem positivos e a pergunta decisiva tiver resposta afirmativa, a autoridade da Igreja aprova o movimento aparicionista ao considerá-lo "digno da fé humana". Ou seja: é salutar para os cristãos, embora não tenha obrigação de caráter doutrinal, ético ou devocional. A aprovação implica o reconhecimento de que as mensagens, em sua totalidade, não contêm erros doutrinais. No lugar das aparições é permitida a construção de um santuário mariano, com o título e os traços iconográficos de Maria que os videntes indicaram. A devoção pode ser adotada em todo o mundo.

Articulando conhecimento e vida

1. Partilhe com seus(suas) colegas as suas principais descobertas após a leitura deste capítulo.
2. Tome as mensagens de uma aparição reconhecida ou que está em fase de discernimento e emita sua opinião sobre o impacto dela na vida eclesial (elementos positivos, ambiguidades, elementos negativos), considerando os requisitos de animação espiritual, operatividade pastoral e aprofundamento da doutrina cristã.
3. Releia os quatro critérios para o discernimento das visões-aparições. Utilize esses critérios (honestidade, equilíbrio psíquico, qualidade das mensagens, frutos na comunidade) para analisar um movimento eclesial ou uma proposta pastoral que você conhece.

Na rede

1. Busque na internet a palavra "aparições" e veja alguns sites de presumidas aparições com olhar lúcido e atento. Perceba se as informações são transmitidas de forma correta e equilibrada e se é mantida a centralidade da pessoa de Jesus.
2. Leia as mensagens de uma ou duas presumidas aparições que proliferam na internet. Verifique o teor das mensagens. Analise se as orientações devocionais são coerentes com as linhas apresentadas por Paulo VI na *Marialis Cultus:* cunho bíblico, cunho litúrgico, sensibilidade ecumênica (ver capítulo anterior).

Bibliografia básica

ADNÈS, P. Revelações privadas. In: *Dicionário de teologia fundamental.* Petrópolis/Aparecida: Vozes/Santuário, 1994. p. 853-855.

CNBB. *Aparições e revelações particulares.* Brasilia: Ed. CNBB, 2009. (Coleção Subsídios doutrinais.)

COYLE, K. *Maria na tradição cristã a partir de uma perspectiva contemporânea.* 2. ed. São Paulo: Paulus, 2005. p. 141-154.

DE FIORES, S. Vidente. In: *Dicionário de espiritualidade.* São Paulo: Paulus, 1989. p. 1177-1186.

LAURENTIN, R. *Apariciones actuales de la Virgen María.* Madrid: RIALP, 1991.

_____; VASQUES, A. Aparições. In: *Dicionário de mariologia.* São Paulo: Paulus, 1995. p. 113-125.

MURAD, A. *Visões e aparições. Deus continua falando?* Petrópolis: Vozes, 1997.

OLIVEIRA, J. L. M. Aparições de Nossa Senhora: uma avaliação teológica. *REB* 56 (1996) 564-597.

VV. AA. Apariciones. *Estudios Marianos* 52 (1987).

Texto complementar

Algumas regras para o discernimento das aparições e revelações emitidas pela Congregação para a Doutrina da Fé.

Nota preliminar: da origem e do caráter destas normas

Na Congregação Plenária anual, em novembro de 1974, os padres desta Sagrada Congregação estudaram os problemas relativos às presumíveis aparições e revelações, com as consequências que, normalmente, delas advêm, e chegaram às seguintes conclusões:

- Hoje, mais que antigamente, a notícia destas aparições espalha-se com maior rapidez entre os fiéis através dos meios de comunicação (*mass media*). Por outro lado, a maior mobilidade possibilita peregrinações mais frequentes.

- Assim, também a Autoridade Eclesiástica é levada a refletir sobre este tema. É preciso notar que, com os atuais meios de conhecimento, as contribuições científicas e a exigência de uma crítica rigorosa, se torna mais difícil, quando não impossível, chegar tão rápido como antes a juízos como os que antes concluíam os inquéritos nesta matéria ("sobrenaturalidade constatada", "sobrenaturalidade não constatada"); e, por isso, não é tão fácil autorizar ou proibir um culto público ou qualquer outra forma e devoção dos fiéis.

Por estas razões, para que a devoção suscitada nos fiéis por este gênero de fatos possa manifestar-se como um serviço em plena comunhão com a Igreja, e dar fruto, e para que a Igreja possa discernir ulteriormente a verdadeira natureza dos fatos, os padres estimaram que se proceda, nesta matéria, do modo que agora segue.

Para que a Autoridade Eclesiástica possa ter mais certezas sobre esta ou aquela aparição ou revelação, procederá da seguinte forma:

- em primeiro lugar, julgar segundo os critérios positivos e negativos (cf. infra, n. 1);

- depois, se esta apreciação for favorável, permitir algumas manifestações públicas de culto ou de devoção, continuando a investigar os fatos com extrema prudência (o que equivale à fórmula: "por agora, nada obsta");

- finalmente, passado algum tempo e à luz da experiência (a partir do estudo particular dos frutos espirituais da nova devoção), julgar da autenticidade do caráter sobrenatural, se o caso assim o requer.

I. Critérios de juízo, pelo menos da ordem da probabilidade, da natureza destas presumíveis aparições e revelações

Critérios positivos

- no que respeita às revelações, conformidade com a doutrina teológica e veracidade espiritual, isenção de erro, uma sã devoção e frutos espirituais em constante progresso (sobretudo espírito de oração, conversões, testemunhos de caridade etc.)

Critérios negativos

- uma procura evidente do lucro relacionada com os acontecimentos: atos imorais cometidos pelo sujeito, ou pelos seus próximos, durante os fatos;
- problemas psíquicos ou tendências psicopáticas no sujeito que possam influir no fato dito sobrenatural, ou psicoses, histeria coletiva ou outros fatores semelhantes.

É importante considerar estes critérios, tanto os positivos como os negativos, como normas indicativas e não como argumentos definitivos, e estudá-los de forma plural, na relação que mantêm uns com os outros.

II. Da intervenção da Autoridade local competente

Uma vez que, quando se dá um fato dito sobrenatural, surge de forma quase espontânea nos fiéis um culto ou qualquer outra forma de devoção, a Autoridade Eclesiástica competente tem o dever de se informar, o mais rápido possível, e de proceder a uma investigação diligente.

Frente ao legítimo pedido dos fiéis (desde que estejam em comunhão com o seu pastor e não movidos por um espírito sectário), a Autoridade Eclesiástica competente pode intervir para autorizar e promover diversas formas de culto e de devoção se, depois de aplicados os critérios aqui enunciados, nada se opõe. Procure-se, no entanto, que os fiéis não ajam condicionados por uma aprovação eclesiástica do caráter sobrenatural do fato (cf. supra, nota preliminar).

Dado o seu papel doutrinal e pastoral, a Autoridade Eclesiástica competente pode intervir imediatamente por sua própria iniciativa, e deve fazê-lo em circunstâncias graves, por exemplo, quando se trate de corrigir ou de prevenir abusos no exercício do culto ou da devoção, de condenar doutrinas errôneas, de evitar os perigos de um falso misticismo etc.

Nos casos duvidosos, em que não se veja qualquer benefício para a Igreja, a Autoridade Eclesiástica competente abster-se-á de todo juízo e de toda ação direta (até porque pode acontecer que, ao fim de algum tempo, o fato dito sobrenatural seja esquecido); que não deixe de estar vigilante, de maneira a poder intervir com celeridade e prudência, se for necessário.

III. Outras Autoridades habilitadas para intervir

É ao responsável do lugar onde se deram os fatos a quem cabe, em primeiro lugar, inquirir e intervir. Mas a Conferência Episcopal regional ou nacional pode ser levada a intervir se o delegado local, depois de cumpridas as obrigações que lhe incumbem, recorrer à Conferência para analisar com ela os acontecimentos.

O Colégio Apostólico pode intervir, seja a pedido do próprio delegado, seja a pedido de um grupo qualificado de fiéis, de acordo com o direito imediato de jurisdição universal do Soberano Pontífice (cf. infra, IV).

IV. Da intervenção da Sagrada Congregação para a Doutrina da Fé

A intervenção da Sagrada Congregação pode ser requerida, quer pelo delegado local, depois de cumpridas as obrigações que lhe incumbem, quer por um grupo qualificado de fiéis. Neste caso, velar-se-á para que o recurso à Sagrada Congregação não seja motivado por razões suspeitas (por exemplo, a vontade de levar, de uma ou outra maneira, a que o delegado altere a sua decisão legítima, ou de tentar ratificar a cisão sectária de um grupo etc.).

Cabe à Sagrada Congregação intervir, por sua própria iniciativa, nos casos graves, sobretudo quando o fato afeta grande parte da Igreja; mas o delegado será sempre consultado, bem como a Conferência Episcopal, quando se julgue conveniente.

Cabe à Sagrada Congregação discernir e aprovar o modo de atuação do delegado, ou, se se julga conveniente, proceder a um novo exame dos fatos distinto do delegado; este novo exame dos fatos será realizado, quer pela própria Sagrada Congregação, quer por uma comissão especialmente instituída para o efeito.

As presentes normas, definidas na Congregação plenária desta Sagrada Congregação, foram aprovadas pelo Soberano Pontífice, o Papa Paulo VI, a 24 de fevereiro de 1978.

(Em Roma, Sagrada Congregação para a Doutrina da Fé, 27 de fevereiro de 1978. François, cardeal Seper, Prefeito Fr. Jerôme Hamer, o.p., secretário)

(Disponível em: <http://www.mariedenazareth.com/2497.0.html?L=6>.)

Veja mais textos em: <www.maenossa.blogspot.com>, "Aparições de Nossa Senhora".

Oração conclusiva

Ó Maria,
Voltamos nosso olhar para ti.
E te contemplamos hoje, cheia de luz e revestida pela Graça vencedora de Deus.
Tu, a primeira ressuscitada, em quem se realizou de forma maravilhosa e antecipada,
a promessa e o sonho da Trindade para todo ser humano.

Antes de seres tecida no útero de Sant'Ana, o Senhor te conheceu e te consagrou.
Ao longo de tua vida, renovaste o compromisso com Deus,
o "sim" que em determinado momento brotou de teu coração e de teus lábios.
Tu, peregrina nas estradas empoeiradas, sinuosas e arriscadas da existência humana.
Provaste os riscos dos falsos atalhos e dos *des*-caminhos,
tentações de toda sorte, até aquela de acomodar-se na mediocridade.
E perseveraste até o fim.

Nós te vemos em Nazaré, companheira de José, mãe e educadora de Jesus.
Ensinaste o filho de Deus encarnado a ser homem.
Pelas tuas mãos e pelas de José, Jesus foi educado e se fez pessoa.
Aprendeu a falar e a ouvir, desenvolveu atitudes e hábitos,
estruturou valores que marcaram sua vida.
Conheceu os limites e sentiu as infinitas possibilidades da liberdade.
Tu, jardineira sensível e dedicada,
plantaste na terra fértil de Jesus as sementes do Bem.

Mas tua vida não se encerrou na tarefa de mãe e educadora.
As águas do Jordão marcaram o nascimento público de Jesus,
como o corte necessário de um cordão umbilical.
Agora, diante de ti está o homem adulto, dono de seu destino.
(Pois parece que a mãe vê no filho a criança que um dia embalou nos braços.)

Jesus percorre vilas e aldeias falando do Pai e do Reino de Deus.
Chama homens e mulheres para compartilhar com ele sonhos e tarefas.
Aprendizes na arte de viver, suas escolas são povoados, estradas, lagos e montanhas.
Agora, és uma discípula de Jesus. Teu papel de mãe se modifica, parece eclipsar-se.

O Mestre sente os apelos da multidão
sem perspectiva, doente, abandonada.
Com o olhar recriador do Pai, vê mais do que miséria e perdição.
Descobre e suscita oportunidades salvadoras, abre portas e janelas de luz.
Animado pelo sonho do Reino de Deus, Jesus põe em marcha um "momento novo".
E teu coração vibra, contagiado de emoção.
Acompanhas Jesus, que encanta as multidões com as parábolas,
surpreende os poderosos com palavras simples e sábias
e desconcerta os donos de uma religião sem coração.

Vês com alegria como as mãos do menino que tu seguraste na infância estão livres para curar, abençoar, acolher e libertar.

Jesus come e faz festa com os pecadores, as prostitutas, os "sem esperança". Aquela grande mesa de pão e inclusão é para ti extensão de Belém e de Nazaré, a casa de nova família da humanidade, para além dos laços sanguíneos.

Teus olhos acompanham Jesus, quando muitas vezes ele se retira ao monte, para falar e ouvir o Pai na intimidade.
Tu rezas por ele e com ele.

Mas as forças do mal tramam contra Jesus,
e na tua intuição já pressentes o que lhe espera:
sofrimento, traição, fracasso, dor de perda, morte.
Ao pé da cruz, viveste a fidelidade do amor à toda prova.

Ao terceiro dia, a surpreendente experiência da vida que vence a morte.
Não sabemos se Jesus ressuscitado apareceu diante de ti. Talvez não precisasse.
Tua fé já tinha chegado a nível tal que o sinal não é mais necessário.
Tornou-se confiança radical, entrega e sintonia.

Um dia, tua peregrinação terrestre também terminou.
Ao celebrarmos tua "Assunção", professamos, cheios de alegria,
Que o Senhor assumiu e transformou toda a tua pessoa e a tua existência,
até a corporeidade.
Ele que "faz novas todas as coisas".

Reconhecemos tua presença na comunhão dos santos:
a mais perto de Jesus e a mais próxima a cada ser humano.
Proclamamos Jesus Cristo como o único mediador
e experimentamos tua colaboração neste grande e belo projeto
de conduzir a humanidade e todos os seres à salvação consumada.

Olha para nós.
Tu conheces cada um de nós, como conhecias Jesus pelo cheiro e pelo olhar.
Tem piedade de nós, fortalece-nos,
pois recebemos tanto e correspondemos pouco à Graça do Senhor.
Dá-nos um espírito renovado e ousado
para sermos discípulos e missionários de Jesus.

Que recriemos a simplicidade e o encanto de Belém,
o espírito de família e o aconchego de Nazaré,
a força do Espírito que nos unge no cenáculo,
a coragem e a presença pública de Jerusalém.

Queremos ser "todo de Deus" e para ele.
Recebe nossas palavras, nossos gestos, nossas ações e nossos desejos. Amém.

Bibliografia geral

Observações

- Prioridade para bibliografia de língua portuguesa. Citamos obras importantes em espanhol e algumas em italiano.
- Classificação por aproximação. Há obras que correspondem a mais de um item.

1. Livros

a) Maria na Bíblia (contexto, teologia e espiritualidade)

APARICIO, A (org.). *María del evangelio.* Madrid: Claretianas, 1994.

BEATTIE, T. *Redescobrindo Maria a partir dos Evangelhos.* São Paulo: Paulinas, 2003.

BOFF, C. *O cotidiano de Maria de Nazaré.* São Paulo: Salesiana, 2003.

BROWN, R. (org.). *Maria no Novo Testamento.* São Paulo: Paulus, 1985.

BROWN, R. E. *O nascimento do Messias. Comentários das narrativas da infância nos Evangelhos de Mateus e Lucas.* São Paulo: Paulinas, 2005.

MALINA, B. J. *El mundo social de Jesús y los Evangelios.* Santander: Sal Terrae, 2002.

MURAD, A. *Quem é essa mulher. Maria na Bíblia.* São Paulo: Paulinas, 1996.

PIKAZA, X. *Amiga de Dios. Mensaje mariano del Nuevo Testamento.* Madrid: San Pablo, 1996.

SEBASTIANI, L. *Maria e Isabel. Ícone da solidariedade.* São Paulo: Paulinas, 1998.

SERRA, A. *María según el evangelio.* Salamanca: Sígueme, 1988.

b) Maria no culto cristão: liturgia e devoção

BEINERT, W. (org.). *O culto a Maria hoje.* São Paulo: Paulus, 1980.

BISINOTO, E. *Conheça os títulos de Nossa Senhora.* 2. ed. Aparecida: Santuário, 2010.

BOFF, L. *Culto e práticas de devoção a Maria.* Aparecida: Santuário, 2004.

_____. *Maria na vida do povo. Ensaios de mariologia na ótica latino-americana e caribenha.* São Paulo: Paulus, 2001.

DE FIORES, S. *Eis aí tua mãe. Um mês com Maria.* 2. ed. São Paulo: Ave-Maria, 2010.

GONZÁLEZ DORADO, A. *Mariologia popular latino-americana.* São Paulo: Loyola, 1991.

MAGGIONI, C. *Maria na Igreja em oração. Solenidades, festas e memórias marianas no ano litúrgico.* São Paulo: Paulus, 1998.

MEGALE, Nilza. *112 invocações da Virgem Maria no Brasil.* Petrópolis: Vozes, 1986.

c) Maria nos dogmas

BOFF, C. *Dogmas marianos. Síntese catequético-pastoral.* São Paulo: Ave-Maria, 2010.

BUCKER, B. et al. *Maria e a Trindade.* São Paulo: Paulus, 2002.

COSTA, S. R. (org.). *Imaculada. Maria do povo, Maria de Deus.* Petrópolis: Vozes, 2004.

MARTINEZ SIERRA, A. *La Inmaculada y el misterio del hombre.* Madrid: BAC Pastoral, 2004.

MUNSTERMAN, H. *Maria corredentora? Debate sobre um título mariológico.* São Paulo: Paulus, 2009.

SOCIEDAD MARIOLÓGICA ESPAÑOLA (org.). Mariología en crisis? Los dogmas marianos y su revisión teológica. *Estudios Marianos* XLII, Barcelona, 1978.

SÖLL, G. *Storia dei dogmi Mariani.* Roma: LAS, 1981.

TEMPORELLI, C. *Dogmas marianos.* São Paulo: Paulus, 2010.

d) Marialogia sistemática

BINGEMER, M. C. L.; GEBARA, I. *Maria, mãe de Deus e mãe dos pobres.* Petrópolis: Vozes, 1987.

BOFF, C. *Introdução à mariologia.* Petrópolis: Vozes, 2003.

_____. *Mariologia social.* São Paulo: Paulus, 2006.

BOFF, L. *O rosto materno de Deus.* Petrópolis: Vozes, 1979.

CALIMAN, C. (org.). *Teologia e devoção mariana no Brasil.* São Paulo: Paulus, 1989.

COYLE, K. *Maria na tradição cristã a partir de uma perspectiva contemporânea.* 5. ed. São Paulo: Paulus, 2005.

DE FIORES, S. *María en la teología contemporánea.* Salamanca: Sígueme, 1991.

_____. *María, Madre de Jesús. Síntese histórico-salvífica.* Madrid: Secretariado Trinitário, 2002.

DE LA POTTERIE, I. *María en el misterio de la alianza.* Madrid: BAC, 1993.

FORTE, B. *Maria, a mulher ícone do mistério.* São Paulo: Paulus, 1991.

GARCÍA PAREDES, J. C. R. *Mariología.* Madrid: BAC, 2001.

GONZÁLES, C. I. *Maria, evangelizada e evangelizadora.* São Paulo: Loyola, 1990.

JOHNSON, E. *Nossa verdadeira irmã. Teologia de Maria na comunhão dos santos.* São Paulo: Loyola, 2006.

MEUNIER, B. *O nascimento dos dogmas cristãos.* São Paulo: Loyola, 2005.

PIKAZA, X. *La Madre de Jesús. Introducción a la mariología.* Salamanca: Sígueme, 1990.

TAVARD, G. H. *As múltiplas faces da Virgem Maria.* São Paulo: Paulus, 1999.

e) Temas diversos de mariologia

AAVV, Maria. *RIBLA – Revista de Interpretação Bíblica Latino-Americana*, Petrópolis: Vozes, 46 (2003/3).

AAVV, Maria nas Igrejas. Perspectivas de uma mariologia ecumênica. Revista *Concilium*, Petrópolis: Vozes, fasc. 188 (1983/8).

CANTALAMESSA, R. *Maria, um espelho para a Igreja.* São Paulo: Loyola. 1992.

COMISSÃO INTERNACIONAL ANGLICANO-CATÓLICA. *Maria;* graça e esperança em Cristo. São Paulo: Paulinas, 2005.

DUQUESNE, J. *Maria. A mãe de Jesus.* Rio de janeiro: Bertrand Brasil, 2005.

GOMES-ACEBO, I. María y la cultura mediterránea. In: VV. AA. *María, mujer mediterránea.* Madrid: Desclée de Brouwer, 1999.

GRUPO DE DOMBES. *Maria no desígnio de Deus e a comunhão dos santos.* Aparecida: Santuário, 2005.

LAURENTIN, R. *Apariciones actuales de la Virgen María.* Madrid: RIALP, 1991.

_____. *María, clave del mistero cristiano.* Madrid: San Pablo, 1996.

MESTERS, C. *Maria, a mãe de Jesus.* 3. ed. Petrópolis: Vozes, 1987.

MÜLLER, G. L. *¿Qué significa María para nosotros, los cristianos? Reflexiones sobre el capítulo mariológico de la "Lumen Gentium".* Madrid: Ed. Palavra, 2001.

MURAD, A. *O que Maria tem a dizer às mães de hoje.* São Paulo: Paulus, 1997.

_____. *Visões e aparições. Deus continua falando?* Petrópolis: Vozes, 1997.

NAVARRO PUERTO, M. *María, la mujer.* Madrid: Claretianas, 1987.

OSSANNA, T. *Maria nossa irmã.* São Paulo: Paulinas, 1997.

PIKAZA, X. *Maria e o Espírito Santo.* São Paulo: Loyola, 1987.

SCHILLEBEECKX, E.; HALKES, C. *Maria ayer, hoy, mañana.* Salamanca: Sígueme, 2000.

UMBRASIL (org.). *Maria no coração da Igreja.* São Paulo: Paulinas, 2011.

2. Dicionários

DE FIORES, S.; MEO, S. (org.). *Dicionário de mariologia.* São Paulo: Paulus, 1995.

_____; SCHIEFER, V. F.; PERRELLA, S. M. (org.). *Mariologia (Dizionario).* Milano: San Paolo, 2009.

3. Documentos do Magistério da Igreja Católica

CNBB. *Aparições e revelações particulares.* Brasilia: Ed. CNBB, 2009. (Coleção Subsídios doutrinais.)

CONCÍLIO VATICANO II. Constituição dogmática *Lumen Gentium.* Disponível em: <http://www.vatican.va/archive/hist_councils/ii_vatican_council/documents/vat-ii_const_19641121_lumen-gentium_po.html>.

JOÃO PAULO II. Carta apostólica O rosário da Virgem Maria. Disponível em: <http://www. vatican.va/holy_father/john_paul_ii/apost_letters/documents/hf_jp-ii_apl_20021016_ rosarium-virginis-mariae_po.html>.

_____. Carta encíclica *A mãe do redentor.* Disponível em: <http://www.vatican.va/holy_father/john_paul_ii/encyclicals/documents/hf_jp-ii_enc_25031987_redemptoris-mater_ po.html>.

PAULO VI. Exortação apostólica *O culto à Virgem Maria.* Disponível em: <http://www.vatican.va/holy_father/paul_vi/apost_exhortations/documents/hf_p-vi_exh_19740202_ marialis-cultus_po.html>.

Sobre o autor

Afonso Murad, marista, é doutor em Teologia Sistemática pela Pontifícia Universidade Gregoriana de Roma. Professor de Teologia no Instituto Santo Tomás de Aquino (ISTA) e na Faculdade Jesuíta (FAJE), em Belo Horizonte. Participa da Equipe de Reflexão Teológica da Conferência dos Religiosos do Brasil (CRB). Articula seu pensamento a partir de distintos saberes.

É autor de vários livros, entre os quais: *A casa da Teologia* (Paulinas); *Quem é esta mulher? Maria na Bíblia* (Paulinas); *O que Maria tem a dizer às mães de hoje* (Paulus); *Visões e Aparições. Deus continua falando?* (Vozes); *Introdução à Teologia* (com J. B. Libanio, Loyola).

Criou o blog sobre Maria: <www.maenossa.blogspot.com>.

Rua Dona Inácia Uchoa, 62
04110-020 – São Paulo – SP (Brasil)
Tel.: (11) 2125-3500
paulinas.com.br – editora@paulinas.com.br
Telemarketing e SAC: 0800-7010081